出中國記
寧先華回憶錄

獻給為中華民族自由而戰的英雄們！

為什麼今天這個夜晚不同以往呢？

因為它是我們這個民族歷史上最重要的時刻，

生如螻蟻當立鴻鵠之志，命如薄紙應有不屈之心。

——里昂・尤里斯（Leon Uris）《出埃及記》

寧先華　著

序一

民運人的光榮與夢想

王軍濤　哥倫比亞大學政治學博士

我們面前的這本書《出中國記》，是我的朋友寧先華先生的民運回憶錄。先華囑我作序，作為同道和中國民主運動的歷史見證者，我義不容辭。

寧先華是中國大陸民主運動東北地區重要領導者之一，從事民主運動迄今已經整整三十五年了。他的這本回憶錄，是中國民主運動的歷史見證，是一代民運人艱苦卓絕奮鬥不息的真實記錄。

一

回憶錄分三個部分：第一部分是參與八九民運的歷程。

寧先華出身於城市幹部家庭，參過軍，六四的時候他是瀋陽市民聲援團的秘書長、總指揮，瀋陽愛國市民自治聯合會主席，是八九民運期間遼寧地區運動的重要領導者，他還親自趕赴北京參與運動。

我們知道，中國的民主運動學生是先鋒，知識分子是靈魂，而廣大的民眾是運動的中堅力量。一個沒有廣大民眾參與的民主運動想要取得成功，是不可想像的。寧先華作為社會力量積極參與八九民運，向中共專制集團顯示民心所向和歷史大勢，具有極高的指標意義。我本人雖然是知識分子出身，但一直倡導社會力量參與民主運動，並且進行過艱苦的實踐。從四五運動、八九民運到流亡海外，一直沒有放棄與社會力量的結盟。我堅信，中國的民主運動，必定是由全社會各階層支持的、最廣泛人民群眾參加的全民運動。中國民運必定成功，就是因為它有著最堅實的民意基礎，和最廣泛的參與者。李登輝先生有句名言：「民之所

欲,長在我心。」我把這句話改一下:「民之所欲,天必佑之!」

先華在六四期間,作為瀋陽愛國市民自治聯合會的領導人,親赴北京天安門廣場,深度介入運動,為工自聯等民運組織出謀劃策、書寫佈告、標語,為八九民運留下濃墨重彩的歷史印記。他精湛的筆法書寫的橫幅被美國友人所收藏,三十四年後重現於六四紀念館。

六四鎮壓之後,先華本有機會流亡海外,但他放棄了投奔自由的選擇,而是回到原籍承擔歷史責任,為此被收審關押100天。先華的擔當,令人敬佩!六四後的煉獄生涯淬煉了他的意志,一個堅強的民運戰士浴火重生,寧先華找到了民運人的使命——為中國人民求自由,為中華民族謀憲政。從此義無反顧,百折不撓,走上了一代民運人的荊棘之路。

二

社會風潮湧起的時候,會有很多人捲入其中;但大浪淘沙,泥沙俱下,最後沉澱下來的,才是真正的金子,先華就是這樣的代表。

這本書的第二部分,是寧先華關於九八組黨、組建獨立工會的回憶。

1998年,中國大陸的民運人士重新集結,掀起波瀾壯闊的組建中國民主黨運動,這是共產黨統治下首次出現的全國性的反對黨組織,組黨活動遍及全國二十二個省市,首批黨員及外圍積極分子達上千人。中國民主黨在大陸的橫空出世,打造了一個與共產黨公平、公開、公正競爭的政治氛圍,描繪了國家現代化的另一種前景——多黨競爭、憲政體制和軍隊國家化。在這一波組黨大潮中,寧先華等領導的遼寧民主黨與工人運動相結合,最廣泛地吸納社會各階層人士參加:遼寧民主黨群英中有留學歸來的知識精英,有律師和大學老師,有退役軍人,有工人運動的領袖等。遼寧的組黨活動和工人運動相結合,在全國組黨活動中獨樹一幟,引起海內外輿論的廣泛關注。當然,在隨後的殘酷鎮壓中,遼

寧民主黨付出的代價也是最沉重的。其中有民主黨員被羅織罪名殺害，十幾人被判重刑，寧先華一審被判了十二年徒刑，經上訴，二審改判七年，剝奪政治權利兩年。

三

回憶錄的第三部分包括：寧先華在錦州監獄與諾貝爾和平獎得主劉曉波等人同囚，坐滿七年鐵牢，出獄後繼續投入民主運動、維權運動，生命不息，戰鬥不止。這期間他被公安部和國家安全部認定為東北地區的民運領袖，長期監控，隨時被拘禁、綁架，遭受酷刑。寧先華為民主事業付出了慘重的代價，他的父親在他服刑時去世，他沒能見上最後一面；流亡海外後，母親去世，也未能見上最後一面。他被關押期間，家裡的兩處單元房[1]，被政府強拆，沒有得到任何補償。他先後交過兩個女友，一個在某科研所，一個在醫學院工作，都才華橫溢且美麗多情，卻都因為他的政治身份而不得不分手。親情割裂，愛情摧折，房子被拆毀，九旬老母流離失所，人生最殘酷的打擊都落到他頭上，他卻矢志不渝，從不言悔，更不曾放棄。在海外的一次民運討論會上，寧先華說：「為民運而坐牢、而蒙難，這是中國民運人的宿命，也是我們民運人的光榮。因為我們心中有夢想，奮鬥有動力，犧牲有價值。我的夢想就是為十四億人爭自由，為在中國大地上實現憲政民主。」

從嚴格意義上講，寧先華先生雖然以社會活動家的身份出現，但本質上他也是一個知識分子，曾擔任過瀋陽盛京書畫院的院長。他的書法筆力偉健，筋骨雄奇，正如他挺拔的人格，不屈的風神！先華的文筆也是一流的，敘事簡約，文脈清新，宛如清水芙蓉。雖然此書是他的首部著作，卻出手即是傑作。這本書雖然是嚴格紀實的回憶錄，卻讀來令人心潮激蕩，如沐春風。

四

自古以來，中國知識分子就有以天下為己任的使命感，北宋大儒

張載概括為：「為天地立心，為生民立命，為古聖繼絕學，為萬世開太平！」

當代中國最優秀的知識分子，傳承了這一使命感。我們的使命，就是打造一個替代共產黨專制統治的政治前景，為政治權力尋求合法性。政權的合法性在古代被命名為「天命」，在現代即表述為憲政。中國古代的統治者雖然也是馬上打天下，但是他們統治天下的時候還是要打出「天命所歸」的旗號，聲稱「君權神授」。這裡的「神」既是指天意，也是指民意，所以才有「水能載舟亦能覆舟」的自惕自醒。但是共產黨恬不知恥地鼓吹「打天下坐天下」，自詡「政權槍授」，這是典型的強盜邏輯，為文明世界所不齒。因為政權固然可以用暴力奪得，但其合法性卻不能以暴力來維持，這是政治學的常識。

中國民主黨人堅持還政於民：人民可自由選擇政治制度和生活方式，通過和平、理性、非暴力的道路，使用手中的選票，選擇政府，真正實現當家做主。為了這一光輝的前景，我們篳路藍縷，以啟山林。不惜前赴後繼，不懼坐牢、不怕流亡。一路走來，付出了慘重的代價，也譜寫了光榮的篇章。

這本書的作者寧先華先生，就是我們民主黨人的傑出代表。這本書，就是我們民主黨人幾十年來堅苦卓絕奮鬥不息的歷史見證，是我們民主黨人的光榮與夢想！

如果你想了解中國民主黨，想成為一個自由、自主、自愛的現代中國人，就請打開這本書吧！

2024 年 4 月 25 日於紐約

註釋

1. 單元房，又稱單元樓，在中國大陸特指每戶有私人廚房和廁所的居民樓戶型，與筒子樓和團結戶相對。相當於西方的公寓（APARTMENT）。住戶除了出入自己的單元之外，無需和別人共用空間。

民運人的光榮與夢想

序二

走向應許之地
——《出中國記》對話錄

受訪人：寧先華，八九六四參與者，原瀋陽盛京書畫院院長，美中經濟文化研究院院長，中國民主黨全國聯合總部（海外）第四屆、第五屆主席

編輯：寧先華先生，非常感謝您能在百忙之中接受我的採訪。也衷心感謝能在第一時間讀到您的大作《出中國記》。據說這是您正式出版的第一本書。有一位著名的老作家說過，一個作家的第一本書，一般是他的自傳體小說，如巴金先生《家》、《春》、《秋》三部曲；而最後一部書才是回憶錄，如他的《隨想錄》。為什麼您的第一部書就是回憶錄呢？

寧先華：我不是專業作家，沒有寫作訓練和學術研究的背景，但我長期從事民運工作，是一個在中國民主運動中奮鬥了幾十年的戰士，屬於不折不扣的行動派。當我進入花甲之年，在異國他鄉回顧自己的一生時，我發現應該將我的人生經歷記錄下來，除了為自己，也為不了解中國民運史的海內外讀者。記得我入境泰國時，需要填一張表格，我求助於旅遊團一位懂英文的導遊幫我填寫。她問我填什麼工作單位，我說：「瀋陽盛京書畫院」；她問我職務，我回答：「是院長」；她問我如何勾選職業門類，我告訴她：「就填書法家吧！」她看著表格搖頭：：「沒有這個類別，要不就填藝術家吧！」我想，書法也是藝術的一個門類。我長期從事書法創作和教學，這些特殊的經歷深深影響了我的性情和才思，讓我在極短的時間內完成了這部作品的構思。同時我保持了行動

派說幹就幹的作風，只花了幾個月時間就寫完了這部回憶錄。

編輯：明白了。我知道您在中國大陸當過書畫院的院長，兩大培訓機構的軟硬筆書法主講，精研顏趙，兼習二王，風格獨樹一幟，門下弟子眾多，桃李滿天下。所以我想您要是再出書，大概是關於書法藝術的專著吧！

我們回到正題，您為什麼想到要寫這樣一本回憶錄？而且，《出中國記》這個書名，容易讓人聯想到《聖經•出埃及記》，想到帶著猶太民族逃離埃及法老專制奴役的摩西。另外，你的這個書名我讀出兩層意思，字面意思，寫您自己如何逃離中國，走向自由之邦；但認真思考，能讀出它的內核，就是寫您和您的民運同道，如何引領中華民族走向憲政民主這個上帝應許之地的。不知道我的理解是否正確？

寧先華：您的理解比較切題。摩西不是指我自己，而是指從八九六四到九八組黨，茉莉花行動、新公民運動、維權運動的二十七年間，在中國大陸領導民主運動、建立憲政民主、推翻專制獨裁的民運群英。像是具有全國影響的徐文立、秦永敏、王有才先生等，在東北地區影響很大的如王澤臣、王文江、劉世遵、姜立軍、楊春光、郭承明、姚福信、肖雲良、崔少華等，我只是他們中的一分子。如果非要類比摩西，我們這個群體才是中國的摩西，我們的使命就是引領中華民族走出專制獨裁，走向憲政民主的應許之地。

所以這本書，寫的並不只是我個人的經歷，而是以我為圓心，以不同階段的民運活動為半徑，畫一些圓。不同的階段，進入這個圓的朋友是不同的。相同的是共同的理想，共同的奮鬥和共同的犧牲。六四、組黨、工潮、入獄、出獄後的抗爭等，這些圓串起來，就構成了東北民運一段波瀾壯闊的史詩。

走向應許之地

至於我為什麼要寫回憶錄，其實出國後好幾年，我一度對此很糾結。從八九六四開始，我的人生脫離了原來的軌道，走上了充滿荊棘的民運之路。在 1989 年 7 月 6 日首次被收容審查之際，至 2016 年 8 月 27 日離開中國的二十七年間，我經歷了五次拘禁，先後被關押於七個不同的看守所。在這段時間裡，我身邊的三位朋友相繼被執行死刑。令我痛心的是，出獄後才得知父親已經離世。我被國家安全部、公安部認定為敵對組織負責人，歷經拘傳、行政拘留、刑事拘留、逮捕、監視居住、取保候審，甚至非法綁架和酷刑等無數次。這些經歷都伴隨著持續的監控和跟蹤，以及無數次的辱罵、訓斥和體罰。

2014 年 5 月我被瀋陽市公安局 4‧25 專案組非法關押的同時，我位於瀋陽市皇姑區嫩江街 40 號的兩處私有房產也被政府強制拆毀，屋子裡的所有私人財產被毀損殆盡，造成我和年近九十的老娘流離失所，四處漂泊。

2020 年 6 月 21 日清晨，我九十二歲的老母親在瀋陽她租住的房子附近，遭遇車禍不幸離世。

這些慘痛的往事每每回憶起來，讓我重溫恐慌、焦慮、虛無，以及在絕望中的掙扎，就如再死一次般痛苦。我之所以能完成這本回憶錄，得助於同道們的鼓勵和鞭策，特別是那些留在國內繼續為民主事業奮鬥的朋友們。情義無價，民運同道們的情義更加無價。

有人說只有大人物才有資格寫回憶錄，其實人物太大了，反而不容易留下真實的自述。蔣介石倒是留下了煌煌五十七年的日記，但那是當時的記錄，不是回憶錄；毛澤東有「雄文四卷」，但沒有關於他自己的隻字片語，且所謂的「雄文」也大都是別人捉刀。至於小人物，臺灣散文大家王鼎鈞先生認為：「真正的小人物其實發不出聲音。蒼生默默，我欲無言。」

編輯：我非常能理解、體會您的心情，寫一部真實反映歷史的回憶錄，需要高貴的品格和一顆勇敢的心靈。我看過很多名人的回憶錄，大都是文過飾非，把自己打扮得像花一樣，自己幹過的齷齪事，都黑不提白不提了。這樣的回憶錄毫無價值。讀您的回憶錄，卻能感受到一種直面歷史、直面人性的真實力量。我們都知道，民運圈子裡有很多禁忌，涉及對歷史事件和歷史人物的評價，非常困難。您是如何處理這個難題的？

寧先華：您提出了一個很尖銳也很現實的問題，也是我在寫作中時刻面對、苦苦思索的問題。我舉兩個例子：

我在回憶錄裡講了一段親身經歷，我新買的一輛憑票限購的黑色26吋永久牌全鏈盒自行車，當時非常拉風，在瀋陽市政府廣場聲援的時候，被瀋陽市民聲援團的張總指揮「借走」，他自稱是位於鐵西區的瀋陽水泵廠職工，回廠沒了公交車。對民運同道，我毫無戒心，便將自行車借給了他，沒想到他居然一「借」不還！六四後我被收容審查，當年運動的骨幹們都被關在一起，卻獨不見張總指揮。待一百天的收容審查結束後，我和朋友們去水泵廠找「張總指揮」，在工廠的自行車棚裡找我的自行車，誰知「上窮碧落下黃泉，獄內獄外都不見」。我這才明白，這個所謂的「張總指揮」根本就不是水泵廠的人，他很可能就是一個騙子，藉著八九民運的風潮「渾水摸魚」，見到我騎著一輛新自行車，騙子的嘴臉暴露，索性下手。不然的話，就算我找不到他，他那麼顯赫的一個瀋陽市民聲援團「總指揮」，如果真是水泵廠的人，無所不能的瀋陽政治警察們會找不到他？

還有一件事是2003年12月我被捕之後，有一位朋友在審訊中為了自保，居然說出我在私下聊天時所說的話。大意是我曾提醒大家，中共變局即將來臨，按照以往的慣例，他們首先會對國內的異議人士下手，大家應該準備購買手槍、匕首用於防身。憑

這份「關鍵」證詞，瀋陽中院一審認定我「情節特別嚴重」，重判十二年有期徒刑。上訴後省高院認為量刑過重，應該在三年以上十年以下這個區間判刑，改判七年。這讓我想起審訊時預審反覆問我是不是想搞槍，想武裝暴動的話來。我要是腦子發熱順杆爬，像林彪案四大金剛之一的空軍司令吳法憲供出參與武裝政變一樣，也承認了自己要買槍搞暴動，估計腦袋都保不住了。朋友推卸責任的一份自保交代真的可能讓我們萬劫不復，甚至丟掉性命啊！

我在書中記錄了這件事，沒有提他的名字。但是我必須要把這件事說出來。王鼎均先生說過：「寫回憶錄，敘事，要有客觀的誠實；議論，要有主觀的誠實。」我想，這點我做到了。

編輯：您的回憶錄從六四起算，到 2016 年您流亡美國的二十七年間，不僅記錄了你個人的步履，更反映了幾十年來民運志士的奮鬥和受難，書中許多細節，讓人如臨其境。請問這些資料是如何來的？

寧先華：首先，我的記憶力超常。記得小時候，父親經常在家裡看報紙，聽新聞，有時候我仔細聽就能記住。父親很驚訝，便刻意訓練我的記憶能力，以至於當他的朋友們來訪時，父親經常讓我給他們背一段報紙上的社論，父親的朋友紛紛誇我是神童。因此，這三十多年來發生在我身上的大事，只要閉上眼睛，就會像影片一樣在我眼前上演。當然，光靠記憶也不行，我喜歡攝影，同時還保存了很多的資料，如法院的判決書、檢察院的起訴書、公安局的起訴意見書、監獄的釋放證明和大量的照片，等等。這些原始資料可以幫我確定在某個準確的日期，我做過什麼事，認識過什麼人，說過什麼話等等。另外，為了修正記憶的缺失和變形，我還會通過電話、電郵向當年的同道求證。比如，1998 年 9 月 27

日我們在鞍山站前某律師所舉行的組黨籌備會議，當時有十幾個人參加，有一個人的名字中間的字我記不清了。我立即向國內的朋友求證，他們很快找來了當年的一張與會人員合影，讓我的記憶一下子鮮活起來，所有的人都認出來了。

編輯：說到 1998 年 9 月民主黨在國內組黨，我有個問題困惑已久，想向您求教。很多歷史事件，我們可以清楚地知道它的結果，但是卻不見得瞭解它的開始。你們為什麼會在 1998 年突然發起組黨？要知道六四的槍聲剛剛沉寂了不到十年，鎮壓的血腥留在許多人心頭的恐怖陰霾還沒驅散，共產黨政權也還遠遠沒有放開言論、出版等基本自由權利，怎麼可能一下子就允許成立反對黨呢？你們作為歷史事件的當事人，是否想到組黨的後果會很悲催？

寧先華：這是個好問題，也是我幾十年來反覆思考、反省的問題。坦率地說，我至今沒有得出可以說服自己的結論。不過我可以大概地總結出幾個原因。其一是國際因素，當時中國為了加入 WTO，順應國際社會的要求，簽訂了聯合國《人權公約》和《公民權利與政治權利公約》，這兩個公約中有公民結社自由的規定；其二是國內因素，1992 年鄧小平發表南巡講話之後，中國開始擁抱資本主義，搞市場經濟，社會控制力度減弱，社會環境開始寬鬆，出現了一批氣功團體，如法輪功、中功、菩提功、香功等，影響遍及全國。民間宗教和基督教家庭教會也發展迅猛。這一切都給了我們極大的啟示。其三、1979 年民主牆時期和 1989 年六四期間受到打擊甚至坐牢的民運人士這時候也都回歸了社會，他們渴望重新集結，再次掀起民主運動的高潮。

還有一個偶然因素，就是山東的幾個民主人士突然發佈消息，稱山東省民政廳已經同意註冊中國民主黨山東籌委會。於是，浙江、湖北、四川、貴州等省開始躍躍欲試，紛紛到當地民政部門註冊民主黨的地方籌委會。北京天津的民運人士乾脆直接成立了

民主黨京津黨部。多少年後我們回頭審視這個組黨過程，雖然不能說山東朋友們發出的消息完全是大烏龍，但至少是誇大了的。根據這樣一個消息全國一哄而起，註冊民主黨，這反映了當年大家美好的願望和殘酷現實之間的差距。

編輯：1998年我還在大陸，一天從短波廣播中收聽到組建民主黨的消息，說實話，其吃驚程度比聽到六四開槍還大。因為不要說共產黨，就是民間也還沒有準備好接受一個反對黨橫空出世。組黨的過程也可以看出，有的都是「老運動員」，都是79民主牆和89民運被打擊的民運人士。也就是說，先不考慮共產黨的因素，1998年在中國組建反對黨的社會基礎還非常薄弱。不知道你們在組黨的時候是否考慮過這個問題？

寧先華：說實在話，我沒想那麼多。我們高估了美國和國際社會的壓力作用，也低估了共產黨的流氓伎倆，共產黨的憲法中也寫了結社自由呢！它什麼時候被當回事？國際公約在他們眼裡更是廢紙一張。

其實也不是所有的人都沒想到事情的嚴重性，在海外，胡平先生就質疑過共產黨答應開放黨禁的消息。他的理由是共產黨連言論自由、出版自由都沒有落實，怎麼可能一步到位答應組建民主黨？在國內，徐文立先生以他多年的政治鬥爭經驗，也認為現在就搞組黨太冒進，還是應該走「廣交友，不結社」的路子。但是，各地的組黨運動轟轟烈烈地搞起來了，作為京津地區的民運領袖，他不能潑大家的冷水，所以即使明知會有嚴重後果，還是衝鋒在前擋子彈，跳過組建民主黨籌委會這一步，直接成立民主黨京津黨部，成了民主黨組黨運動的「首犯」，被重判13年，是民主黨組黨中被判刑最重的。

編輯：您在回憶錄裡寫了兩段戀情，有歡樂和溫情，也有悲痛和迷茫，情深意切，催人淚下。能否跟我們的讀者談談這兩段感情歷程？

寧先華：我在書中，不僅寫了中國民主運動和中國民主黨的鬥爭史，也著重描述了一些關於我個人、家庭和情感的經歷，有著切膚之痛和難捨之情。讓讀者瞭解作為國內的民運人士和他們的家屬，有多麼的不容易，讓大家體會到民運人士群體的犧牲和付出。至於我的兩段感情經歷，你如想更詳細地瞭解，還是去讀我的書吧！

編輯：謝謝。現在請您談談您自己在組建民主黨遼寧黨部過程中的心路歷程吧！您當過兵，又有 1989 年參加六四被收容審查一百天的經歷，您應該對民主黨組黨的後果有所預測吧？

寧先華：是的。我確實做好了最壞的打算。我曾經跟一個朋友說過，在中國搞民運如果沒有失去自由、失去家庭、失去工作、甚至失去生命的心理準備，那還是不要去搞。我今年六十二歲了，人生已經過了一大半，進入了下半場，到了寫回憶錄的年齡。我來到美國八年了，一直從事著中國民主運動事業，經歷和瞭解了很多事情，洞悉了社會的各種潛規則和人性的幽暗。如果說 1989 年因參加六四事件被收審一百天，是一些偶然因素所致，那麼 1998 年 9 月參與組黨，此後在第一批骨幹成員被關押判刑以後，一直堅持遼寧民主黨的活動，直到 2004 年被重判十二年（上訴改為七年），則純屬自願選擇。常常有人問我，對參加民運，蒙受了這麼多的苦難，是否感到後悔？我曾經思考過，得出的結論是──沒法後悔，因為這是使命使然。你可以後悔當初的選擇，但是你能放棄你的理念、信仰和追求嗎？我們所能做的也只是將這一切都記錄下來，給後人留下經驗和教訓，這就夠了。

編輯：追求──我對此深有同感。過去我也曾經歲月靜好，當過律師，收入頗豐。可我忍受不了弱勢群體遭受踐踏、異議人士被枉法的現狀，義無反顧的成為維權律師，毫無意外地被迫流亡海外，因

為不流亡就得坐牢。我也曾經反覆反省自己的人生，然而得出的結論是——基於信仰的召喚，始終無法放棄個人心中的追求。

寧先華：所以我們最終走到了一起，成為同志。

我現在之所以能夠坐在這裡和您無所限制地交談，得益於 2016 年美國政府提供的一些幫助。通過瀋陽和泰國使領館外交官的持續努力，讓我順利逃出中國大陸，來到美國這個自由的國度。我會在書中詳細的介紹整個過程，也會向大家分享我如何避開跟蹤和監控，最終獲得自由。

我是幸運的，但也有一些朋友，當年懷抱理想，滿腔熱血，深一腳淺一腳地參與民運。後來遭受打擊，坐牢獲釋後懊悔萬分。有些人長期坐牢，得到一身傷病；其中大部分人家庭破碎，家人也受株連，他們的品格高尚，是思想的巨人，卻在中共殘酷的迫害打壓下淪為社會底層。因此有些人選擇淡出、離開了民運隊伍，對此我能夠理解，我也曾因失敗而感到愧疚。人性本質上是趨利避害的，不能要求人人都是鋼鐵戰士，也不可能人人都做民運聖徒。但顯然，那些至今仍在國內繼續堅持戰鬥的民運人士——如我的朋友秦永敏、胡石根、姜立軍等，他們的情操更為高尚，更加可貴。正是因為他們的存在，讓我充滿了必勝的信念，在這條路上勇往直前，永不懈怠。

我是個理想主義者，我堅信我們的奮鬥是有價值、有意義和有前途的。我的目標就是民主中國，憲政中國。我願為此生命不止，奮鬥不息！

這也是我寫這本書的初心。

2024 年 2 月 3 日於美西 波特蘭

目錄

序一：民運人的光榮與夢想 003
序二：走向應許之地－《出中國記》對話 009
引子：出獄 027

第一章 時代、故鄉、家世

1・祖籍蓬萊 033
2・逃避戰亂闖關東 033
3・部隊電影放映員 035

第二章 我的八九六四

4・六四之前的國際國內形勢 041
5・胡耀邦去世引發學潮 041
6・組織瀋陽愛國市民自治聯合會 042
7・在運動的中心 045
8・南下避難 058
9・直面鐵牢 058

第三章 收審一百天

10・到案 065
11・看守所的「娛樂」 069

12・審訊 071

13・關押的學生和工人──我的獄友們 075

14・青春無悔 077

第四章 組黨和工潮　92

15・組黨大潮 081

16・紀念「六四」十周年，我與聾啞人關押在一起 082

17・提審：暗藏殺機 091

18・走出拘役所 095

19・民主黨群英譜 097

20・姚福信、肖雲良以及遼陽的工人運動 111

第五章　11・26 專案

21・江澤民變臉 115

22・發現破綻 逃離瀋陽 116

23・在成都被捕 117

24・押送回瀋陽 119

25・單獨關押在安全局看守所 122

26・審訊室裡的較量 124

27・遭遇酷刑 127

28・移送公安偵查 131

第六章 遭遇重判

29．同案范振文 135

30．一審宣判獲刑十二年 139

31．死刑犯的最後時刻 144

32．看守所搬遷 145

33．堅持上訴，我被改判七年 147

34．同案被執行死刑 153

第七章 錦州南山監獄

35．錦州監獄再遇劉曉波 157

36．刑滿出獄 163

第八章 重點人口

37．永失我父 169

38．來自朋友們的問候 170

39．歸來時一片陌生 172

第九章 無處安放的愛

40．獄中偷打電話給女友 177

41．再見時，愛情已經凋零 179

42．子欲養而親不待 185

第十章 光榮歲月

43 · 來自國保的威脅 191

44 · 監控安到家門口 192

45 · 反抗暴政的鬥士——夏俊峰 198

46 · 二月花開春更早——戰友崔少華 207

47 · 抗議北韓核子試驗 215

48 · 慈祥母親的智慧 217

49 · 難過端午節 221

第十一章 綻放在山巔之上的愛情之花

50 · 冰山淨土 225

51 · 千山情緣 228

52 · 約會 233

53 · 鐐銬考驗的愛情 236

54 · 情人日記 237

55 · 東風無力 239

56 · 芭提雅探路之旅 241

57 · 打開邊控 243

58 · 博弈：接近美領館 247

59 · 逃脫險境——我的黑河之行 249

第十二章　靠書法艱難謀生

60・書法家大魚 259

61・書法三俠 260

62・三墨客的情義 263

63・當書法老師 264

第十三章　家被強拆

64・2014年六四前夕再遭抓捕 275

65・套取國保的「情報」 284

66・深深的母愛 286

67・參加婚禮重逢老友 288

68・土匪政府 291

第十四章　艱難的抉擇

69・給姜立軍當證人 297

70・啟動流亡計畫 301

71・與外交官初次會面 305

72・瞞天過海，見到美國領事 309

73・聲東擊西，「必勝客」裡定方案 314

74・一個神秘的電話 320

75・兄弟有難，義不容辭 323

76 · 匆匆告別 324

第十五章 逃到泰國

77 · 開始逃亡 329

78 · 突破邊檢 331

79 · 饑腸轆轆的飛行 332

80 · 泰國入關遭遇麻煩 334

81 · 曼谷的不眠之夜 336

第十六章 拿到美國的 PARCIS

82 · 到大使館踩點 343

83 · 進入美國駐泰國大使館 344

84 · 和國保玩一次躲貓貓 345

85 · 拿到特殊簽證 X PARCIS 347

第十七章 上帝的應許之地

86 · 告別曼谷 353

87 · 一隻出籠的鳥兒 356

88 · 入境美國起風 357

89 · 上帝的應允之地 359

後記 365

引子：出獄

　　錦州，中國遼寧省的一個地級市，卻是一座對中共竊國具有重要意義的城市。1948年秋，獲得蘇俄全力支持的中共名將林彪統帥的第四野戰軍，在這裡首戰告捷，打贏了遼瀋戰役；奠定了此後顛覆國民政府的一系列大戰的基礎。一年之後，江山板蕩，神州陸沉，中共建立了中華人民共和國，四萬萬同胞淪為共產黨砧板之魚肉。

　　錦州這座城市，殺氣從未消散，中共建政之後，在這裡建造了一座專門關押重案犯和重要政治犯的監獄，號稱第二秦城監獄。諾貝爾和平獎得主劉曉波先生、六四學生領袖王丹先生、《九評共產黨》的主要作者鄭怡春先生，以及新義州特首、朝鮮領導人金正日的義子楊斌先生等，都曾在這裡的特管隊坐過牢。

　　2010年12月15日，錦州南山監獄。

　　隆冬時節的東北大地，狂風呼嘯，周天寒徹，西北風旋起的雪粒子形成一團團煙塵，瘋狂地抽打著叢林、河川、山崗。太陽像一枚暗淡無光的小圓鏡，可憐兮兮地掛在雪塵迷濛的空中，搖搖欲墜。監獄通往外界的那條馬路，積雪覆蓋的路面被雪電子砸得坑坑凹凹。

　　這是一個寒潮肆虐、冷徹骨髓的冬天，那些一群群在周圍租房子、陪伴關在這裡的新義州特首楊斌的朝鮮族人，那些三三兩兩、被諾貝爾和平獎得主劉曉波的光環吸引而來的外媒記者，全都不見了蹤影，但是監獄卻突然如臨大敵，加強了警戒。

　　從下午開始，全副武裝的武警就加強了巡邏。每半小時就有一隊穿著厚大衣、戴著棉帽子、挎著衝鋒槍的武警從監獄門口走過。入夜時分，監獄高牆碉樓裡的探照燈突然大亮，雪白的光柱一刻不停地交叉掃射著監獄外的每一寸地面。晚上11點30分，監獄突然緊急集合，幾輛警車和一個中隊的全副武裝的獄警開出監獄大門，在大門外的廣場上列隊警

戒。接著，一輛黑色的遼 A0090X 奧迪 A6 緩緩地駛出，停在了大門口。大門外一輛警用引導車和三輛掛著警牌的越野車在馬路中央排成了一個車隊。這是監獄長的座駕，這位監獄的最高領導親臨現場，好像是在指揮一場重大行動。

零點的鐘聲敲響，監獄的大門再次緩緩打開，一個服刑人員走出監獄大門，他的身後還跟著兩個全副武裝、紮著武裝帶、戴著白手套的獄警。

這個人身穿深灰色毛領夾克，深藍色西褲，高腰的黑色皮鞋，在兩名獄警的引領下走進大門口的值班室。

值班的獄警一直等候在那裡，此刻迅速填寫了一張釋放票遞給這個人。拿到釋放票的那一刻，他沉吟了一下，彷彿在感受這張紙的分量，然後，他簽了自己的名字：寧先華。

出獄後第二天 2010 年 12 月 16 日辦理身分證照片

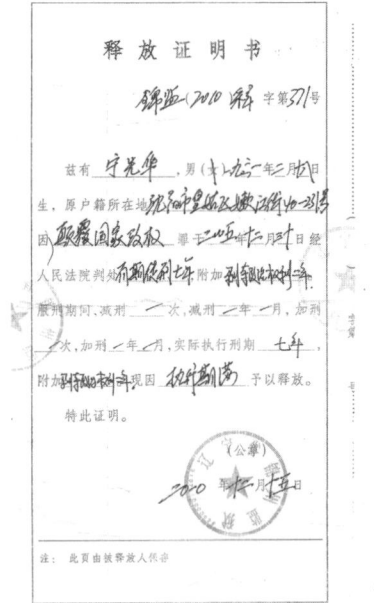

釋放證

這個人就是我——寧先華。被國家安全部和公安部共同認定為東北地區重要民運領袖，敵對分子。2003年因所謂顛覆國家政權案被判處7年有期徒刑，附加兩年剝奪政治權利，入獄七載，今天是我出獄的日子。

出獄前我向獄方提出要求：我必須在0點過後離開監獄，哪怕在監獄外寒風裡蹲一宿，也絕不在監獄裡的床鋪上多待一分鐘⋯⋯

可能也是為了儘早甩掉我這個包袱，監獄長在和上級部門匯報後滿足了我的要求。於是，我準時離開了監獄，看到了監獄外來接我的兩個身穿便服的人。

其中一位五十多歲，精瘦的男子操著一口南京腔調的普通話：

「老寧，你出來了！」

這是瀋陽市公安局國家政治安全保衛支隊的一名姓王的警官，從1989年「六四」之後，他就是專案組主要分管我的警察。

「老寧！你在裡面怎麼樣？」他滿面堆笑地走了上來。

「我的家屬呢？」

我環顧四周，沒有見到一個我熟悉的人，沉下臉，一點也沒給老熟人面子。

「別著急，別著急，他們在車上。天氣太冷，我沒讓他們下來。」王警官尷尬地笑了笑。

這時，我看到路邊的越野車裡，女兒在喊：「爸爸！我們在這裡！」她著急地向我招手。

周圍的道路已經被警察管控，除了負責警戒的警察，四周空無一人。我知道接下來的「自由」，無非是從小監獄進了大監獄。

車隊在警車的引導下快速駛出錦州市區，沿著高速公路向瀋陽方向飛馳。對於我來說，這段路似乎特別漫長。我不由得回想起特管隊那些曾經關押在一起的獄友們：獲得諾貝爾和平獎的劉曉波，被以煽動顛覆國家政權的罪名判處十一年；楊斌——中國前首富，荷蘭村老闆，金正日的義子，朝鮮新義州特首，被以各種罪名判處十八年；鄭貽春——政論作家，《九評共產黨》的重要撰稿人，被以煽動顛覆國家政權被判處有期徒刑七年……我出獄了，可他們還在特管隊裡服刑，還要在特管隊這座「監獄中的監獄」裡繼續他們的囚禁生活，如同這漆黑的冬夜，漫長寒冷，看不到盡頭。

　　在特管隊關押期間，有一個案情重大的服刑人員曾偷偷地告訴楊斌：「如果想活著出去，就學華子良（小說《紅岩》中的人物，靠裝瘋子逃過被殺），不然你很難走出去。」

　　從此，楊斌在特管隊裡完全變了一個人，每天嘻嘻哈哈，裝瘋賣傻，十幾年後熬到刑滿釋放，活著走出高牆。但劉曉波先生卻沒能活著走出監獄。

　　儘管我們同在特管隊，但我和劉曉波被關在不同的區域。劉曉波最初的牢房在特管隊入口的大廳裡，那裡原來是關押楊斌的地方，一共有四個房間，其中一間是牢房，裡面有一個上下兩層的鐵床，住五個人。除了劉曉波以外，有四位刑事犯罪的服刑人員24小時對他的一舉一動進行監視和記錄。另有一間水房，平時大家洗衣服、吸煙，坐在這裡聊天；以及一間儲藏室，櫃子裡面裝著每個人換季的衣服和用品；還有一個衛生間，用大塑膠桶在蹲便的隔間裡燒水洗澡。每次我們進出，都會從那大廳經過，我們是兩套連在一起牢房的鄰居。

　　後來，我聽說錦州監獄特別為劉曉波單獨修建了一個四面都是玻璃的房間，那些曾經看管他的刑事犯全部被撤換，改由獄警接手。據說，他的案情之大，足以引起最高層的關注。甚至有傳言說，他的牢房還能直接連接到北京部級的視頻監控系統。

即便有同情他的人也不敢冒險傳話，做場外指導，況且有些人壓根兒就不想讓他活著出獄。

想起劉曉波，腦海裡不由浮現出兩句詩來：**時來天地皆同力，運去英雄不自由！**

走出錦州監獄的這一幕，是我——一個不可救藥的理想主義者人生旅途中的起承轉合。本書將追憶生命的序章，謳歌青春和愛情、奮鬥與堅守；也將記錄歷史的巨變，回首熱血與激情、光榮與夢想。

第一章　時代、故鄉、家世

1・祖籍蓬萊

我於1961年12月11日凌晨四點出生在瀋陽,這是三年大饑荒的最後一年。中國大地餓殍遍野,析骨為炊,非正常死亡四千萬眾。如果不是父親九歲的時候隨祖父和家人從山東遷移關東,我本沒有機會來到這個世界,即使僥倖出生,也很可能在饑荒中夭折。

我的祖籍山東蓬萊,相傳是神仙居住的洞天福地,在大饑荒期間,餓死十餘萬人,婦女絕經,幾乎沒有新生人口。根據招遠、乳山、蓬萊、龍口(黃縣)、文登、牟平六種市縣誌所載資料,大饑荒期間,均存在規模不等的人口非正常死亡。蓬萊的死亡規模較小,而萊州的非正常死亡人數則達到了16.24萬人。

我曾在70年代銜父命兩次回故鄉祭祖,據祖輩老人說,我家當年在蓬萊家境殷實,城裡有多處鋪面,海裡有裝滿貨物的商船。我爺爺在兄弟中排行老二,兄弟們橫渡渤海往返膠東、遼東半島,將膠東的土特產如花生、大豆、穀物販往東北,再從東北運回工業產品。他們生意做得很大,尤其是四爺爺和六爺爺,在瀋陽、上海都開了工廠和商鋪。

上世紀30年代,我爺爺奶奶帶著父親,渡過渤海,舉家遷往瀋陽(當時叫奉天)投奔四爺爺。當時,膠東戰火四播,桑梓糜爛,關東卻一派生機,蒸蒸日上。

2・逃避戰亂闖關東

1945年9月,日本戰敗,滿洲國氣數亦盡。為爭奪東北這塊肥肉,國共兩黨各派大軍急馳東北,展開廝殺。昔日和平樂土,斯時雪白血紅。父親年方十五歲,念過兩年私塾,受左傾思想影響,加入挺進東北的第

一支共產黨隊伍——八路軍晉察冀軍區李運昌部，隨後被改編為東北民主聯軍，參加了四平街、三下江南、四保臨江等著名戰役。1948年的遼西戰役中，父親在營部擔任通訊員，他所在的隊伍在穿插中誤入國軍軍部駐地，幾乎被全殲。父親騎著大洋馬衝出重圍，發現營長沒有逃出，隨即又騎馬回去尋找；後來他把戰馬給了營長，自己和警衛排的幾個戰友們突圍，被炮彈擊中，身負重傷，被國軍俘虜。四爺爺得知消息，花了重金打點，將父親救出，送往醫院醫治。（中共建政以後，父親曾經救過的營長在遼寧營口市任體委主任，和父親一直有交往）

父親舊照（左面的額頭依稀可以見到傷癒後的痕跡）

半年後，父親傷癒，想回去找部隊。其時東北戰事結束，父親所在部隊業已南下，中原逐鹿去了。四爺爺為了拴住父親的心，給他說了一門親事，跟我母親結了婚。我母親是蓬萊城一家餐館廚師的女兒，躲避戰亂來到瀋陽，跟我們家可謂門當其戶。結婚後，爺爺集資為我父親開了一家油行，經營一段時間以後，突發大火，爺爺在撲救的時候，臉部和手部嚴重燒傷，一直在家休養，父親找部隊的心思才慢慢消停下來。不久，父親的戰友們陸續轉業回到瀋陽，他們又接上了關係，此時父親也已經在國企擔任中層幹部。母親則成了街道企業的一名車間主任。

父母生了六個兒女，我是最小的老兒子（北方稱呼家中最小的兒子）。除了大姊、哥哥和二姊外，在我上面還有一個姊姊、一個哥哥，幼年時不幸夭折。本來母親懷我的時候，因經歷了三年饑荒，嚴重缺乏營養，擔心養不活，一度不想要了。可孕檢的醫生說：「是個男孩，你還是留著吧！」醫生的一句善言，讓我僥倖來到這個世界。我幼時多病，父母非常溺愛，可能是愧疚在心吧！

時代、故鄉、家世

3・部隊電影放映員

十八歲那年，我高中畢業，要去當兵，父親堅決不同意，找了好幾個戰友來做我的工作。一日，父親的戰友說起戰爭的殘酷：「你可知道，打仗可不是鬧著玩的，一顆炸彈落下來，十幾個人就都沒了。你爸爸頭部左耳的上方有一個小指甲大的坑，那是炮彈皮擊中後留下的傷疤，右大腿後部有兩個深坑，那是在另一個戰役中留下的子彈貫通傷，要不是你爸爸命大，哪有你活在這個世上？」

我少年時候的照片

1979年12月我入伍前夕拍攝的全家福，前排左一是我

時代、故鄉、家世

现在想来，我当兵的那年，中越十年边境战争刚刚开打，无数百姓子弟丧身南疆，对战争之残酷知之甚详的父辈们其实是不忍心看着我一腔热血化作炮灰啊！

可一颗壮心渴望报国的少年哪里能理解父亲的苦心？我还是当了兵。父亲运作他的老关系，把我安排在驻紮大连金县的 81371 部队，当了一名电影放映员。三年军旅生涯，未睹硝烟战火。

1980 年部队照片

很多年后我才瞭解到，1979 年 2 月 17 日由中共发动的那场边界战争，其实是一场非正义的烂仗。起因是中共支持的红色高棉大规模屠杀越侨（也包括华侨），导致越南军队越境打击，中共为挽救柬国杀人狂魔波尔布特（Pol Pot）的败亡，实行围魏救赵之策，挥军进攻越南。故这场战争本质上是共产党国家的内斗，与国际正义和百姓福祉毫无关系。结果越南人虽不好战却善战，中国出兵三十万，分东西两线攻入越南，死伤数万，并没有挽救赤柬政权的覆灭，却把自己拖入长达十年的边界战争。如果我当年去了南疆，或死或伤，那才是毫无意义的炮灰呢！记得当年有一部电影《高山下的花环》，看得我热泪盈眶，热血贲张。三十多年过去了，当我又在互联网上看到当年参战老兵衣食无著，蹒跚上访，一种被愚弄羞辱和被抛弃的愤懑之情油然而生。

1982 年我从部队复员，先后在瀋阳市一家建筑公司工会担任宣传干事，后又在市政府城乡建委、市创全优工程办公室、辽宁商达国际公共关系发展公司工作。

三年的军旅生涯，让我养成了沉稳、内敛、坦诚的个性，领导和同

1981——1982年沈阳军区高炮74师電影队集训时合影，手放機器上者是我

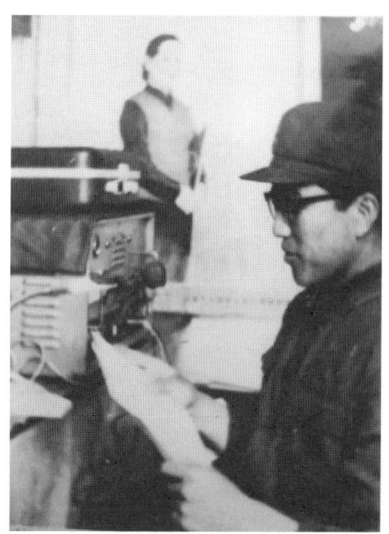

1981—1982年我在瀋陽軍區炮兵第74師654團電影組工作時的照片

時代、故鄉、家世

事們說我外表誠樸,內心卻有丘壑。大到對政治局勢的觀察分析,小到對官場人事的體悟應對,都有自己的主見,不肯人云亦云,更不會趨炎附勢。這種人品性格,當然不能適應於官場職場。於是,六四前夕,我離開了體制,開始個人創業。我的命運也由此匯入了時代的激流,可謂勇立潮頭唱大風,雖九死其猶未悔!

1986年工作照

第二章 我的八九六四

4・六四之前的國際國內形勢

　　1966 年至 1976 年，中國經歷了長達十年的文革浩劫。文革之後，全社會痛定思痛，在思想界和文化界曾一度達成共識，要避免「文革」這樣的歷史悲劇再次發生，必須剷除滋生「文革」的制度土壤，即必須進行政治體制改革，走憲政民主之路。由此，中國發生了好幾波民主化運動，最著名的是 1979 年的北京西單民主牆運動和 1986 年的學潮。

　　但是，這兩場運動都被奉行實用主義哲學的鄧小平強力阻擊。鄧小平認定，毛澤東和共產黨是一體兩面的一枚硬幣，無法分割。否定了毛澤東就等於否定了共產黨的合法性。為了維護共產黨的獨裁統治，他鎮壓了西單民主牆運動，逮捕了魏京生、徐文立等一大批民運領袖。並將堅持共產黨領導為核心的所謂「四項基本原則」塞進憲法。

　　1986 年冬天爆發的學潮，從安徽的中國科技大學發起，迅速席捲全國，學潮的要求是要求釋放魏京生，開啟政治體制改革。這場運動同樣被鄧小平鎮壓下去，而且還開除了方勵之、劉賓雁、王若望三個民主人士的黨籍，罷黜了同情民運的領導人胡耀邦的總書記職務。

　　1989 年春，國際上蘇聯東歐等地的民主運動如火如荼，消息傳到國內，民主人士受到極大鼓舞。加上國內價格闖關失敗，物價飛漲，價格雙軌制導致官倒大發其財，腐敗橫行，官民矛盾急遽激化，整個社會就像一個火藥桶，一點火星就能引起爆燃。

5・胡耀邦去世引發學潮

　　1989 年 4 月 15 日，廣受尊敬的前中共總書記胡耀邦突患心肌梗塞去世，火星如期而至，社會立刻爆炸。

1989年4月16日，北京及全國各地大專院校出現了自發悼念胡耀邦的活動，天安門廣場出現了大量悼念花圈。

4月19日，北京大學生在新華門外示威，被軍警驅散。大學生聚集於天安門和人民英雄紀念碑，各大學都有學生參加，人數達到10萬人。

4月20日，軍警與學生及市民推搡。凌晨，雙方再次於新華門發生衝突，有學生被打傷頭部。

4月22日，中共官方在人民大會堂中央大廳為胡耀邦舉行追悼會，趙紫陽致悼詞。北京二十萬大學生不理睬政府禁令，在天安門廣場、人民大會堂外及中南海門前舉行示威。在人民大會堂東側靜坐的學生派出三名代表跪在大會堂前的石階，頭頂著請願書，要求見國務院總理李鵬，但李鵬並沒有露面。學生號召北京三十五所高等院校無限期罷課。

同一天，上海的《世界經濟導報週刊》因刊載一篇悼念胡耀邦的文章未獲准發行。事後，總編輯欽本立被當時的上海市委書記江澤民革職。

4月24日，北京三十五所大學全面罷課，上海、天津、長沙、西安、南京等各大城市高校紛紛回應。

4月26日，《人民日報》發表社論，聲稱這次學生運動是「有計劃和有預謀的動亂」，給學生運動定調。中共對學潮的定性，激起了中國社會更大規模的抗議浪潮，學生運動開始逐漸演變為全民參與的民主運動。

6・組織瀋陽愛國市民自治聯合會

瀋陽是中國東北最重要的工業城市，所謂「東方的魯爾」。作為重工業基地，瀋陽有上百萬產業工人，僅鐵西區就達四十萬。因此，瀋陽

的穩定,關乎東北的大局。中共對此極為重視,其控制的嚴厲程度,不遜於京滬津三大直轄市。

4月下旬,瀋陽市政府廣場陸續出現了聚集的人群和聲援北京學生的標語。

胡耀邦是中共黨內少有的開明領導人,他思想開放,作風親民,特別是主持平反冤假錯案,給右派和地主富農資本家摘帽,贏得了中國社會各階層最廣泛的讚譽。1986年底被鄧小平等一幫政治老人非法解職,人民大眾為其憤憤不平。他的突然去世,讓我預感到,一場改變歷史的政治風暴即將來臨了。

學潮初期,我對大學生們表現出來的政治勇氣和歷史擔當歡欣鼓舞,期待這次學潮促使中共啟動停滯已久的政治體制改革,推進中國的民主化進程。這一階段我一直在觀察、思考,並沒有介入運動。但《四·二六社論》的發表,讓我看清了中共政治老人頑固堅持獨裁統治的嘴臉,我為這次學潮的結局和中國的未來深深擔憂。經過冷靜地思考,我決定介入運動,代表一種正義的社會力量對學潮提供助力,並把學潮演變為全民參與的民主運動。

5月15號,我騎著新買的自行車來到瀋陽市政府廣場,這裡聚集著很多工人和市民,一些高校的學生在廣場中心靜坐示威。有人在發表演講,有人在散發傳單。這時廣場的南側有些人自發組織成立了一個聲援學生的組織「瀋陽市民聲援團」,一個三十多歲、戴著眼鏡文質彬彬的小夥子,送來一條橫幅,上書「國正天心順,官清民自安」十個大字。「市民聲援團」由自稱姓張的人和程樹森分別擔任總指揮和副總指揮。我對兩位指揮發表了自己的意見,談了市民聲援團應該做些什麼,廣場上的各類組織在目前情況下應該注意些什麼等,兩位指揮對我的組織能力和建議非常讚賞,他們倆和幾個骨幹都建議我留下來,擔任市民聲援團的秘書長,我沒有拒絕。每天到廣場上組織我們市民聲援圖的成員們為學生們提供服務,維持廣場秩序,提供醫療等一些保障。學生遊行的

時候，我們組織糾察隊，維持秩序，並沿途舉著橫幅為學生打氣鼓勵。

當天傍晚，張總指揮表示要借我的永久自行車回鐵西，我毫無戒心，把車借給了他，誰知此公一去不歸，連同我的自行車一起消失在歷史的塵埃裡了。

5月19日，李鵬、楊尚昆在北京召開黨政軍幹部大會，宣佈對北京實施戒嚴。李鵬還發表了措辭強硬的講話，他揮舞著拳頭，聲嘶力竭、殺氣騰騰。

北京天安門廣場的學生隨即結束絕食，進入靜坐抗議階段，瀋陽這邊，廣場上靜坐抗議的學生和市民明顯減少，我懷著忐忑不安的心情，坐公交車到了廣場。

我沿著市政府廣場周圍轉了一圈，觀察情況，發現有人跟蹤，便慢慢地走到了公交車站。當時的公交車是前後兩個門都有賣票乘務員的，我從前門上車，走到了後門處，在乘務員提醒要關門的一霎那間，跳下車甩掉了跟蹤者，換乘公車回到了家中。

5月21號以後，廣場又恢復了以前熱鬧的景象。和我們接觸比較多的瀋陽XX學院的胡、王兩位同學，經常和我們交流。一次，我們五個人去瀋陽市郊區的一所學校做動員，聲援北京，罷課抗議。學校離公車站很遠，返程時搭了一輛空著的馬車，車夫不肯收錢，問我們什麼是腐敗。我說：「食品壞了、爛了就是腐敗，官員不為人民服務，以權謀私，為自己撈好處，是更大的腐敗。」車夫若有所思，微微點頭。

為了把控和指揮廣場的抗議活動，我和王晶、張勇、小宋、小程、小王等幾個骨幹成員商量，決定成立瀋陽愛國市民自治聯合會。5月25日，在市政府廣場旁邊的社區居民樓裡，包括兩名學生參加的八人領導小組成立會議召開，我分析這場運動不會很快就結束，我們的工作要循序漸進，先在所有文件中加上「愛國」和「擁護共產黨」的字樣，為組織披上保護色。

我的八九六四

我說，這場學生運動最終的目的大家都清楚，但是運動的結局很難預料。我們可能會被捕入獄，政府會找各種藉口鎮壓我們這些人，所以披上這層保護色會很重要。我強調：「如果我們失敗被捕，甚至被審判，大家一定要堅信，歷史終將會宣告我們無罪！」

　　我還建議此前受過警方處理，官方所謂有「前科」的朋友，最好都退出組織。「這不是歧視你們，而是更好的保護你們。因為當局會以此為藉口，對我們的組織和運動污名化，還會加大對這些朋友的打擊力度。」

　　後來的事實證明我當時的預見非常正確，六四期間瀋陽公安六處收容審查的二十多名運動骨幹，其中兩名有前科的，都被勞動教養；其他人則在收審結束後無罪釋放。

　　在當天的會議上，我被選舉為第一任瀋陽愛國市民自治聯合會主席。

　　李鵬的5・19講話之後，媒體集體轉向，我們從報紙和電臺上無法獲知北京運動的真實情況；為瞭解真相，我們開會決定，自治會的四名成員加兩名學生，六人進京，聲援北京的學生運動。

　　5月26日我們一行六人從瀋陽出發，趕赴北京。

7・在運動的中心

一

　　當時進京的車票實行管控，限制外地人進京。我們選擇了一個離北京大約五十公里左右的玉門火車站做終點站。在這個小站下車以後，我們試圖尋找進京的長途客車或者其他交通方式。一位身穿鐵路制服，大約三十歲左右車站上的職工，走過來很熱情地和我們打著招呼：「你們是學生嗎？」兩位學生代表迎上前去：「是呀，我們是瀋陽ＸＸ學院的。」

「好,我先帶你們去休息一下吧!」他把我們帶到他的工作地點,鐵路工務段的休息區,給我們燒開水準備了茶葉,和我們在一起聊了起來,他非常支持學生運動。

他告訴我們,現在進京選擇坐長途汽車好一些,坐火車可能還會遇到攔截,並叮囑我們要注意安全。我們和他告別,感覺這場運動深得民心。我們按照他指的方向找到了進京的長途客車。

二

當天,新華社以通稿形式向全國發表萬里的書面談話,表示支持鄧小平等人的決定。這份談話由萬里的秘書起草,萬里於26日簽署,當天報送中央。萬里在壓力下終於屈服,才獲准回北京。

26日下午,北京召開第七屆全國政協第十八次主席團會議,就中共中央、國務院為制止動亂、穩定局勢所採取的決策表明態度。政協第一副主席王任重主持會議,馬文瑞、屈武、方毅、孫曉村、司馬義‧艾買提、程思遠、侯鏡如、閻明復、錢正英、錢學森等發言,李先念總結講話。

李鵬向鄧小平、李先念、陳雲報告稱:「鮑彤洩露北京戒嚴這一最高機密,蠱惑人心;建議立即予以法辦。」在當晚中共元老召開的會議上,中共元老同意了李鵬的建議。李鵬隨即下達逮捕鮑彤的命令。

晚上,鄧小平、陳雲、李先念、彭真、鄧穎超、楊尚昆、王震和薄一波再次聚首鄧家,商議江澤民接任中央總書記、戒嚴部隊進城恢復秩序等事宜。會議持續了約五個小時。

香港一些聲援學運的組織在天安門廣場設立了物資聯絡站,並向全港市民緊急呼籲,儘快捐送各類物資,包括毛毯、睡袋、通訊器材、現金等。

清華大學學生、北高聯常委周鋒鎖回憶：「1989年5月23日開始，北高聯在北大每天開會討論廣場形勢，在26日所有代表一致要求在5月28日世界華人大遊行之後所有學生撤離廣場。我起草了《撤退宣言》，楊濤起草了《空校宣揚民主聲明》。楊濤和王超華代表北高聯到廣場促使廣場指揮部撤離。」

　　中午，廣場臨時指揮部過渡為保衛天安門廣場指揮部，繼續行使廣場指揮權，柴玲等人的職務不變。北高聯已無力重回廣場「執政」。廣場上已無力量可以取代保衛天安門廣場指揮部，核心人物為柴玲、李錄、封從德、張伯笠。

　　北京工自聯發言人韓東方回憶，當時官方已對他們的行動進行干預，他們正尋求途徑將工自聯合法化。工自聯總部設在天安門西門內。早晨八時半，一名自稱的天安門管理人員對工自聯人員進行威脅，要他們明天撤離，否則會有後果。這個人其實是北京市政府官員。工自聯門前開始聚集一批便衣。

　　保衛廣場指揮部為了讓同學們有點娛樂，心情輕鬆一些，特別邀請了中央音樂學院、中國音樂學院的學生和搖滾樂隊「五月天[2]」到廣場表演。演唱會在翌日清晨五時結束，在場的逾萬學生放聲齊唱《國際歌》。

　　中央音樂學院數百名學生合唱了《我的祖國》、《血染的風采》和電影《英雄兒女》主題曲。何勇等五人的「五月天」搖滾樂隊把通宵音樂會帶入高潮。唱了《大約在冬季》、《跟著感覺走》、《不是我不明白》等。

　　臺灣歌星侯德健是演唱會的嘉賓，翌日凌晨三時許來到廣場，將演唱會帶到高潮。他先唱了他的成名曲《龍的傳人》，又邀請吾爾開希一起唱了一首新歌《下去吧》。這是天安門廣場上學生度過的最輕鬆、最快樂的一個晚上。

（見吳仁華《89天安門事件大事記》）

三

　　5 月 27 日的清晨，我們抵達北京天安門廣場下的英雄紀念碑，那裡已經成為各高校學生組成的帳篷區的中心。晨光初照，廣場上的帳篷如同一片臨時的小村落，充滿了生機和活力。學生代表胡和王迅速協調，為我們找到了臨時居住的地方。我們分散住進了幾個帳篷，每個帳篷都充滿緊張而有序的氣氛。

　　我迅速做出了分工安排，程和王負責對外聯絡，而小宋則貼身隨行。廣場上，英雄紀念碑周圍聚集了來自全國各地的學生群體。北高聯、外高聯、保衛廣場指揮部等多個組織在這裡形成了一個團結的前線。學生領袖們如王丹、吾爾開希、柴玲、封從德等，在這裡發揮著重要的作用。

　　廣播中不時傳來消息，香港、臺灣等地的人民紛紛捐款支持。在人民大會堂對面，中國國家博物館門前草坪的空地上，臨時搭建了兩排旱廁，方便了大量擁入聲援的人群。北京的市民也紛紛前來支援，有的送來熬製的大米粥，有的帶來饅頭和洗淨的黃瓜、番茄，這些舉動溫暖、鼓勵著每一個在場的人。

　　我在帳篷前遇到了一位大約四十歲左右、戴著眼鏡的中年男子。他拎著一個鼓囊囊的黑色皮包走到帳篷旁，和我們聊了一會兒，留下了幾包石林牌香煙後，便匆匆離去。他的眼神中流露出對我們的深切支持和敬意。他坦言，因為工作的特殊性和家庭責任，他沒有勇氣像我們一樣站出來，但他從心底強烈支持我們的行動。這位男子的話語和行動，給了我們更多的力量和信心，讓我們深切感受到了來自社會各界的支持和尊重。在那個特殊的時刻，每個人的行動都顯得格外重要，成為了歷史的一部分。

　　27 日夜晚在我居住的帳篷前，學生糾察隊帶過來一位七十歲左右，穿著藍色的土布衣裳，身高約一米五左右，梳著齊耳短髮，矮矮胖胖、

滿臉滄桑的農村婦女。有幾個水電學院的學生圍住她詢問，其中有兩位學生開始錄音。這位來自邊遠山區的農村婦女，操著很濃重的家鄉話和我們講述她為什麼要來到這裡。她從小生活在貴州或四川山區，一直和她的媽媽相依為命，她的爸爸不喜歡她，經常打她和她的媽媽，她媽臨死之前把她叫到身邊告訴她：「你的生身父親現在是一個很大的官兒，他叫鄧小平。」六、七十年以前，一支紅軍的隊伍駐紮在她媽媽居住的村莊。一位年輕的指揮官，個子不高，一口濃重的四川口音。他對情竇初開十多歲的媽媽非常好，經常給她講革命大道理，送禮物給食品。她媽媽描述她的生父非常會說話，她很愛聽他的講述，媽媽的少女心一直被他吸引，被他感動。一個夜晚他帶著媽媽去小村外的河邊抓魚，他和媽媽在岸邊的樹叢中第一次偷嘗禁果以後，媽媽的心已經完全屬於他，他們有機會就在一起。沒住幾天部隊就轉移了，臨走前他告訴媽媽一定會回來接她娶她……媽媽在思念和盼望中，感覺到懷上了他的孩子，就頂著世俗的壓力堅持把孩子生了下來。

媽媽臨死之前叮囑她一定要北京去找她的爸爸，她坐火車來到北京四處打聽鄧小平的住處。看著她這麼質樸真誠，有心人告訴她，鄧小平現在住在中南海。她一路打聽找到了中南海，到了大門口兒說，她要找她的爸爸鄧小平。門衛瞭解了這個情況後，通知了裡面的警衛，把她勸走了，說鄧小平不在這裡，他在人民大會堂。她又來到這裡，天安門廣場，發現這裡有這麼多的人，有些人還在反對她爸爸，她不知道到底發生了什麼。我們幾個圍在她的周圍仔細地聆聽，看著她的長相，跟鄧就像是一個模子刻出來的，簡直一模一樣，基本上就是女版鄧小平。對這段奇聞，我將信將疑。我記得旁邊有的學生在認真地做著記錄，還有的學生用錄音機錄下了這一段。

紀念碑上高自聯廣播站不時地播放著各地的投稿。我以「瀋陽人」為筆名，介紹了我們在遼寧瀋陽抗議政府，聲援學生，並對學生運動的大力支持。

四

　　負責聯絡的小程和小王回到帳篷，告訴我在天安門廣場的西觀禮台，有一個工人的組織，他們歡迎我們過去。

　　我和小宋在他倆的引領下，穿過廣場上情緒激昂的各高校聚集在這裡的學生隊伍，以及周圍大量來自全國各地的群眾和北京市民，來到了天安門西邊──公廁旁的一個大鐵門，推開以後是一個約五百平米左右的大院子。臺階後面用水泥柱子支撐的西觀禮台下的空曠處，擺放著幾張桌子。大門口架設了對廣場的工自聯廣播站，北京廣播學院的一對像是情侶的男孩和女孩，用非常專業的語調播放著工人自治聯合會的宣傳稿件。

　　韓東方等人熱情地接待了我們，我們介紹了瀋陽的學生運動和瀋陽愛國市民自治聯合會（工自聯）和一些情況。在隨後幾天的日子裡，我白天主要負責書寫一些公告、標語，同時也接待一些來這裡拜訪的各地朋友。

　　有一天，韓東方跟我商量，他們想成立工人自治聯合會，是叫北京工自聯還是首都工自聯，他們猶豫不定。這讓我想起北京師範大學和首都師範大學兩所學校的名字來。前者聞名遐邇，後者只是北京市的一所普通院校。

　　我說：「還是北京工人自治聯合會更具有地標性意義，更響亮一些。」

　　韓東方接受了我們的建議，從此北京工人自治聯合會（北工聯）和北京高校大學生自治聯合會（北高聯）成了這場運動中最著名的兩個組織。然而兩個組織第一時間被鄧小平李鵬政府取締，可能是為了削弱這兩個組織的影響力，中共當局在取締命令中分別簡稱它們為「工自聯」和「高自聯」。

我和韓東方一起接受了一些媒體的採訪。韓東方希望我代表瀋陽同業組織，對「北工聯」的成立表示祝賀和支持。我們當然義不容辭，找到一塊紅布，我用大字寫出「祝賀北京工人自治聯合會成立」的大橫幅，落款「瀋陽愛國市民自治聯合會」、「瀋陽市民聲援團」。我們還找到了一塊大白布，用濃墨寫上了「國正天心順，官清民自安。」，這兩句出自馮夢龍《警世通言》，曾經是瀋陽愛國市民自治聯合會的主標語。（在一些介紹天安門的記錄片中，這幅字都有出現。）

　　我在北京天安門廣場西觀禮台「北工聯」總部，利用書法特長為其寫了大量公告和宣傳標語。一次，有人站在我旁邊，想請我幫忙寫幾個字。

　　「你想寫什麼？」
　　「愛國無罪！」

　　我揮毫潑墨，一揮而就。寫完以後，對「愛」字拉長的最後的一個筆劃「捺」，不太滿意，還有繁體「無」字的最後長橫的轉折，過於圓滑。此後一直在心裡揣摩這兩個字的結構和筆劃。三十四年以後，紐約曼哈頓六四紀念館開幕時，我見到展廳裡掛著的一個橫幅，看著眼熟，拍了幾張照片，陷入了回憶。原來那正是我當年在天安門廣場西觀禮台「北工聯」總部的時候寫的，被一位美國人得到後，保存了三十多年，最近才捐給了六四紀念館。

　　我們白天工作在這裡，晚上地上鋪上幾張硬紙板，蓋著軍用棉大衣就露天睡在西觀禮台院內，入夜的戶外少了一些喧囂，春夏之交，北京的天氣有些微涼，早晨簡單洗漱一下，喝點水吃點麵包，就開始工作。

2023 年 6 月 2 日，紐約六四紀念館開幕，廳裡懸掛的「愛國無罪」

韓東方囑咐後勤部門的負責人:「老寧他們每天 24 小時守候在這裡,非常辛苦,每天要給老寧他們發兩包金橋煙,適時要買一些燒雞給他們補充營養。」

五

5月28日是星期天,在陽光灑滿的清晨,北大和其他學校的學生

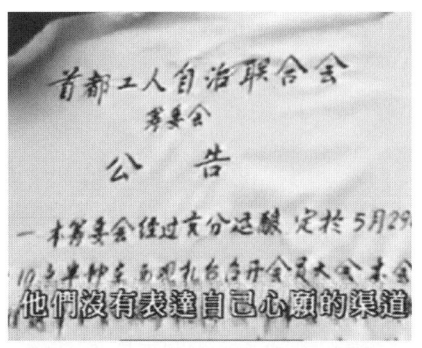

從紀錄片《天安門》截取的本人在八九六四時期在天安門廣場西觀禮台北京工自聯總部書寫的標語

們開始聚集，準備響應「全球華人大遊行」的號召。上午十點，校園內的氣氛緊張而激動，學生們一邊檢查橫幅和標語，一邊討論著即將到來的遊行。他們穿著簡單，臉上寫滿了堅定和希望。

隨著時間的推移，學生們陸續離開校園，向天安門廣場進發。午後的陽光開始變得熾烈，但沒有減弱隊伍中的熱情。他們高喊口號，手舉標語牌，形成了一條浩浩蕩蕩的隊伍。人群中，可以看到各種表情：堅決、激動、好奇，甚至有些緊張。

下午1時，遊行隊伍終於抵達天安門廣場，與已經在廣場靜坐的學生和北京各界其他遊行隊伍會合。廣場上，空氣中瀰漫著緊張和期待的氣氛。據統計，超過三百所高校的學生參加了這次遊行，人數約五萬，儘管這個數字比以前已經減少了。

特別值得注意的是那些剛剛從外地來到北京的學生們，他們坐在廣場上，臉上寫滿了決絕和堅持。他們普遍反對5月30日撤離廣場的決定，堅信他們的靜坐有著重要意義。在廣場上，北京和外地的學生代表再次聚集討論是否撤離。在緊張的討論後，他們通過舉手表決，決定繼續靜坐。柴玲站在人群中，她的聲音堅定而響亮：「**我們要堅持下去，直至6月20日人大召開為止。**」她的話語在廣場上迴盪，激發了更多人的堅定和決心

5月29日的夜晚，北京的天安門廣場變成了一個熱鬧非凡的現場。月光灑在廣場上，為這個歷史性的時刻增添了一絲神秘色彩。高達七米的「民主之神」塑像，在紀念碑北側被安裝完畢，它的巨大身影在夜幕中顯得格外引人注目。民主女神，不屈不撓地對著天安門城樓上掛著的毛澤東巨幅畫像，高舉著火炬，這座雄偉的塑像立刻吸引了成千上萬的圍觀者，他們聚集在塑像周圍，眼中充滿了神聖和希望的光芒。

隨著「民主之神」像的揭幕，現場氣氛達到了高潮。北高聯的一名負責人站在人群中，他的聲音響亮而堅定，宣讀著《民主之神宣言》，

闡明設立這座塑像的深遠意義。周圍的人群靜靜地聆聽，空氣中彌漫著一種莊嚴肅穆的氣氛。

然而，北京市天安門管理處很快發表了聲明，聲稱天安門廣場是舉行政治性集會和迎賓活動的重要場所，是非常莊嚴肅穆的地方。他們對於在廣場上搭設的「女神」像表示堅決反對。聲明中的語氣嚴厲肅殺，反映出了當局對這一事件的氣急敗壞。

儘管面臨著官方的壓力和威脅，廣場上的人群卻表現出了強烈支持和認同。他們圍繞著「民主之神」塑像，有的人在討論，有的人在拍照，還有的人沉浸在自己的思考中。在這個特殊的夜晚，廣場上的每一個人都成為了這個歷史時刻的一部分，見證了一個文化和政治象徵的誕生。

六

晚上十點左右，我和沈銀漢等人留下來值班，我們披著軍用棉大衣，在西觀禮台工自聯總部的院內聊天。

「在你旁邊那個門就是午門。76年四五運動的時候，警察就是從這裡和人民大會堂、地鐵口衝出來的，所以說這裡很不安全。」

我們聊到各自的家庭。他問我：「孩子多大了？」

我說：「四歲。」

他告訴我，他的孩子很小，才四個月。

他問我：「你想孩子嗎？」

我告訴他我很想念我的女兒。他說他也一樣，確實很想孩子。我勸他抽時間回家去看看孩子。

5月30日凌晨，韓東方急匆匆地走過來，拿起麥克風向工自聯的

鐵門外走跑去。我問韓東方怎麼了，他說幾個執委被抓了。一會兒廣播裡傳出韓東方的聲音：「就在幾個小時之前，我們北京工自聯的幾個執行委員沈銀漢、白東平、錢玉民及骨幹成員劉強分別被警方秘密抓捕，我們譴責這種秘密綁架的無恥行為……」

原來，昨晚夜幕降臨，北京的長安街被微弱的路燈光線勉強照亮。沈銀漢騎著自行車回家，走到北京飯店附近的時候，一輛吉普車突然在他身邊停下。車門一開，幾個人影躍出，迅速圍住了他。沈銀漢被粗暴地抓住雙臂摁住肩膀往車裡塞，他開始大聲呼喊：「憑什麼抓人？你們是幹什麼的？」

他的聲音充滿了恐懼和憤怒，打破了夜晚的寧靜，聲音引起了附近北京飯店的日本記者和其他人的注意，他們紛紛向吉普車的方向奔跑過來。

這些便衣警察顯然沒有預料到會發生突發情況，處置中顯得手忙腳亂。沈銀漢趁機從口袋中掏出日記本，扔到了地上。記者們在混亂中撿起了日記本，迅速流覽了上面記錄的內容。他們發現了沈銀漢的名字和一些關鍵日誌內容，迅速向廣場指揮部通報。

警察抓人的消息像野火一樣迅速蔓延至廣場。韓東方在廣播中宣佈，第二天將組織人們前往北京市公安局抗議，要求釋放被捕的工人領袖。這一消息立即引發了一連串的行動。我和隨行人員緊急商議對策，他們堅決建議我留守在工自聯總部，以保持組織的穩定和連續性。

5月30日上午10時45分，北大等校的學生、工自聯的常委韓東方、法律顧問李進進以及其他一些成員，大約四百人聚集在北京市公安局前靜坐，要求釋放被捕的工人。雙方經過長時間的談判，仍未達成任何解決方案。人群越聚越多，堵住公安局長達七個小時。一部分學生和工人轉向公安部和國家安全部靜坐，期待著一個滿意的答覆。

當時北京工自聯來自中國廣播學院的像是一對情侶的廣播員，在沈

銀漢事件發生以後開始動搖。我看到兩人牽著手從工自聯的門裡慌慌張張往外走，我問他們怎麼了，他說：「得到消息，警察已經知道我們在這裡播音，我們會很危險。」說著匆匆走了。他們臉上的恐懼讓我至今難忘。

有一天，我在工自聯的院內，看到穿著格子襯衫及牛仔褲大約三十歲左右的男士，背對著我在紅牆邊和韓東方說話。他的這個穿戴在當時的年代比較惹眼。我問旁邊的人：「和韓東方說話的人是誰？」他告訴我這是北京工自聯的法律顧問李進進。

在天安門廣場的工自聯，我還見到了燙著卷髮、長相嬌美、滿口京腔、嗓音很大的廣播員呂京花。呂京花在六四開槍後第一批逃到海外，2016年9月我來到紐約後不久，蔣傑打電話給她說有個曾經在北京工自聯的朋友剛剛來到紐約，她就開車趕過來了。我們聊起當年的情景，她很激動，說她的記憶力很好，她想起我了。她說我當年穿著一件藍色的文化衫，白白胖胖的戴個眼鏡，經常蹲坐在地上，靠著西觀禮台的紅牆，身邊一直跟著兩個人。多年以後，她依然還是當年那種心直口快、風風火火的風采。

有一天，我去門外的公廁，走出大門我就感覺有一雙眼睛死死地盯著我。我用餘光觀察，我走進去以後，他也跟著進來。我走到了小便池的旁邊他跟著，我走向裡面他又跟過來。我發現不對，匆匆忙忙地回到了工自聯的大門內。

我從工自聯總部走出去到廣場，直覺告訴我，後邊有人跟蹤我。我往人群密集的地方走，挑選人群密集的地方折返。回到工自聯後我和大家講，我出去的時候，一直被跟蹤。

從此以後我再出去，就帶著四、五個糾察隊員。我穿著藍色的圓領汗衫，上面密密麻麻寫滿各國記者的簽名，外披了一件棉軍大衣。

七

　　1989年6月2日青年學者劉曉波、高新、周舵和臺灣歌星侯德健「四君子」來到廣場大學生中間，宣布展開七十二小時絕食。我們圍攏在廣場英雄紀念碑基座的周圍，現場氣氛熱烈，聆聽著精彩的演講，欣賞著侯德健的歌曲，大家群情振奮。

　　這個期間陸續傳出一些爭議，是繼續堅守廣場還是保留火種撤離廣場，不時也會發生一些小規模的佔領廣場廣播站的衝突。進入六月份，形勢逐漸緊張，廣場上空直升機在盤旋，在廣場上也會經常出現一些梳著寸頭，穿著襯衫，三五成群的可疑分子。從他們的走路姿勢和流露出的表情，我能看得出來，他們應該是訓練有素的軍人。

　　6月3號。中午。外高聯副總指揮哈斯在廣場上找到我，說他剛從北京市委出來，政府馬上就要動手。他們鎮壓的主要目標，就是我們這些工人，所謂長鬍子的。他建議我們馬上離開，要保持住火種。

　　同時，他還介紹了一位原浙江大學化學系的研究生與我同行。他說：「你們可以結伴而行，先去廣州吧！」

　　我把我的身分證，交給了瀋陽農學院來到北京旅遊的一對五十歲左右的夫婦。我和他們交代：「打這個電話，找到我的姐姐，把我的身分證交給她，你告訴她我在北京目前很安全。我近期會離開北京，去南方躲一躲。讓她們放心。」

　　我把提前準備好蓋有公章和鋼印的工作證找了出來，單位是瀋陽建築安裝公司，職務是工程計畫科科長。我用當初填寫工作證的同顏色備用鋼筆，把姓名寧先華（宁先华）改成宋光畢。由於修改後筆跡顏色都一樣，如果不用專業的檢查儀器，很難發現破綻。

8・南下避難

6月3號下午，我和這位原浙江大學化學系研究生朋友一起買了火車票，我們商量了計劃分段走，第一站到達河北邯鄲。在火車上有旅客用短波收音機播放著北京天安門廣場被鎮壓的消息。當時我感覺到了事態的嚴重性。可沒想到中共竟然用坦克、裝甲車和國防軍，對這些手無寸鐵的學生和和平抗議的市民進行殘酷鎮壓、血腥屠殺。

我們在邯鄲下車以後，找到了一所大學，和他們自治會的學生們交流了一些信息，然後繼續南下。沿宜賓、武昌、洪湖坐長江客輪到長沙。在長江遊輪行駛途中，江輪靠岸，突然上來一幫全副武裝的武警，他們手裡拿著照片，在旅客當中一個一個地對比著，尋找他們想找的目標。對學生面孔的人，盤查更嚴。

我們倆用目光互相提醒著，他們主要在找照片上的人，小聲商量了一下，在洪湖的碼頭下了船。

半夜江邊蛙聲四起，江風瑟瑟。我們匆匆下船，饑腸轆轆。走出不多遠，有一個挑擔的小攤販，叫賣著「醪糟蛋」。我不知道這是什麼東西，小販向我推薦，喝一碗可以暖暖身體。我嘗試著喝了一口，濃濃的酒釀加上蛋花的濃郁的口感，使我感到了溫暖。後來，我們一路輾轉著來到了廣州。

9・直面鐵牢

為了安全，我們分別住在兩個小的旅店。我用工作證登記「宋光畢」的名字。我們約定第二天上午九點鐘，在越秀公園的門口見面。我躺在招待所的木板床上輾轉反側，心情難以平靜。

想起養育我的父母、我的妻子和四歲的女兒。

如果這一步跨了出去，不知道什麼時候才能見面。我是家裡最小的

孩子，也是父母親最疼愛的老兒子。

他們如果知道我逃離了中國，我的愛人和孩子知道我扔下他們，選擇了出走，她會怎麼想呢？

我周圍的親屬、朋友……大家會怎麼看我？

我越想心情越複雜，越想越難過，越想越對出走下不了決心。

我仔細分析了一下目前的情況，第一、我不會出現在全國性的通緝令上。

第二、在瀋陽的那段時間，是我最容易被抓住把柄和暴露的階段，在那裡我們都是以愛國的名義開展了一系列的活動，因此即使被抓，也不至於重判。

第三、我在北京的一切行動，公安不可能完全掌握，即使掌握了也只是局部，在好幾十萬的抗爭隊伍中，我不突出，他們根本沒有時間顧及我。即便把我抓住了，也沒有足夠的證據給我定太重的罪。

回去，意味著坐牢。出去，（當然這裡面會有一定的風險）意味著我個人可以獲得自由。思來想去，我還是難以割捨我的親情和我的家人。

回去！大不了我坐上幾年牢，思來想去，決心已定。

我迅速地辦理了退房手續，搭乘公車趕到廣州火車站。

在售票視窗，當時我的兜裡只有兩百塊錢，想買一張回瀋陽的慢車硬座的車票錢都不夠，買不到瀋陽，買到北京也不夠。怎麼辦？

我問了一下，買到石家莊票價是196元，那就買到石家莊。

我懷著沉重的心情在廣州車站前的廣場上漫無目的地走著。我只知

道我舅舅在石家莊,茫茫人海中,不知道怎麼才能找到他。

　　我的腳步顯得迷茫和無助。手裡緊握著剛買的車票,我意識到這張車票無法帶我回家,只能帶我到半路。周圍的人群匆匆而過,我彷彿置身於一個迷惘的世界。

　　就在這時,我看到了一位年齡比我略大的矮胖青年神情惘然,他的面容顯得憔悴、焦慮。我走上前搭訕,他告訴我,他是來自雙鴨山礦區的一位廚師,本想來廣州遊玩,卻不幸剛下火車就被偷了包。現在,他已經一天多沒吃東西,一臉的疲憊無助。

　　聽著他的故事,我感到我們之間有著某種相似的命運。我坦白地告訴他,我的車票也不足以帶我回家,買完車票後,我只剩四塊錢。在這樣的情況下,我決定與他分享我的微薄之財,留下兩元錢給他。他被我的舉動深深觸動,堅持要留下我的名字和聯繫方式,以表日後的感激。

　　我輕輕地擺了擺手,說道:「算了,我們在這裡相遇,是一種緣分。我也只是盡我所能地幫助你。」

　　按照當時的物價,這兩元錢足夠買些速食麵、麵條或饅頭、包子來充飢。

　　在那個灰暗迷茫的時刻,廣州車站廣場上,兩個陌生人之間的這一份互助和慰藉,構成了那個風雨如晦的年代一抹溫馨的記憶。

　　在火車上,看著周圍的人吃著盒飯、點心、可樂、水果,而我的包裡什麼都沒有。

　　清點一下我所有的物品,還剩下半包金橋煙。這種煙勁很大,我吸著有點衝,但是沒有捨得丟棄。我要計畫著怎麼才能堅持到最後,清理所有的零錢放在一起,還有六毛多。這兩塊六毛錢,是我下一步找到舅舅之前的全部資金,我要最低限度的保持我正常的體能。

我的八九六四

火車在一個車站停下，我匆匆地跑上月臺，花了四毛五分錢買了一包最便宜的袋裝速食麵回到車上，嚼著速食麵喝著涼水。

我只聽說舅舅在石家莊的一個橡膠廠，我向周圍的人打聽石家莊橡膠廠的情況。我鄰座的人告訴我：「石家莊有四、五個橡膠廠，不知道你想問哪一個？」我有些矇：「哪一個更大？哪一個更早？」我記得我的舅舅是60年代支援三線建設的時候從瀋陽去的石家莊，他告訴我應該是第一橡膠廠，讓我下車後坐某某路公車，就可以到達那裡。

我帶著饑餓疲憊、忐忑不安的心情走出了石家莊火車站，找到通往第一橡膠廠的公車站。在路旁一個簡易的蛇皮口袋紅藍白條的圍擋[3]中，有一個小攤，賣一些小米粥、饅頭、包子、小鹹菜和鹹鴨蛋。我饑腸轆轆，實在難以抗拒這些食物的誘惑。問了一下價格，我記得當時的價格很便宜，差不多一元錢左右，就有一碗粥、兩個饅頭、一碟免費的小鹹菜，我還要了一個鹹鴨蛋。吃飯的時候我也在想，如果今晚還找不到舅舅，那我就只能露宿街頭。包裡還剩下兩支煙，在找到舅舅家之前，我要分段抽。

吃完飯以後，還能剩下一元錢，這是我乘車到工廠，如果沒有找到，第二天，還要乘車去其他地方尋找親人的全部費用。儘管連日奔波勞累，我腦海中不敢絲毫鬆懈，除了要應付隨時遇到的盤查，還要思考著下一步將怎麼辦。我走出吃飯的圍擋，向公車站的方向走出二、三十米後，突然想到，哇！我還沒有付錢。我站在那裡，手裡攥著僅有的兩元錢猶豫著，我是不是該回去付錢？但最終我原諒了自己：我目前處於非常時期，現在的一元錢對我非常重要，它可能會幫助我解脫困境。

我懷著內疚的心情走向公車站，心裡默默說著：「對不起了，兄弟！我現在屬於逃難，你當時沒向我要，我也確實是忘記了，我不是有意不給你錢……」

在車站候車，迎面走過來一個年輕的小夥子。我問：「您好！請問

第一橡膠廠怎麼走？」

　　他告訴我：「就坐這個車，坐到終點就到了。不過你不用去了，那裡已經下班了。」

　　我愣在那裡，猶如五雷轟頂。突然意識到，他怎麼知道那個工廠已經下班了？他要麼就是廠裡的人，要麼就是很瞭解這個這家橡膠廠。他當時已經走出了二十多米，我快步追上他：「您好，我再打擾您一下，你在那個工廠工作嗎？」

　　他說：「是呀，這個時間廠裡已經下班了，你有什麼事兒呀？」

　　我說我在找一個親屬，我只記得他叫什麼名字，在這個工廠裡工作。我說了舅舅的名字，他不知道。我又提到了和他年齡相仿的我表弟的名字。他說：「知道，他就住在我們家前面那棟樓。」

　　這也太巧了，真是踏破鐵鞋無覓處，得來全不費功夫。我興奮極了，說：「麻煩你了，能不能帶我過去？」

　　他很爽快地帶著我去找舅舅。

　　我繃著幾十個小時的神經終於放鬆，跟隨著他來到了舅舅的家。

　　舅舅見我突然到訪，感到非常驚訝。我如實向舅舅說了我的情況，沒有一絲隱瞞。舅舅看到我包裡的一些傳單、文件和我在廣場上穿著那件藍色的寫滿了各國採訪記者簽名的汗衫，說：「華呀，這次你可能要闖下大禍了，這些東西不能放在身邊。」他把我這些東西投進他家做飯的火爐裡，一件一件都燒掉了。

　　舅舅曾經是國軍老兵，性格豪爽耿直，帶我去洗個澡，換了一套衣服，讓我吃了飯，好好休息。

　　我在舅舅家靜靜休養了幾天，看著電視裡每天滾動播放的北京發生

反革命暴亂的新聞，對二十一名學生領袖的通緝令，陸續有一些人在逃亡過程中落網的消息。整個中國籠罩在一片紅色恐怖之中。

我舅舅和我在瀋陽的一個叔叔商量，把我帶回瀋陽，藏在了瀋陽郊區的叔叔家裡。

當時瀋陽市的大街小巷貼滿了布告，限令參與「動亂」和「反革命暴亂」的非法組織的頭目和成員限期投案自首。在這強大的壓力下，家人們幾次討論。舅舅叔叔倆分析，小華（我的小名）逃是肯定逃不掉的，躲也躲不了多久，這類案件找關係也不可能消除，只能選擇投案。叔叔和舅舅與我商量，我們一起詳細分析，最後達成一致共識，與其東躲西藏，不如主動投案，但這一切都瞞著我的父母。1989 年 7 月 6 日下午，我在舅舅和叔叔的帶領下來到瀋陽市公安局刑警大隊歸案。

註釋

2. 此處的五月天樂團為 1986 年成軍於中國的搖滾團體，創始成員有張嶺、何勇、曹鈞、秦勇，被視為中國搖滾先驅。
3. 圍擋，即護欄的意思。

第三章 收審一百天

10・到案

我們來到瀋陽市公安局刑警大隊，我報上姓名，聲明根據布告前來投案。接待我的警察叫來一個領導模樣的警官，他向指揮部報告了我到案的消息，手台[4]裡連續傳來一連串興奮的聲音：「太好了！太好了！」

我是瀋陽的「非法組織」頭目中到案最晚的一個，這意味著瀋陽所謂的「雙亂」案件可以結案了。

在刑警大隊，審訊筆錄做完以後，一個警察小聲和我說：「寧先華，瀋陽的幾個同案[5]，只有你能把事情說得如此清楚。在瀋陽市政府廣場，你們是本著愛國心，你去北京是旅遊。放心，你肯定不會有問題！」

當年警察的這個態度並不令我意外。因為包括警察在內的絕大多數人都是支持這場愛國民主運動的。當時的警察隊伍裡有一個說法，六四會像四五天安門事件一樣，不久就會平反，他們犯不著得罪我們。所以警察對涉案人員態度都不錯。

我被關進瀋陽第二看守所，門外還有一塊牌子，寫的是「瀋陽市公安局收容所」。第一次入獄，心情緊張、恐懼，不知道會發生什麼。辦理完羈押手續後，我按照要求抱著頭，緊張地蹲在第38號房監舍的鐵門旁。這時候上來幾個武警，快步走向我。我心裡想，一頓暴打是免不掉了。在武警快要接近我的時候，送我來的警察衝他們喊：「這個人你們不能動！」幾個武警愣住了，然後看看我，嘻笑著走開。

我當時不知道，關押我的地方是看守所還是收容所。後來據朋友介紹，這裡最早是關東青年基督教會。「9・18」事變以後成為日本關東軍憲兵司令部，下面曾設有水牢。我被關押的時候此處是瀋陽市公安局

的最高預審處。38號房傳說是曾經關押過張志新的女監舍。

投案後官方對我所採取的措施是收容審查。所謂收容審查，是一項自1975年開始實施的行政強制措施。根據這項制度，公安機關可以對任何它懷疑有輕微違法犯罪行為的對象進行羈押，收容審查的時間可以長達三個月。而所謂輕微違法犯罪嫌疑，那完全得看警察的心情。比如警察在大街上看見一個衣冠不整的外地人，懷疑對方流竄作案，就可以抓起來關三個月。公安機關完全獨立操作，沒有監督，沒有制約。當然在這個過程中也有一些嫌疑人確實被發現了罪證，遂轉入刑事程式，經檢察院批捕後，起訴到法院，開庭判刑。也由於這項制度嚴重侵犯人權，1996年，隨著新的《刑事訴訟法》實施，這項荒唐的制度終被廢止。

當時，被收容審查的對象和被刑事拘留的嫌疑人一樣，也都被關在看守所裡。

監舍不大，十多平米，一進門是水泥地面，在門的另一側，牆角相對隱秘的位置有一個蹲便池，鐵門旁邊有一個水池，一米左右寬的水泥地面上有個不足十平米左右的木製鋪板，鐵門的對面是一個安裝了鐵柵欄的窗戶，外面用槽鋼形狀的鐵皮扣住包裹著，窗戶上方二、三十公分寬的位置，陽光斜著照射進監舍。武警在監舍的走廊中巡視著，發現有拘押的人從監舍出來，他們便像一群獵狗一樣撲上去一頓「撕咬」——這是六四期間特殊的景觀。這點多年以後才有所改變，後來他們只負責外圍的保衛，唯有在特殊勤務搜查監舍的時候，才進入監區。

每天早晨起床後，在押人員整理床鋪，等待著早飯，一人一個刻著記號的鋁盆裡裝著一勺玉米麵的糊糊，和半塊酸溜溜、沒有發酵好的腐乳。中午和晚上則是玉米麵的實心窩窩頭，中間的芯裡還是半生不熟的玉米麵。一勺清澈見底的白菜湯，上面飄著幾片像金魚一樣的白菜片，見不到一點油星。飯菜偶爾也會根據季節變化，連續一周以上，中午和晚上變成茄子湯，厚厚的茄子皮，硬硬的快要發芽的老茄子種，經白水煮熟後加上鹽，呈淡咖啡色，味道苦澀難以下嚥。

我的獄友郭承明，遼寧大學赴京聲援團總指揮，大赦國際認定的遼寧省兩大學生領袖之一，就38號牢房的茄子湯寫了一首詩：

獄中題壁

　　新囚莫悲傷，悲傷合斷腸；

　　吏叱日當午，君思夜未央。

　　窩頭蛋糕味，茄湯燕窩香；

　　歷遍階下苦，憑欄望故鄉。

　　看守所每月也會安排一、兩次放風，從監舍大樓走到院內的一個二十平米左右的放風場，那裡佈滿了鐵柵欄，像豬圈一樣，上面沒有封擋，武警荷槍實彈在牆垛的通道上來回巡視著。我們仰望著天空中隨風飄浮的雲彩，貪婪地呼吸著自由的空氣，帶著放飛的期望，有的雙手撐開襯褲或者短褲的褲帶，讓陽光照射到龜縮在短褲內委屈的「小鳥」；有的蹲在地上磨著手指甲；有的躲在角落裡，利用水泥地面偷偷地磨著鐵釘；有的欣賞著牆上不知道哪位大神畫的單筆線條春宮圖連環畫；有的在仔細查看著牆上的各種留言，內容無非是「小紅我愛你」、「小娟我想你」、「爸爸媽媽我對不起你們」之類。也有人用紅色磚塊寫著：「某某到此一遊」，令人不禁苦笑。

　　「用劉大夫的肥B炒韭菜」，牆角處這歪歪扭扭的幾個大字引起大家的哄笑聲，旁邊有幾個寫得很流利的字：「你口味真重！」

　　放風結束時，排著隊回監舍的時候我問管教：「現在外面茄子多少錢一斤？」

收審一百天

他稍加遲疑，瞬間理解了我問話的意思，說：「寧先華，你早知現在，何必當初。」

王所長看到我理了個光頭，把我叫住，一臉嚴肅：「寧先華，誰讓你剃的光頭？」

「所長，嫌天熱，我自己要求理的。」

我向所長報告：「我們監舍的鋪板下面經常有老鼠嘰嘰喳喳地叫，有時候還跑出來找東西吃。」

「不對呀，我前幾天還放進去一隻貓。」所長一臉狐疑。

從學潮被抓的學生和市民關進來以後，看守所每週一次的小炒，改成每週三、週六大米飯和炒菜，我吃過幾次豬肉炒辣椒，肉皮厚度十毫米左右的老母豬肉，有的還帶著豬乳頭和豬毛，還有雞蛋炒土豆片兒，雞蛋炒白菜片。

監舍的牆上掛著《看守所守則》，第一句話是：「看守所是無產階級專政機關……」

第一次被無產階級專政機關關押，使我想起了「文革」時期的專政手段，心情緊張。監舍裡關押一年以上的老號[6]跟我講：「你要注意，如果給你扣上一個反革命的罪名，就是十年打底。」

如果判十年，意味著我的人生就毀了。每天在巨大的壓力

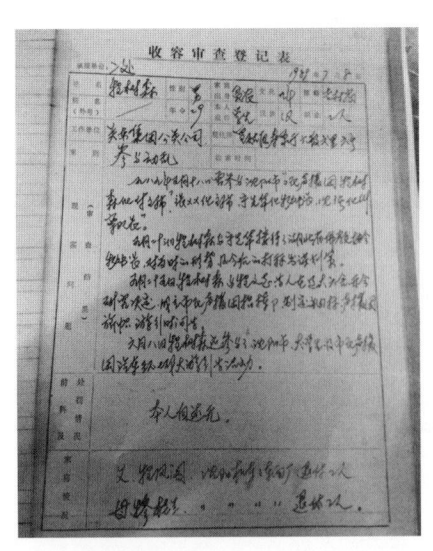

八九六四期間程樹森收容審查登記表中關於我的情況

收審一百天

下,度日如年。我給自己確定一條底線——只要不餓死就好。每天只吃窩窩頭上面像象棋子那麼大的一塊,喝一點白菜湯。於是我很快消瘦,體重急遽下降。

11・看守所的「娛樂」

調房後我和張磊關在一起,他來自山西臨汾,是瀋陽航空學院高自聯的副總指揮,他建議同號八個人每人起一個外號,一個趕著馬車去討債被打成盜竊的叫「老闆兒」;另一個在冶煉廠工作,在黃金冶煉車間排放污水的陰溝裡挖了一飯盒的陽極泥,偷偷帶回家,據說這裡邊含有黃金的成分。因為辦案單位沒法確定其價值,他已經被關押了兩年多,我們戲稱他為「黃金大盜」;張磊,他時常有些搞怪的表情和動作,叫「老怪」。「小武子」:現役武警,犯搶劫罪。而我則因經常露出陽光般的微笑,他們管我叫「校長」。

看守所唯一能看到的女性是一位三十多歲的劉姓女獄醫,人高馬大,白白胖胖,囚犯們背地裡都叫她「大洋馬」。她每次出現,都會引來犯人們的評論。

一位二十多歲的身材不高有些瘦弱的犯人,目光一直跟隨劉醫生的身影移動,睜大的眼睛似乎在冒火,在他死死盯著看的表情中,可以想見,如果不是被囚禁著,他隨時都可能撲到她身上。

「黃金大盜」調侃他:「嘿!哥們,你這是『目姦』,可別把劉大夫給看懷孕了。」

這小子咬牙切齒地握緊拳頭,說著污言穢語,發洩著被壓抑的慾望。

監舍裡的男囚犯們見到異性後眼睛放光,都想搭訕幾句。

她經常口氣嚴厲地斥責他們:

「這裡沒有一個是帶著光榮花進來的,在這裡都一樣,都是囚犯!別跑這裡裝。」

「和你說了多少遍了,你什麼事都沒有,死不了!」

「你再敢和我磨嘰,我告訴你們管教收拾你!」

「你把這裡當養老院了?這點小破事用鹽水洗洗就好了。」

「你這沒事,讓蒼蠅踢了一腳,叫喚什麼?抹點牙膏吧!」

監舍裡的人犯們自己尋找著樂趣,把港衫上的尼龍絲線拆下來,用襪子裝上重物做一個紡線錘,把尼龍絲紡成線。

鋪板上面摳了很久才摳下來的鐵釘,每天放風時偷著打磨,磨到兩頭尖尖像縫衣服的針一樣粗細以後,把一端彎過來做成環形,用硬物砸實做成一根針,在警察不注意的時候偷偷地縫補著衣服。我用半生不熟的窩頭,反覆揉搓,製作成一片片深黃色的花瓣,由小到大一層層交錯著,黏合在一起,組成了一朵盛開的玫瑰花,在手裡把玩著。

「老怪」提議大家折疊千紙鶴,來個比賽,看誰折得更小。結果,我用鐵釘磨成的針挑著邊角,折成的小指甲蓋大小的千紙鶴,贏得第一。

當時還沒有實行雙休日,我們會在週六的時候留下一點窩頭,用自己紡的線,勒成一片兒一片兒的風乾,在周日饑餓的時候拿出來充饑。在沒有油水的情況下,一個窩頭遠遠不夠。尤其是周日兩頓飯的時候。躺在鋪板上肚子餓得癟癟的,咕嚕咕嚕地叫著。在焦慮中煎熬著,等待著週一能吃一口飽飯。我讓一位做過廚師的犯人講幾道菜的製作和口味,讓大家直嚥口水。這種望梅止渴、畫餅充饑的方法,滿足了這些囚犯的精神食慾。

我用圓珠筆芯卷上紙後做成筆,在長條的手紙上,按照書法卷軸的

格局，龍飛鳳舞地寫一條幅：「龍遊淺灘遭蝦戲，虎落平陽被犬欺。」用大米飯粒粘在牆上，睡覺時自我欣賞。這話出自《增廣賢文》，以前對這句話沒多少體會，現在卻感觸良多。

我們監舍樓下的一層是關押女犯的地方，

隔著冷冰冰的牆壁，靠近窗口，耳朵貼著那冰冷的鐵柵，偶爾能聽到來自樓下女監舍柔和的歌聲。這些歌聲穿透了監獄的牢籠，彷彿是從另一個世界飄來的溫柔安慰。

「黃金大盜」和「小武子」一起商量了一個交換計畫。他們將肥皂、洗衣粉等日常用品捆綁在細繩上，小心翼翼地從窗口繫到樓下，與「姐姐們」進行物資交換，換來了珍貴的能滿足飽腹感的窩窩頭。

這場交易不僅是物質的交換，更是一種長期壓抑狀態下人類本性的釋放。一天，小武子巧手捏成了一個模型，一個由窩窩頭製成的直挺挺的像陽具一樣的長條，旁邊還附有兩個圓滾滾、滿是皺褶的「蛋蛋」和一袋洗衣粉。這份特殊的禮物傳到了樓下的姐妹手中，窗外傳來的聲音充滿了溫情和玩笑：「小弟，你出來後一定要來找姐姐啊！」這句話引起了女監舍裡一片歡笑和打鬧聲，瞬間打破了監舍的沉悶氣氛，給囚徒們帶來了一絲絲快感！

12・審訊

終於等到了審訊的時候，看守所的王所長親自上陣，他桌子上放著我的案卷，我看到封皮上寫著「非法組織頭目」，他問我：「寧先華，你在瀋陽都做了什麼？有什麼目的？」

我把早在心裡背誦了幾十遍的說辭倒出來，北京學潮發起後很多主流媒體，報導的時候都說這次這場運動是愛國民主運動，我們成立的市民聲援團和愛國市民自治聯合會，都是為了維持現場秩序，為學生們提供服務。這一切都圍繞著愛國運動進行。

對這些理由所長無法反駁，只能根據官方的定調往下進行，他問我：「為什麼在5月19日李鵬總理講話把這次運動定性為動亂以後，你們還繼續搞這些活動？」

我解釋說，當時北京出現了兩種聲音，萬里委員長5月27日在加拿大會見副總理馬費考茨基（Don Mazankowski，台灣譯為當・馬贊考斯基）和加拿大眾議院議長的時候說，學生運動是愛國運動。趙紫陽作為共產黨的總書記，也對學生運動持續地關懷。我們不好確定，我們也沒有這個能力確定到底誰對誰錯。

王所長沒有在這個問題上繼續糾纏，又問：

「那你去北京幹什麼？」

「去北京去看看，轉一轉，旅遊啊！」

因為去北京的情況，我所做的事情，只有身邊一、兩個人知道，還有很多事情是我自己做的。這些事情即使被他們發現了一點點，也不足以定我的罪。

問了半天，一無所獲。所以，審訊只是走過場，沒有審出定我罪的材料來。

後來監舍裡新進來了一個挺著將軍肚、矮胖、絡腮鬍子、滿臉疙瘩，接近五十歲的中年男子，自己介紹他姓王，是橡膠廠負責業務的領導，因為經濟問題，被收容審查。

看守所每天的早餐都是沒有發酵好、酸味很濃的一塊腐乳和一勺玉米麵糊糊。打飯的時候，都能看到他非常貪婪的眼睛死死地盯著這些飯盆兒，他會趁大家不注意的時候，猛地伸手給自己挑選出一盆兒他認為比較多的或者比較好的。他的舉動引起了大家的反感。

有一次，監舍裡為了預防在押人員拉肚子，分發了一小塑膠盆的大

蒜。當大蒜從飯口遞進來，放到鋪板上的時候，他馬上就撲上去就摟住了幾頭放在自己的懷裡。我當時氣憤地站起來指著他：「你把蒜放下！你他媽的還要不要臉？」

在我的嚴厲斥責下，他把大蒜放回了原位。

我指著他說：「由你來分。八個人分成了八份，大夥兒拿完以後，最後那份就是你的。我就不信還管不了你的臭毛病。」

監管場所有一個規定，每個監舍裡會根據刑期、案件情節來評估風險打分。作為管教人員，他們最不願意看到的就是監舍裡的團結，大家團結一致，就會鬧出聯合對抗、越獄、暴動等惡劣嚴重的後果，所以管教的責任是把在押人犯們拆分開。

這位姓王的進來以後，管教分別找監舍裡的人談話。「你知道他是誰嗎？他是大北監獄一個重要部門的領導，因為貪污索賄被檢察院批捕關押。」

大家這才知道了他的真相。監管場所最痛恨的幾類人：強姦的、禍害自己家人的、警察犯罪的。知道他的警察身分以後，我們監舍裡的幾個人開始圍攻他，擠兌他。

他這種貪婪的品行一直改不掉，我們幾個在談話當中也經常諷刺挖苦他，「黃金大盜」首先開炮：「看你那個熊樣就是不行，如果行，在公安系統幹了這麼長時間，還沒有幾個好朋友嗎？」

「怎麼也應該過來一、兩個人看一看你呀！」

「一看你就是一個狗B人，混得不咋地。」

「小武子」和「老闆兒」跟著溜縫。

大家七嘴八舌地挖苦他，人多勢眾他不敢回應。明顯的感覺到這傢

伙進來了以後體重一再爆瘦，一個多月的時間紅光滿面的臉變得蒼白憔悴，挺著的大肚子也逐漸消退。

終於有一天管教提審他，回來的時候，帶進來一個塑膠袋，裡面裝著餃子、豬頭肉和半隻燒雞。他恭恭敬敬地把這些食物交給我，讓我分給大家。他挺挺胸，目光中增加了些許自信，似乎想告訴大家，他還可以。

我能感覺到，他在外面的管教室已經吃掉了半隻燒雞和很多豬頭肉及餃子，他這是吃飽了，要表現表現。

有一天，廣播裡傳來遼寧廣播電臺播音員海泉的配樂詩朗誦《媽媽的藍頭巾》。（或稱《飄逝的藍頭巾》）

故事講述一個孩子，在農村長大，考進了縣城。當他工作以後，給他在田間地裡勞作的媽媽買了一個藍色的頭巾。回去看他媽媽的時候，以為媽媽會帶上這條新的藍色的頭巾。當他假期已滿，坐到客車上離開故鄉時，發現勞作的媽媽仍然還繫著原先那條已經曬得褪了色的藍頭巾。姓黃的聽著廣播，開始不斷地抽泣，最後失聲痛哭。他終於敞開心扉，和大家講述了他的真實故事：他的家在南方邊遠的農村，有好幾個姊妹，他是家裡唯一的男孩兒，從小就被爸爸媽媽寵愛著。家裡的生活實在是太困難，父母含辛茹苦省吃儉用供他讀書，他終於有機會進了省城，進入公安隊伍，一步一步走上了領導崗位。但他還是忘不了媽媽為他做的酒釀，還有媽媽燒的菜。他這次很冤枉，是屬於被人陷害。這話半真半假，但他的哭訴坦白，卻博得了一些人的同情。

我所在的監舍裡有羈押了近三年的，這些關押了很久的人當中，流傳著這樣一段話：「什麼時候你能把窩頭吃出蛋糕味，你的案子就該快出頭了。」沒有油水的菜湯，加上一個中間是實心兒的，只蒸熟了外面一指厚的一層皮兒，裡面是半生不熟的窩頭，吃到肚裡，很快就餓得心慌，當時看守所裡還不賣食品。因此每到吃飯的時候，任誰都非常認真

仔細地對待食物，掉在鋪板上的窩頭的渣渣，他們也會很認真的撿起來放到嘴裡。

有一次我正嫌棄地把我飯盆當中一棵高麗菜的菜頭扔到了鋪板上，沒幾秒鐘就被我旁邊的一個人迅速地撿起來放到嘴裡，美滋滋地嚼了起來。我當下目瞪口呆，這個人曾經是省翻譯家協會的副秘書長，在日本留過學，因為間諜罪被捕，長期羈押後居然變成了這副模樣。

囚犯們發明了把窩頭放在盆裡，用細線勒成一片兒一片兒的的方法，這樣放到嘴裡更好入口，也避免掉渣浪費。

在十多平米的房間裡，槽型的鐵皮牢牢地包裹著窗戶，上面有一點點的光線可以照射進來。在白熾燈的燈光強烈照耀下，監舍裡直挺挺躺著幾個人，蓋著被單，每個人消瘦的臉上沒有一點血色，活像停放著的一具具屍體。

13・關押的學生和工人——我的獄友們

當時，市局看守所裡關押了瀋陽各高校的學生領袖共計十四人，除了一位中國醫科大學的女生和一位遼寧大學日本研究所的老師劉毅，其餘都是高校男生，還有八位瀋陽愛國市民自治聯合會、市民聲援團骨幹成員。

瀋陽東北大學的學生領袖桂成，在看守所時醫生會經常去給他換藥，六四北京天安門廣場軍警開槍鎮壓的時候，他的後背上有被流彈劃過的皮外傷。

建工學院的胡同學講述了 6 月 4 號凌晨他在天門廣場的經歷。他在震耳欲聾的槍聲中，被催淚瓦斯熏得暈倒在長安街上，接著被疾駛而過的坦克車、裝甲車履帶捲起的鮮血和肉末濺了一身。瀋陽愛國市民自治聯合會的小程，在橫衝直撞的坦克和裝甲車的驅趕下，在震耳欲聾的槍聲和密集的催淚瓦斯中，飛快地鑽進了廣場旁邊鐵製的垃圾箱，春夏之

交的季節，他躲在酸臭的垃圾裡面很久，直到槍聲散去，他才躲過了這場劫難。

10月10號早晨6點30分，監舍中開始播放新聞聯播，《人民日報》發表社論，對參與這場運動的人做了一個基本的分類和定性。我認真聽完以後開始踹監舍兩面的牆壁，我的左右兩邊監舍分別關著當時的瀋陽市民聲援團的副總指揮程樹森和瀋陽愛國市民自治聯合會的小宋。我踹著牆告訴他們：「你們聽到新聞了嗎？」

他們回應：「聽到了。」

「告訴你們倆，你們馬上就要放了。」

「那你呢？」

「我可能沒那麼快，等出去後你們來找我，我家裡還有幾瓶茅臺酒，我請你們喝。」

第二天，各監舍的鐵門打開，這些工人領袖和骨幹們開始紛紛釋放。

10月13日，社論發表的三天以後，我監舍的鐵門打開，管教叫我的名字，讓我收拾東西。其實也沒有什麼可收拾的，我順手拿了一個藍白條塑膠牙缸作為紀念（可惜在2014年政府對我家房屋的強拆下被埋葬在瓦礫中）。其他的物品都留給了監舍裡的獄友們。

我被叫到了門口的辦公室，警察在和一位穿著西裝的人辦交接，獄警向我宣布：「寧先華，現在結束對你的收容審查，希望能吸取這次的教訓，好好反省，現在把你交給這位警官，讓他帶你回家。」

經過了一百多天的關押，我的體重暴瘦了近三十斤。

八個月以後，1990年7月15日，關押在瀋陽看守所的最後的四位

學生領袖也被釋放了。

到家後不久,我帶著兩位廣場上的朋友到鐵西區瀋陽水泵廠,試圖尋找到借走了我自行車的張總指揮。由於資訊源太少,打聽了很久也沒有找到人,一位朋友提議,去他們工廠的自行車棚裡找找,這根本是大海撈針一樣,哪裡找得到?最後只好放棄。

我們和各高校的學生領袖們經常在一起聚會,商討下一步的計畫。我們幾次在遼寧大學的九舍和十一舍的學生宿舍開會,被警察跟蹤和監聽。當時的監聽技術還不成熟,一次警察傳喚了一位會議的參加者,放了一段錄音,讓他鑒別講話這段話的人是誰。他其實聽得出來這個人是誰,但是仍拒絕指證。

出獄後我也見到了自己前去北京以後,六四鎮壓期間陸陸續續出現的堅持反抗的組織者和骨幹成員,其中包括後來被槍斃的陳貴文。

在八九六四事件期間,各區的看守所也關押了大量參與聲援遊行的工人和市民。一位曾在區所關押的青年工人他向我述說了當時的情景:他們當時聚集在市政府廣場,跟隨著三、四位積極分子參與遊行示威活動。突然,一輛卡車駛入了現場。隨後,領頭的人高喊道:「**我們上車去遊行抗議!**」他們幾位舉著標語和旗幟、情緒激昂的小青年跟隨著上了卡車。然而,這輛卡車卻直接開進了刑警隊的大院,領頭的就是便衣警察,車上的人都被扣押刑事拘留。在八九六四事件期間,許多熱血的青年被誘捕,被打上參與動亂的政治標籤,成為了當局管控的對象。

14・青春無悔

這是我的第一次入獄,沒有被判刑,也沒有被勞教,有驚無險,但值得總結。

其一、中共當局對我們這種非學生身分的成年人(中共所謂「長鬍子」的人)之鎮壓是毫不留情的,相較學生而言,處罰更為嚴厲。六四

之後，很多被當成暴徒抓起來的工人和市民，只要稍有行動，大都被槍斃或者判了重刑。我的一位朋友是人權律師，他曾於 2005 年在中國人民大學東門外的雙榆樹賓館邀請幾位六四倖存者吃飯，他們有的被槍彈擊傷致殘，有的被判了死緩，僥倖逃過一劫。一位姓康的難友說，他在六部口見到一輛坦克瘋狂地追殺學生隊伍，現場死傷枕籍，血肉橫飛。他氣得兩眼冒火，衝上去用繫在脖子上的白毛巾抽打那輛行兇的坦克，被捕後判了死刑。後來法官實在看不下去，二審給改成死緩（死刑緩期執行）。這位律師看過康先生的一審判決書，白紙黑字寫著：「康犯出於對社會主義制度和人民民主專政的刻骨仇恨，居然用毛巾抽打戒嚴部隊的坦克……罪行重大，不殺不足以平民憤。判處死刑，立即執行！」

康先生說他之所以被改判死緩，是因為主審法官上午判了三個死刑，下午又判了兩個死刑，他是第三個，法官實在殺人殺得手軟，才改判了死緩。

另一個被判死緩的難友說，他也是因為下午開庭才被判的死緩。他還講了另一個故事：同監室有一個傻子，目光呆滯，被戒嚴部隊糊里糊塗給抓了進來。這個人從進來到開庭沒說過一句話，判了死刑也不上訴。後來有人證明他六四那天根本不在北京，而是在河北保定，不知怎麼回事流浪到了北京，被當成暴徒抓進了看守所。這個人是天生癡呆，最終無罪釋放，被家人領回去了。這是六四期間唯一一個被判無罪的「暴徒」。

這位律師朋友還透露，在山東濟南，有一個工人下班後遇到一幫人在燒軍車，遞了一隻打火機，也被判了死刑。

我後來想，我之所以參與了六四而沒有被判刑或者勞教，是因為我雖然投案，但沒有自首。即我從未承認自己有罪，而是竭力自辯出於愛國熱情才參加了運動，同時我在瀋陽除了組織愛國市民自治會聲援學生外，也沒有其他過分的行動。在北京那一段，我不交代，瀋陽警方也根本沒有掌握。

我事先在市民自治會前面加上「愛國」兩字作為掩護，六四事件前後瀋陽只是發生幾起規模較大的遊行，並沒有發生打砸搶燒事件，這兩個決定對我能免掉牢獄之災，有著重要意義。

對於中國的民運領袖來說，坐牢是必修課，監獄是最好的學校。很多人第一次入獄，會懦弱、妥協，有的人甚至放棄了初心，喪失了理想，離開了民運的隊伍。但優秀的民運志士卻會在共產黨的監獄裡百煉成鋼，不屈不撓。

我對自己被收審期間的表現打及格分數。如果說我參加民運是因為風雲際會，有偶然的因素，那麼經過一百天的煉獄生活，我更堅定了自己為中國民主自由而奮鬥的自覺，從此不管風急浪高，鐵窗黑牢，再也不曾動搖。

我 1989 年六四事件發生前的生活照片　　我 1989 年六四事件發生後照片

註釋

4. 手台,意指無線電對講機。
5. 同案,意思是共同被告人。
6. 監舍裡關押超過一年的在押人員。

收審一百天

第四章 組黨和工潮

15・組黨大潮

　　六四之後，有相當長一段時間，中國的政治氣候沉悶、壓抑。隨著鄧小平南巡講話，經濟上加大了改革開放的力度，政治體制改革的口號卻絕口不提。老百姓對這種情況，稱為「打左燈，向右拐」。鄧小平去世、香港回歸之後，中共總書記江澤民基本坐穩了一把手的位子，開始搞務實外交，甚至為了爭取加入WTO，簽署了《世界人權公約》和《公民權利與政治權利公約》，還在國際社會的壓力下，釋放了王軍濤、魏京生、王丹等著名民運人士。江澤民的這一些舉動，讓大陸的民運同仁認為，中國出現了政治上的「小陽春」。因為上述兩個公約，都明確規定了公民有結社自由。為了衝破黨禁，各地的民運人士開始串聯、集結，浙江、山東、湖北和北京、天津等地，首先成立了中國民主黨的地方籌委會，各地掀起一股籌備組建中國民主黨的熱潮。

1998年9月27日遼寧組黨在鞍山開會合影，前排左起：姚福信、肖雲良、王澤臣、郭承明、劉世遵、鄒萍，後排左起：寧先華、劉建平、王德豐、魏振傑、王文江、孔佑平、姜立軍、楊亮

左起:寧先華、鄒萍、孔佑平、郭承明

16・紀念「六四」十周年,我與聾啞人關押在一起

一

　　1999 年 5 月,「六四」十周年即將臨近,我和郭承明起草了《六四重返天安門倡議書》,和遼寧的幾位同道商量搞一次「燭光守夜晚會」,約定 6 月 3 日晚 18:00 至 24:00,在瀋陽市政府廣場聚集,穿黑色 T 恤,攜帶白花、蠟燭。並通知了遼寧省其他城市的朋友,分工佈置之後,按照約定我們開始靜默,相互不再聯繫。

　　提前一周,我躲在瀋陽的衛星城——虎石台鎮一家朋友開的工廠裡。按計劃我將在 6 月 3 號晚準時在瀋陽市政府廣場出現。

　　此時一位朋友打我的傳呼機[7],我擔心有急事,就騎著一輛摩托車跑到很遠的地方回電話。儘管如此小心,警察還是大致鎖定了我的方位。

5月31日晚我再次被傳呼聲驚醒,看到後面預留的尾號,我擔心出了什麼事,迷迷糊糊地拿起了辦公桌上的電話。原來是朋友打過來詢問有關蠟燭、白花準備的事情。但就是這個不小心打出的電話,暴露了我的位置。

當日深夜,隨著一陣劇烈的砸門聲,房間裡衝進來一群警察,四個人把我摁到了床上,反銬。他們搜到了我的手包裡的中國民主黨文檔彙編,以及黑色T恤,蠟燭、白花等。

警察們把我帶到虎石台鎮派出所。所長在市局國保面前極力表現,對我窮凶極惡、吆三喝四。對這種嘍囉我不屑理他,從包裡拿出煙抽著,扭著頭,側著身,拒絕回答任何問題,也拒絕簽字。審訊到凌晨四點多鐘,毫無結果。接著我被兩輛警車、六名警察押解,送到大東區方家欄的瀋陽市公安局拘留所。

二

拘留所的所長在二樓的值班室等我們,他說接到上級的電話,所長特意親自值班。

檢查完身上的用品以後,我被抽去褲腰帶、傳呼機、鞋帶、鑰匙、錢包。在派出所審訊的時候,趁他們不注意,我偷偷在鞋墊下面藏了兩元紙幣。

所長和一個警察把我帶到了二樓靠裡面的一處監舍的門外。窗口和鐵門的欄杆裡撲上來幾位在押人員,哇啦哇啦手舞足蹈的比劃著、喊叫著。我有些詫異,這是一群什麼人?感覺張牙舞爪地要把我撕碎。

門了開,我被投進監舍,心懷忐忑地環顧四周。監舍大約有二十多平方米,一進門是一塊一米多寬,四米多長的水泥地面,一端不顯眼的位置有一個蹲便,鐵門旁邊的窗下,有一個長條型的水池。一位四十歲左右,人高馬大、肌肉發達強壯、皺著眉頭的牢頭向我招手,讓我到他

身邊。他拿出紙和筆，寫字問我：「進來過嗎？」

我緊張地點點頭。

「這是第幾次？」

知道他是聾啞人，我伸出兩個手指，表示兩次。

「犯了什麼事？」

「第一次是參加六四運動，這一次是紀念六四10周年。」

我拿起筆在報紙的空白處飛快地寫著。他點點頭，面無表情地招招手，叫過一位二十五、六歲，個子偏高，一身肌肉、長相帥氣的男犯，向他比畫著。帥氣男冷冷地看看我，一歪頭示意我跟著他。在老大的對面，他的鋪位旁，隔著一個人的位置，他頭一歪，雙手合掌放在耳邊。我看懂了，他是讓我睡在這裡。

監管場所每天晚上24小時亮著燈，在押人員都在嚴密監控之下。我所在的囚室關押了十六、七個，全是聾啞人。第二天早晨，起床，整理被褥疊放整齊，洗漱，面對面坐成兩排，老大和老二單獨坐在靠近窗口的一端。大家都在靜靜等待著吃早飯。

一會兒，一股酸臭味從鐵門旁一英尺左右見方的打飯口飄了進來，兩個打飯的年輕犯人從飯口接過來兩小盆發出濃重黴味和臭味的鹹菜條，打飯的蹲在地上迅速分成了五小盆。其中一個拿起一盆走到水池邊，用水反覆沖洗著，拌入速食麵的料包和橄欖菜，在水池下面的塑膠儲物箱裡拿出一根火腿腸，一塊塑膠片，塑膠片是從塑膠盆掰下來巴掌大的接近長方型，下面的平面在水池邊磨成刀口，用它把火腿腸切成小塊。他剝了幾瓣大蒜，放入空的礦泉水瓶子裡，在牆上水池邊不停地摔打，蒜瓣在狹小的塑膠瓶裡撞擊，不一會兒就作好了如搗蒜鍾搗出的細膩蒜泥，那人將蒜泥放入鹹菜盆中拌了幾下，擺放在老大和老二的面

組黨和工潮

前。他們面前的鋪板上鋪上了裁剪成四四方方、洗得乾乾淨淨的白床單,上面擺著半小盆油炸花生米、一瓶腐乳和一瓶橄欖菜,兩包開了封的麻辣牛肉味的速食麵,這是監舍裡最高級別的待遇了,象徵著牢頭的權力和威嚴。

雜役(看守所或者拘留所裡的勞動號)推著裝滿大米粥的白鋼飯桶,到了我們監舍的飯口處,「幾個人?」雜役問旁邊監視他的看守。

「十七個。」看守乾巴巴地回答,打飯的拿出兩摞小塑膠盆從飯口遞出去,一盆盆熱氣騰騰的大米粥從飯口傳了進來⋯⋯

上午八點半,是坐板反省的時間,大家端坐在鋪板上。管房的警察此時開始上班,在門口叫雜役:「他媽的,昨天晚上房裡又來了一個新收,是哪一個?」

他從監舍鐵門上的觀察口,望向監舍的鋪板上靠著牆坐著兩排犯人,我獨自一人在中間的窗戶下面,靠在暖氣片上,我的位置正衝著監舍的鐵門,於是我向他招手:「是我!」

「哎呀,我操!怎麼關進來一個會說話的?」他嘴裡罵罵咧咧地,邊說邊向所長辦公室走去⋯⋯

我嘗試著與我身旁的聾啞人交流。我原以為他們是一個短期的拘留,七天十天半個月,最多一個月。我用手掌平放在我的下顎前,用嘴一吹,馬上指向他,我嘗試著問他什麼時候釋放?他向我伸出一根手指,在我的手心寫上一個「年」字。還有一年!再問身旁的另一位,他伸出四根手指後,用手在我的掌心寫下「月」字。當時把我弄矇了,後來我逐漸瞭解,這些人都是因為盜竊、搶劫等罪名被判處勞動教養或者拘役。為了便於對殘疾人的管理,拘役所專門設立了這個監舍。

這個房裡的老大,身體強壯,胸肌發達,和老二「一盤架」(監管場所的「一盤架」指的是,一起吃飯,花錢不分你我,相互照應,親如

組黨和工潮

兄弟）。經常試著練拳腳、踢腿。順著監舍窗戶的方向，靠著牆坐著兩排人，老大坐在裡面，老二坐在另一排的裡面。我坐在兩排中間的位置，靠著暖氣，我每天看著報紙。他們早晨第一件事兒，就是「收拾」挨著便池邊上面牆坐著的四個人，在看守所裡叫「底眼兒」。底眼們基本上每天至少挨一次打。打過以後還得馬上去幹活，或者清洗便池，或者收拾衛生或者擦拭鋪板、地面。這四個人當中，如果有一個表現好的，或者家裡來人會見，把錢帶進來了，或者某些方面讓老大和上鋪感覺開心了，例如監舍裡老大他們犯什麼事兒，他站起來頂雷了，或者在某些方面做得比較到位了，他可能升級，從四個挨打的排列當中調出來，再換上一個最近他們感覺不爽的補位。

有一位接近六十歲的聾啞人，老大指揮著老二，給了一頓「拳腳炮兒」。他們每天在施展拳腳的時候，有意在我面前施威，經常偷偷地觀察我，我偶爾用餘光瞥向他們。他們覺得我很奇怪，既沒表現出恐懼，也沒關表現出關心或感興趣。

我每天都是伴隨著他們拳打腳踢的聲音，不理不睬地看著報紙。一天，老大終於忍不住跟我比畫解釋為什麼打他。我搖頭表示不感興趣，他根據嘴形可以知道我大概的意思。他用兩個大拇指的指甲對著向前一擠，又比畫一下，他從褲子裡面抓出個東西放在那個位置。我知道他是說這人身上長了蝨子，證明他很不衛生；老大伸出了一根手指頭，說明這是第一點；緊接著又伸出了兩根手指頭說明第二點，他的描述看起來似乎很有條理，他把右手的大拇指和其他手指合成圓圈，放在下體的位置做出上下擼的動作，意思是：那個人經常自己擼管兒打飛機，所以我要打他。

這些看來似乎比較充分的理由，導致那個老年的聾啞人每天墊底，經常挨打。

晚上睡覺的時候，老大指揮著把聾啞老人的被褥扔到了鋪下的水泥地上，從此每到晚上睡覺，他都拿著自己的被褥睡在這裡。

組黨和工潮

監舍鐵門的上方支架上放著一台 18 寸的電視機，每天晚上 7 點新聞聯播以後，拘留所裡的閉路電視會播放兩集電視劇。我很少看電視，尤其是對國產的電視劇絲毫沒有興趣。

　　事隔二十多年，我用了兩天的時間，仔細地回憶那部電視劇的名字，實在是想不起來電視劇誰是主演，劇作的名字是什麼；我試圖翻看一些 1998 年 1999 年上映的熱播電視連續劇，尋找當年的記憶，看到一些虛假做作的表演，實在看不下去，最後只能放棄。

　　我記得，那是電視劇裡一個新婚之夜的場景，男女主角在激情四溢的擁抱和熱吻後，他們消失在一床大紅被子之下，隨著二人蠕動的節奏，被褥輕輕起伏。四隻腳從被子伸出，做出誇張而又充滿性感的動作，我瞥見旁邊的犯人們一個個伸長了脖子，眼睛死死盯著電視螢幕，傳出一陣陣急促地呼吸聲；兩個年輕一點的犯人急得亂蹦，在監舍內起哄，引起了一陣陣騷動。這個時候，老大朝向三一堆倆一夥專注著看電視的犯人們，把手一揮，指向一個大約三十多歲，臉色蒼白，長著幾個凸起的青春痘，留著一撮小鬍子，瘦瘦的斜靠在被子上的犯人。

　　在老大的指揮下，老二帶著四、五個身強力壯的，七手八腳，有按頭、有按腿，把瘦子的褲子給扒了下來。結果瘦子不大的陽具已經直挺挺的一柱擎天，向上彎曲著。老大拿著拖鞋，上前抽打，瘦子左右扭動著發出淒厲的號叫聲，引來大家一片哇啦哇啦的起哄⋯⋯

　　晚飯後犯人們開始洗澡，便池邊放了一個大的紅塑膠桶，裡面放滿了涼水，在室溫中放了一整天，水溫會稍稍升高一點。老大先洗，打飯的小弟們忙著搓背、遞毛巾、準備換洗衣服，換下的衣服泡入盆中。老二緊接著第二個洗，小弟們同樣忙著搓背、遞毛巾⋯⋯兩個大塑膠盆不停地接著水龍頭流出的水加入桶中。

　　在拘留所一年四季洗涼水澡的基本程序，是用洗臉盆在桶中盛出一盆水，將頭和身上弄濕，用毛巾打上香皂，在身上擦洗均勻，雙手舉過

組黨和工潮

頭頂，用三盆涼水從頭澆下⋯⋯

三

　　1999年6月4號，「六四」十週年的特殊日子，是我永遠不會忘記的日子。我盤坐在靠近窗下暖氣片前的鋪板上，心裡默默地祈禱著，胡思亂想著這一次組織的活動中都會有誰受到了牽連，失去了自由。老大走過來向我比劃著，我基本理解他的意思，他指我剃著光頭盤坐在那裡，像是個打坐的和尚，他在和我開玩笑。

　　上午10點30分，一位二十多歲，因盜竊被判拘役的山東蓬萊瘦高個小青年，家裡來人接見，中午在接見室吃過接見餐以後，他眼睛哭得紅紅的抱個紙盒子走了進來，雜役把他爸爸從山東蓬萊帶給他的一大箱紅櫻桃，倒在塑膠袋裡分給警察，留下箱底帶進了監舍。他交給老大，老大每個人都分了幾個。望著這些血滴般鮮紅的櫻桃，我實在是不忍下嚥⋯⋯

　　在這特殊的日子裡，我們監舍的報紙、電視機都被拘留所停掉了，老大很急躁地在鋪板上來回走著。我察覺到了他的焦躁不安，向他示意，用雙手比了一個長方形，再指了指上面的電視，用手指我的耳朵，再指向左面右面和下邊，再指著我的耳朵。我是想告訴他，我都能聽到電視的聲音，我最後指向我們監舍的電視雙手一攤。老大明白了我的意思，他被徹底激怒了。他抄起灌1.25升白水的可樂瓶，向監舍的鐵門狠狠地砸了幾下。哐哐哐、哐哐哐、哐哐哐，嘴裡嘰哩呱啦的咆哮著，在寂靜的監舍走廊裡顯得格外刺耳，引來了其他牢房裡的回應。

　　「臥槽！幹你媽的啥呀？」

　　「X尼瑪！讓不讓我們看電視啊？」

　　「哎！X你媽地，你們他媽的瘋了？」

組黨和工潮

值班的管教在走廊裡聽到了各監舍傳出來嘈雜的謾罵聲音,「吵監鬧獄」是監管場所裡最提防,最忌諱的。值班管教急忙調取監控影像。他們發現帶頭叫囂的是我們這個房的老大。值班所長隨即帶著管教和雜役,出現在監舍的門口,指著老大的鼻子罵他:「操你媽的,你還敢吵監鬧獄?活膩歪了?你等著,看我怎麼收拾你!」

　　不一會兒,監舍外傳出嘩啦嘩啦的一大串鑰匙的開鐵門的聲音。所長帶著值班警察和兩個雜役拿著警棍衝進監舍,犯人們都滿臉驚恐地蹲靠著牆壁抱著頭,所長一進門就衝向老大,我下意識地突然站起,張開雙臂攔住他們,對他們大聲喝斥著:「你們想幹什麼?」

　　我這一舉動使他們都愣住了,所長清楚知道讓我目睹他親自對在押犯人施暴的後果,他反應很快,馬上停止住了腳步,指著老大罵道:「操你媽的!你等著……」

　　當他們走出監舍,哐當一聲,鐵門重重地關上的時候,監舍裡很多人的目光都看向我,老大如釋重負,一臉感激地向我抱拳致謝。他們感到很奇怪,監舍裡竟然關著一個不怕警察的。

　　放風了!走廊裡傳出鑰匙打開一個個牢門的聲音,我滿心歡喜,終於可以出去透透風。窗外有一塊半個足球場大小的公共場地,犯人仨一群倆一夥地聚攏在一起聊天兒、抽煙。當我走到門口,門口站著一位個子不高、皮膚黝黑,大約四十多歲的管教向我做出一個阻止的手勢,不讓我出去。這時候看管我的警察也會遞給我一支煙,讓我在裡面抽,他在鐵門外邊盯著我。

　　放風時,警察經常帶著武警進到監舍搜查違禁品。有一天放風,走廊裡不斷有開鐵門的聲音,看著我的管教向外面的方向看了一眼,便急急忙忙趕了過去。直覺告訴我,這是開始在翻號了。我向外瞄了一眼,窗外和門口都沒有人看著我,為了躲避攝像頭[7],我裝作若無其事地走到水池邊的木架旁,把老大偷偷扣在飯盆下的兩包煙和打火機藏在了自

組黨和工潮

己的短褲裡。在管教的監督下，武警隨即進來例行檢查。也許是在這之前，所裡曾交代他們，這個監舍裡關押了一個重點犯人，看來他們對我似乎也有所顧忌。我神情自若地看著他們，他們迴避著我的目光，掀開被褥，打開部分枕頭包和食品箱，晃動窗口的鐵柵欄檢查是否有鋸斷和鬆動的痕跡，檢查鋪板、窗戶的螺絲有沒有鬆動，很認真地翻了翻仍沒什麼發現就離開了。

放風結束老大一回來，看到他藏煙的地方都被翻動過了，以為煙都已被收走了，氣得跺腳。我看著他笑，緩緩從衣服裡把這兩包煙給拿了出來，他當下非常感動。

晚間準備睡覺的時候，老大站在那裡指揮鋪床，他指揮老二把他的鋪位往下拽了一格，讓出了老二最靠裡面的位置，讓我帶著行李過去。我有些不解，問他什麼意思？他用筆寫著：「今天開始你睡在這個位置。你可以結婚了！」我不明白結婚是什麼意思？他手一指，一直挨著他睡，白白淨淨、十八、九歲的小男犯人說：「今晚他是你的了。」我笑著搖頭擺手拒絕了。

這些在押服刑的聾啞人普遍沒接受過什麼教育，大多數是文盲。有一次，我旁邊的犯人寫了一個紙條給我：「你坐過飛機嗎？」我向他點了點頭，他問我坐過幾次？我稍加回憶，很認真地回答他五次。他顯得非常激動，和旁邊的人指著我炫耀，用右手掌五指併攏，在大家的視線前平行著劃過，指著我然後伸出五指：「他坐過五次飛機。」監舍內十幾個人，向我投來敬佩的目光。我能感覺到，他們普遍認為我見過世面。

一天監舍內的兩個犯人表情越來越誇張，手比畫的速度逐漸加快，情緒開始激動，看似即將發生衝突。過了一會兒，他們倆的目光同時都投向我，找我來做評判。一個用筆歪歪扭扭快速寫著：「男人只有一個心臟，而女人有兩顆心臟。」另一個說：「不管男女都只有一個心臟。」我笑著讓他們拿過來筆和紙，鄭重其事寫下：「人類無論男女，都只有一個心臟，動物也大多如此……。」

組黨和工潮

沒過多久，晚上看電視的時候，大家從新聞聯播中看到瀋陽市政府廣場的那尊金燦燦的太陽鳥雕塑，其中一個犯人發出驚歎！他用誇張的表情，認真的快速用手語告訴周圍的人：那隻鳥是金子做的。另一個年輕點的犯人又是揮手又是搖頭，表示不同意他的看法，表情中還帶著嘲笑，兩個人又急速地比劃著。最後，似乎達成了共識，一起將目光投向我，來向我求證。我告訴他們，那是一個雕塑，為了達到美觀效果，在雕塑的外面薄薄地包上一層金箔，不可能用這麼大一塊金子做這樣的雕塑。

　　在我們監舍窗外，是個一樓的樓頂，一天下午，一個頭髮斑白的老警察，順著樓頂躡手躡腳地走過來，在窗外躲著監舍裡的監控系統向老大招手，老大趕緊湊過去，老警察遞給他一條包在黑塑膠袋裡的石林煙。老大趕緊招手讓人望風，擋住窗戶，自己則走到監舍內的通風口，打開鐵網，把黑線栓著的一個包裹得嚴嚴實實的小塑膠包，從通風口中慢慢拉出來，側過身，從裡面抽出 200 塊錢，交給老管教。這種情況在監獄、看守所都有，監管場所叫「倒五馬六」。一般都是雜役或者是工人們幹的事兒，警察親自出馬我還是第一次見。

17 · 提審：暗藏殺機

　　後來，辦案單位不停地過來審訊我。審訊焦點圍繞著：今年六四 10 周年誰發起的？誰通知的省內其他城市的人員？準備怎麼開展活動？另外你們宣導的，要穿黑衫重返天安門運動，是出於什麼目的？

　　他們在我的包裡，發現了一份中國民主黨文檔彙編，問我是從哪來的？

　　我指著我的光頭告訴他們說：

　　「你們看到了嗎？我這頭髮不是你們理的，這是我自己理的，我提前理了光頭，我知道會有今天。」

「你想問這東西怎麼來的,我就告訴你,我從信箱裡拿的。至於說地址是哪裡,沒有地址。有我的名字,有我的地址,沒有寄信的地址。」

他們問我:「信封呢?」

「讓我順手扔掉了。」

「寄信人的地址?」

「我沒看。」

「多大的信封?」

我用手比劃。

警察氣急敗壞:「寧先華,你是在耍我們吧?」

我笑道:「你要想交差,我只能這樣說啊!」

在審訊的間隙,只剩下一個人的時候,我問一位六四期間參與我專案組的,一位比較熟悉的人。

「你們怎麼想的?這招兒也太損了,把我和聾啞人關在一起,讓我這段時間喪失語言功能,現在特別想找人說話。」

「我這次怎麼樣?你們會怎麼處理我?」

他很誠懇的告訴我:「老寧,這回你可走不了了。不過,還是要聽省裡的,看省裡的什麼態度。」

後來,他話鋒一轉:「省裡也說了不算,還是要聽北京的。」

有一天,我被外提,三位警察開著警車把我帶出了拘留所,來到中

街原瀋陽市圖書館一牆之隔戒備森嚴的公安局六處院內，上了木樓梯的二樓以後，門口掛著一個牌子「最高預審室」。一進門，空調、地毯、皮沙發。對著門口是一個很大的老闆台（老闆辦公桌）。我戴著手銬被安排坐在老闆台對面的一個木椅子上。負責審訊的警察，矮胖、油光滿面，挺著大肚子坐在老闆台後面。旁邊的皮沙發上。坐著三個押解我過來的國保，負責審訊的這位身高一米六多一點，留的很短的油光發亮小分頭兒，肥頭大耳，搖著扇子。

「寧先華。你知道這是什麼地方嗎？」

「門口牌子上不是寫著最高審訊室嗎？」

他說：「你知道能來這裡的都是什麼人嗎？」

我說：「不知道。」

他說：「能夠來到這裡的，要麼就是副省級以上的領導。要麼，就是重大案件的當事人。」

我說：「這個和我不沾邊，我一樣都搆不上。」

他說：「我瞭解你的歷史，你在1989年六四期間在瀋陽組織了非法組織，瀋陽市民聲援團和瀋陽愛國市民自治聯合會，你又是總指揮，又是主席。後來又帶人去了北京，在天安門廣場這段時間你都幹了些什麼？這次，你又參與組織遼寧的這一夥人，準備紀念六四10周年？」

我靜靜地聽他陳述我的歷史。

「寧先華，你是不是經常偷聽敵臺呀？」

我反問他：「你給我解釋一下，哪個臺屬於敵臺？現在都互聯網時代了，你還以敵我劃分？」

他有些尷尬，搖著扇子圍著我轉。

組黨和工潮

「你們沒想搞點武裝呀？弄點槍炮什麼的？」

「你的想像力太豐富了⋯⋯」我坐在椅子上，雙腿夾住一個玻璃的煙灰缸，雙手戴著手銬，吸煙的時候，一隻手在上，一隻手在下，幾節鐵鍊牽引著。這次審訊，整體感覺還是心平氣和，還沒有那麼咄咄逼人⋯⋯後來我開始調侃他。

我說：「我看你是個老業務了？」

「這話怎麼講？」他有些不明白。

「你搖著扇子，談笑風生地就把案子審了，你很厲害呀。」

他顯然沒弄明白這句話是恭維他還是嘲諷他，用鼻子哼了一下。

我接著說：「我看你很像一位明星。」

他很感興趣的看著我：「誰呀？」

「電影《尼羅河上的慘案[9]》中的那個波洛[10]。」

他一臉嚴肅：「寧先華，你在埋汰[11]我？」

我說：「不是，我確實有這種感覺。」

我用餘光瞄向坐在沙發上押解我來的警察，他們抿著嘴偷笑著。

其實這個案子很簡單，我想紀念「六四」，有預謀但還沒行動就被他們抓了。他們也是在應付上級，中午給我買來一個盒飯，抽了幾支煙以後，他們就把我送回了拘役所。

拘役所裡關押的是已決的輕微犯罪服刑人員，環境比較寬鬆，雜役會在鐵門旁邊的飯口處向監舍裡邊的人伸頭打招呼，問有沒有想給家裡打電話的。有一天，我喊住他，請他幫我給這次紀念「六四」活動的另一位組織者打電話，我請他記下了傳呼機號碼，並向朋友轉告以下內容：

組黨和工潮

「我現在被關押在瀋陽市公安局的拘役所，請盡快來會見我。」其實，我是藉此機會向外傳遞我已經被關押的消息，讓朋友們知道我的下落，傳呼機的號碼還加上了我們事先商定的尾號。上述訊息寫給雜役以後，我一直在等待著回覆的消息。結果，沒過幾天，走廊裡傳來了戴著比較輕的腳鐐走路的聲音，嘩啦嘩啦、嘩啦嘩啦——這種聲音在拘留所，除非是有人違反監規受到處罰時才會出現。有天，這個腳鐐聲又出現了，當他路過我監舍時，竟看到這個雜役對著窗戶衝著我狠狠地瞪了一眼！我心裡一個咯噔，是給我打這個敏感的電話，連累到了這個雜役。

18・走出拘役所

6月16號剛剛起床，大家正在洗漱，準備吃早餐，拘役所的習慣是早餐前就放人。我聽到前面的監舍門口有在叫名字收拾東西的，值班警察走到我的監舍門口，邊走還和雜役念叨著：「啞巴房裡還有一個。」他們走到我的監舍門口，叫了我的名字：「寧先華，收拾東西。」

我心中一陣歡喜，但表面裝得淡定。同監舍的一些人很興奮，紛紛上前表示祝賀和告別。我站起身，向老大揮了揮手，向大家抱拳示意，就跟管教走了出去。

夏日的郊外，清晨的陽光籠罩在晨霧之中，我站在拘留所的大門外，心中充滿了不安。剛剛在陰森的警衛室裡簽下了我的名字，手中緊握著那紙薄薄的釋放票，我知道，這不過是個開始。在這城市的陰影下，自由遠比想像中更加脆弱。

我小心翼翼地走出大門後，朝著有密集房屋的地方小跑，腳步輕盈卻急促。我清楚，按照慣例，他們絕不會輕易放了我。

他們的眼睛，像捕食的鷹，隨時準備俯衝。每一步都可能是陷阱，每一個轉角都可能藏著危機。

突然，一輛警車出現在遠處，紅藍色的警燈在清晨的光線中顯得

格外刺眼。我心中一緊，迅速閃進一旁的小店，躲避著那突如其來的危險。店內的燈光昏暗，我在農資產品的貨架之間慢條斯理的看看這、看看那兒，老闆上下打量著我，怎麼看我也不像個農民。

「大哥，你想買什麼？」

「沒事，你忙你的。我晨練跑步有些累了，隨便看看，歇歇腳……」

直到警車的聲音漸漸遠去。

我向小店的老闆告別，加快步伐向村子裡跑去，小巷彎彎曲曲，彷彿一個又一個迷宮，每一條路似乎都通向未知的命運。我穿過這座城市的細小支脈，直到達到一個地方——村頭的小賣店，那裡有我唯一的希望：掛著白底紅字公用電話的招牌。

手心裡的汗讓我緊張不已，我小心翼翼地從鞋底掏出那藏著的兩元錢，這是我「搖鈴」的基本費用。電話亭旁，我撥打了兩通傳呼，每個數字後面都加了尾號。那是我們預設的秘密代碼，只有我最信任的朋友才能理解。

電話終於響了，是皇姑區政府的小薛。他的聲音像天籟一般：「小華，你出來了？快，坐計程車來局裡。我在門口等你。」他的話讓我心中的緊張稍稍放鬆。但我知道，安全只是暫時的，危機仍在四周徘徊。

我們約定在皇姑區政府旁邊的「皇天酒店」見面，那裡將是我們計畫的下一步。崔教授和維軍也會等在那裡。一場關於自由和未來的午餐即將開始，但在此之前，我必須穿越這座城市的陰影，每一步都小心翼翼。

我又接到了另一個戰友的電話，我簡單講了一下我的情況。我說：「我感覺有問題。現在有點緊張，可能是他們錯放了我。」他說，「我知道了。你叫個計程車馬上過來吧。」我必須做出取捨和選擇。我馬上

組黨和工潮

在路旁攔住了一輛計程車，到了我戰友單位的大門口兒，他幫我付了計程車錢，把我帶到門口停著的一輛武警牌照，黑色的大眾帕薩特[12]車旁。「我們馬上離開瀋陽，我帶你一起去長春。」他把我送到了長春，安頓好以後，給我留下了一些錢，囑咐我先別跟任何人聯繫，一周以後再回瀋陽。十天後我回到瀋陽，家人告訴我，警察曾兩次來家裡找我，問我現在人在什麼地方。

回來之後，朋友告訴我，掩護我躲藏在虎子台工廠的兩位老闆也受到了牽連，侯哥和維軍也都被抓捕並遭行政拘留。他說警方得知紀念六四10周年的組織者在虎石台以後，對此地進行重點布控[13]，調集了五十多名警力，在不大的街區內，化妝成修車的、賣西瓜的、下象棋的、散步健身的，層層設防。鎖定我在這家工廠以後，對我實行了抓捕。

新城子區公安局的一位領導是其中一人的親屬。在與侯哥和維軍談話時，警察告知他們，雖然知道他們和寧先華事件無關，但上面有指示，要求「六四」以後才能放人：「你們倆就在裡面安心待著，誰讓你們和他沾光了，6月5號早晨，一定會放你們出去。」

1999年6月16日，瀋陽公安在窮盡一切手段之後，沒有辦法給我們定罪，只好釋放了事。畢竟他們掌握的只是我們想紀念「六四」還沒有搞成。但如果他們瞭解到了我當時其實是擬定的遼寧民主黨副主席，紀念「六四」十周年活動是民主黨的一次重大舉措，那麼肯定會以顛覆國家政權罪定罪量刑。那我恐怕早在1999年就得入獄，而不是等到2003年12月了。

19·民主黨群英譜

1、姜立軍

七律《望南山》

──憶好友寧先華

> 南山寂寂煙水橫，
> 平沙消盡覓無蹤。
> 夜久憑欄傷心地，
> 凌河幽咽看稀星。
> 輾轉難寐多囈語，
> 一夢醒來總是空。
> 百番思念心頭駐，
> 千裡懷人月上峰。

（姜立軍釋放後寫給還在錦州南山監獄裡服刑的我）

姜立軍是我在 98 年在鞍山開會組建遼寧民主黨時認識的，從此成為最親密的戰友。他是鐵嶺人，畢業於遼寧師範學院，比我小兩歲；星眉劍目，儀表倜儻，雅好詩詞，是民運組織內少有的才子。

我們的第一次見面是 1998 年 9 月 27 日，那一天，遼寧民主人士聚集在鞍山的一家律師事務所召開民主黨遼寧黨部籌備會議，全省各城市有近二十人參加。我們倆的很多觀點都一致，因鐵嶺跟瀋陽相鄰，此後我們彼此來往日趨頻繁。在這次會議後，我被擬定為遼寧黨部的副主席，瀋陽黨部主席。

1998 年年底，遼寧各地民主人士準備去鞍山召開民主黨成立大會，突然得到消息，警方已經掌握了會議的情況，正準備抓人。鞍山朋友及時通知，我和姜立軍逃過了當局針對民主黨的第一波大逮捕。

此前，姜立軍因主編《民聲報》，組織中國青年救國會被鐵嶺警方收審八十八天，1989 年 1 月獲釋。1995 年因接受法國國際廣播電臺訪

談，要求中共當局停止迫害天安門母親丁子霖並釋放學生領袖王丹而再次被當局收審二十一天。

姜立軍還經常在北京活動，2002年11月6日被北京市國家安全局秘密逮捕，同時被捕的還有北京師範大學的女學生劉荻，以及吳一然和李毅兵等，他們四人都涉嫌顛覆國家政權罪。因劉荻只是一個學心理學的大學四年級女學生，她的被捕引起了網路輿論的軒然大波。最終，劉荻、吳一然和李毅兵被以證據不足為由釋放，只有姜立軍被判了四年有期徒刑。

姜立軍先後在北京秦城監獄和遼寧省錦州南山監獄服刑，出獄後多次介入國內重大敏感事件，揭露當地政府官員禍國殃民的腐敗行為，為全國各地維權人士和弱勢群體發聲，被公安部、國家安全部確定為東北地區重點監控的「民運份子」。

2003年6月1日，我被關押在瀋陽看守所兩年半後，轉至錦州南山監獄特管隊時，姜立軍已在此服刑。儘管我們有各自的房間並受到24小時的監控，但我們倆總一起吃飯。這種情況被監管和勞改場所稱之為「一盤架」，意思是和家人一樣的鐵哥們，我們經常利用各種機會聚在一起交談、共餐和散步。

姜立軍於2006年11月5日刑滿釋放，而我則在四年零四十天後獲釋。刑滿後，我們倆經常見面、聚餐，維持著深厚的友情。

2013年6月1日，我倆被瀋陽公安局抓捕並關押二十五天，之後取保候審。2014年5月16日，我們再次被瀋陽市公安局4·25專案組以顛覆國家政權的罪名抓捕，在瀋陽市公安局刑警支隊的地下審訊室被岳鵬、王克麟等人刑訊逼供，遭受「蘇秦背劍」式的背拷，使姜立軍雙手手腕嚴重受傷，當時甚至無法端飯菜吃飯，至今右腕傷痕猶在。事發在看守所三樓的特審室，姜立軍手腳被拷老虎凳，岳鵬、王克麟等人為不露痕跡，刻意以床單和被罩纏裹老虎凳，然後一人薅住頭髮使其仰

臉，另外幾個人輪番用水桶從頭頂往口鼻灌水，致其長時間休克，經看守所值班大夫搶救，方才脫離危險……

我和姜立軍是二十多年的好朋友，我們三次同案，一次錦州南山監獄獄友，兩次被關在同一個看守所的不同房間。

作為姜立軍的同案證人，我記錄下了我們在瀋陽刑警支隊地下審訊室裡受到4·25專案組人員刑訊逼供的情況。在他於2014年再次被羅織罪名開庭審判之前，我向他的辯護律師丁錫奎書寫了證實材料，並要求出庭作證，但卻在大東區法院開庭前於門口被國保攔阻後帶離。

2、楊春光

一

遼寧民主黨的另一位代表性人物——楊春光，遼寧盤錦市人，1956年生，1976年底入伍，就讀於解放軍洛陽外國語學院，是中國著名的先鋒詩人，著名詩歌評論家。1987年，楊春光在海南島主持召開全國文學社團的首屆聯合會，並當選主席。這次會議全國有社團領袖和著名作家、詩人數百人參加，引起了中共高層的注意，國家安全部安插人員滲透該會議，並伺機破壞。從那時起，詩人楊春光開始被中共當局秘密監控。

1989年春夏之交北京學潮興起，楊春光穿著軍裝上街遊行，支持學生。1998年，楊春光秘密參與並籌組中國民主黨遼寧黨部，積極參加遼寧民主黨人的活動。他穿梭在遼寧省城鎮之間，與各地的同仁進行聯絡溝通。他不僅是一位詩人和評論家，也是一位無畏的中國民主黨黨員，更是一位堅定的人權捍衛者。1998年10月8日這一天，他踏上了前往遼陽的旅程，去探望他的姨母。

二

他的姨母是一位和藹的老人家,滿心歡喜地迎接了他的到來。然而楊春光此次旅行並非單純的家庭團聚,他還計畫赴鞍山市拜會另一位同道中人——遼寧人權律師王文江。但當他抵達王律師的門前時,卻得知王律師已經外出了。

10月10日的夜晚,他與另一位志同道合的詩人,人權活動家姜立軍通了電話。兩人討論了當前的形勢,並約定在第二天清晨搭乘火車會面,好好談談。

三

那天凌晨四點,當大多數人還沉浸在夢鄉之際,楊春光便離開了位於白塔區鐵合金廠宿舍三角地的姨母家,前往火車站。他感到有人跟蹤,便開始沿著鐵軌向火車站的方向奔跑。在一座過街的天橋上,兩名男子餓虎般地出現在他的前後。其中一個穿著西服,手持對講機正在通話,另一個身著迷彩服,大約三十多歲。他們像是預謀已久的捕獵者,在等候著他們的獵物。

當日楊春光的行蹤除了在電話中向姜立軍談及外,並無其他人知曉。因此,除非是公安單位、國家安全機關監聽了他們的通話,才能確知其行程,否則一般的黑社會成員也無法確知其行蹤,進而準時等候在他出行必經的路途中。這夥暴徒在行動中配合得十分有默契。先是兩人跟蹤,並通過對講機通知前方的兩位打手。而直接行兇的兩名打手也配合得十分巧妙,先是迷彩男在他身後大喊:「楊春光!」同時在楊春光前方的西服男則趁他回頭之際,打了他個措手不及。

暴徒惡狠狠地用警棍將楊春光打倒,猛擊其頭部,手段兇狠又殘暴。在這兩輪打擊之下,楊春光的頭部已傷得血肉模糊,他再次暈倒在地。見楊春光已一動不動,一暴徒說:「這人不行了,可能死了,走吧。」

組黨和工潮

另一暴徒說：「看看他身上有什麼文件沒有？」於是，這兩個暴徒扒走了楊春光的外衣，搜走他兩個公事包，其中有身分證、記者證、軍官證、通訊錄，以及人民幣五百元和建行信用卡，另有一卷楊春光剛脫稿的《後現代主義文化研究》論著，一部政治色彩鮮明的長詩《最後的東方我的中國》詩稿，及兩張《空房子》詩刊報。當那兩名暴徒前腳剛離開，強烈的求生意識促使楊春光再一次掙扎了起來。在他站起來剛走出幾步時，身邊便竄出一個二十幾歲的小個子男青年，用一把微型手槍逼著楊春光，說：「你跟我走一趟。」

楊春光說：「我是被害人，打我的那兩個歹徒就在前邊。」同時請求他報警，小個子說：「我不管這段的事。」此時已陸續聚集了一些群眾，小個子讓路邊電話亭的人打110報警，但，110的人說不管。見圍觀的人越來越多，小個子遂收起手槍走開了。

當楊春光在那橋下重重地倒下時，秋夜冷風凜冽。他的頭部遭受重擊，鮮血淋漓，掙扎著站起，他艱難地沿著漆黑的道路走了大約五、六百米。

終於，一個好心人把楊春光被送往了遼陽市急救中心。醫生們緊張地搶救，縫合處置傷口。他的毛衣如同濕重的海綿，從中能擰出血水。醫生無不驚歎於他頑強的生命力，透露說一般人若遭此重創，恐怕難以倖存。

然而當楊春光的親屬向警方報案，卻遭遇冷漠和推諉。幾天後，白塔區的公安派出所才終於派出一名警察來瞭解情況，並做了簡單的筆錄。

楊春光在醫院經歷了一段艱難的治療。他的頭部裂傷十幾處，縫合了三十多針，右眼腫得無法辨色。身體因失血過多而極端虛弱。經過連日的救治，他終於脫離了生命危險。

組黨和工潮

四

　　案發之後，面對警方的冷漠和官僚態度，他的家人感到無助和憤怒。這一事件在全國範圍內引起震動，遼寧的民運人士和人權活動人士旗幟鮮明地站出來支持受害者，譴責暴徒，要求公安機關公正處理。

　　遼寧人權律師郭承明牽頭，迅速收集證據，撰寫了〈關於楊春光血案的報案材料〉遞交給遼陽市白塔區人民檢察院。指出這並非簡單的刑事犯罪案件，其背後有公權力的魔影。

　　這一事件迅速在海外媒體曝光，得到了所有關心中國人權事業的組織機構和人權人士的廣泛關注。在國際社會的強大壓力下，公安部派員走訪了北京中國人權活動的領袖人物徐文立先生。再三聲明公安部從未下達過這樣的命令，同時表示這一事件的發生給公安部帶來了極壞的影響，公安部將嚴查不怠。

　　事件發生之後，遼寧各地各主要的人權活動人士的行蹤、住宅和電話都被更嚴密地監控起來。

五

　　10月31日，瀋陽的民運人士郭承明、大連的劉世遵、撫順的王德豐，在我位於皇姑區沙河子軍區靶場附近的住處聚集，商討去遼陽急救中心看望楊春光事宜。當我們走出家門時，在下樓梯的緩步台處，一位三十歲左右的精壯男子攔住了我們：「我是公安局的，我接到群眾舉報，這裡有違法犯罪活動，請你們出示身分證！」

　　「你執行任務的時候也不著裝，也不出示證件，誰能證明你的身分？」

　　「我是律師，你這樣違規執法，我會去市局紀檢告你！」郭承明據理力爭斥責他。

組黨和工潮

在我們四人正義凜然地堅持下，他掏出警官證交給我們。

「好！我們記住你了，我們保留投訴你的權利。」這場風波就這樣結束了，這位便衣警察沒有看到我們的證件，反而被我們檢查了他的證件。

在瀋陽南站附近的長途客車總站，我們買到了瀋陽到遼陽的虎躍快客車票。當我們乘坐的長途客車行駛在高速公路上的時候，我提示大家：「注意後面的白色桑塔納[14]，它的車牌號是遼K……它一直在跟著我們！」

「不會吧，先華你是不是太敏感了？」

進入遼陽市區時，車號遼K94261的白色桑塔一直在我們乘坐的大客車後面尾隨，我們在車上研究了因應方案，想在下車後設法甩掉他們。當下車後趁著人群混亂之際，我們迅速跑過一個橫向的路口，急忙攔下一輛反方向的計程車，向遼陽急救中心快速駛去。

抵達急救中心的病房時，我看到楊春光躺在病床上，輸著點滴。因失血過多，他的面色顯得蒼白。家屬向我們出示了一件毛衣，上面浸滿了楊春光頭部受傷後流出的鮮血。病房內空曠，卻意外地出現兩位行動敏捷、看上去毫無異常的「急救病人」。我們四人進入病房後，他們倆顯得不自在，神情侷促，顯得很不自然，一人悄悄地溜出了病房。

臨走前，郭承明對我們三人說：「你們在這裡等著，我先出去看看情況。」不一會兒，郭承明笑著走了回來：「沒有什麼秘密了，那輛車就在外面等我們呢。」

我們四人說笑著走了出去，在停車場，那輛車牌號：遼K94261的白色桑塔納停在那裡，駕駛的位置上守候的人看見我們走過來，急忙拿起一本雜誌遮住了臉……

組黨和工潮

六

2010年12月15號我出獄後,見到姜立軍,問及楊春光的情況,姜立軍說:「他已於2005年去世了。」我聽了,胸口如同被猛擊了一拳,不由得淚如泉湧⋯⋯我的好兄弟,好戰友楊春光先生,英年早逝,沒有看到一縷自由中國的曙光。

3、王澤臣

王澤臣是中國民主黨遼寧黨部主席。1949年12月16日出生於遼寧省海城市,1999年5月25日被監視居住,6月11日被刑事拘留,7月13日被逮捕,1999年12月2日被以顛覆國家政權罪判處6年有期徒刑,但收到判決書的時間是2000年12月8日。

王澤臣在判決書的空白處寫下一首詩:

《正氣歌》

甘願階下做囚人,

復興中華敢捐身。

浩然錚錚藏鐵骨,

大義凜凜鑄國魂。

2016年臨行前我去看望王澤臣

組黨和工潮

附錄1：王澤臣獄中自辯書

尊敬的審判長

我今天在這裡，將從容地面對共和國法庭對我的第二次審判。

遼寧省鞍山市人民檢察院以顛覆國家政權罪對我提起公訴，我將心地坦然面對檢察官提出的指控。

我想，這是繼1998年12月，使國人震驚的「徐文立、秦永敏、王有才組黨案」之後，在中國大陸掀起的又一輪國家行為的政治迫害，它致使中國的人權狀況急劇惡化。中國政府完全背棄了1998年10月簽署的聯合國兩個人權公約《經濟、社會、文化權利國際公約和《公民權利和政治權利國際公約》所作出的承諾，這是對聯合國公約的違背和對中國人權的肆意踐踏。

對於我的案件，是典型的因言獲罪案。起訴書中指控：被告人以撰寫文章，資助印刷非法出版物等方式，肆意攻擊我國人民民主專政的國家政權和社會主義制度「是專制統治」，宣揚它終將結束。「聲稱要在中國結束一黨專政，實現政治多元化」。

以上羅列的種種罪名，簡直又把人們帶到那個十年浩劫的文革時代，對於敢提出不同意見和觀點的人們冠以「反革命」的罪名，百般打擊和迫害。然而，十年浩劫的結束到改革開放的今天，雖然「反革命」一詞已取消，但是，最可笑的文革辭令卻延續至今，什麼「企圖」、「人民民主專政」、「推翻」、「攻擊」、「顛覆」等陳詞濫調不堪入目。我作為一個國家公民，應當享有憲法賦予的基本權利，那就是公民享有言論的自由，有使用語言，文字表達思想的自由，然而這些辭令卻成為我被定罪的理由，我的權利完全被剝奪了，成為一名思想犯。我們國家一直聲稱中國不存在思想犯，然而這種指控不是思想犯又是什麼呢？真是天大的謊言！

作為一個公民,他應當有自己的思想和主張,不能因此而被定罪。

當今世界已經進入了高科技,數位元資訊時代,資訊公路的出現必然打破文化思想的禁區。世界正朝著多極化方向發展,這是人們無法抗拒的事實。單極思維終將被打破,人們終將從被禁錮的思維空間中解放出來,必將產生新的思想解放運動,這將為轉變國家社會制度帶來必然性,這是一個潮流,是任何力量也阻擋不住的事實。王澤臣案,是顛覆國家政權?還是地地道道的組黨案?只要閱讀一下起訴書便會一目了然,真是欲加之罪,何患無詞!

起訴書指控「被告人為顛覆人民民主專政的國家政權,推翻社會主義制度,積極從事非法組黨活動。」組建中國民主黨的事實無可非議,「顛覆政權」如此瀰天大罪,如震雷貫耳。「非法」組建政黨,就是要「顛覆人民民主專政的國家政權」,就是要「推翻社會主義制度」?那麼,拿什麼作為法律依據呢?只能拿這個所謂「非法政黨」,民主黨的黨章來認定了。那好,我們就來向你們介紹和剖析中國民主黨的章程吧!在中國民主黨的章程裡沒有任何一章要顛覆國家政權和推翻某種制度的文字,我們的政治主張:「在中國結束一黨專政,實現憲政民主,保障基本人權,創造社會福祉。」那麼,在中國結束一黨專政的內涵,也可能由執政的中國共產黨本身來結束,也可能由其他政黨來結束,這是無可否認的事實。波蘭、捷克、中國臺灣不都是由執政黨自己結束的嗎?因為這是歷史發展的必然趨勢,民主是個潮流,任何勢力都阻擋不了。

結束一黨專政,並非打倒一個政黨,各政黨應該一律平等,公平競爭,相互共存,這就是一個憲政民主的政治體制。中國民主黨的原則是公開、和平、理性(非暴力)地推進中國的政治改革和民主化進程,反對暴力和一切恐怖活動,在中國實現和平轉型,這也是中國民主黨遵循的政治目標。那麼,我要問,我們既反對暴力,又沒有非法武裝,我們用什麼來推翻一個社會制度?顛覆一個國家政權?

檢察官先生這麼說,必然有人對此政權產生懷疑:難道說它是

組黨和工潮

用紙糊成的，經不起任何風吹雨打的考驗嗎？所謂顛覆國家政權和社會主義制度，只不過是天方夜譚的笑料而已，經不得歷史和事實的推敲。根據聯合國人權憲章準則和中華人民共和國憲法及相關法律，也沒有哪一條款把組建政黨視為犯罪，因為國家公民有結社自由的權利。現在法庭認定我「非法組建政黨」犯顛覆國家政權罪，這純屬莫須有的罪名。我不能接受。

在無法無天的時代，多少人蒙難沉冤，囚繫獄中，我想在我們國家裡過去有，現在有，將來還可能會有。這不能不說是一個國家的悲哀，善良的人們渴望著法治，呼喚著法治啊！

「非法組建政黨」，難以定罪，因為缺乏法律根據，那就是沒有《政黨法》。組建政黨是公民由憲法賦於的權利，結社的自由，並非是中國共產黨的專利。

我們組建政黨並非要取代中國共產黨的執政地位，也並非要取消中國共產黨的合法性，中國民主黨主張相互共存，公平競爭，並未威脅中國共產黨執政黨地位，因為中國共產黨是當今世界最大的執政黨，它擁有六千萬黨員，任何政黨都無法與中共抗衡。

我最後的陳述，並非表白，只是內心的抒懷，我非常愛我的祖國，更愛我們的人民。我一生清白，光明磊落，一生作為無愧於人民，幾次蒙冤忍辱負重，無怨無悔，天地可鑒。我常常用座右銘「身卑未敢忘憂國，甘願魂魄繫中華」鞭策自己。我面對鐵窗，鐵窗只能鎖住我們的身軀，卻永遠鎖不住我們自由的靈魂；高牆只能擋住我們的視野，卻永遠擋不住我們追求民主的春風。

我看到了祖國的春天即將來臨，那是一個民主的春天，自由的春天，科學的春天。我們為這個春天而驕傲，我們為這個春天而努力。

科學終將代替愚昧，一聲驚雷將喚醒沉睡百年的雄獅，中華民族的崛起，必然屹立於世界的民族之林，讓我們共同迎接那個偉大的日子

組黨和工潮

吧！我相信歷史，讓歷史證明我無罪。

王澤臣

1999 年 11 月 29 日獄中

4、王文江

　　王文江是遼寧民主黨的重要領導人之一。他是遼寧鞍山市人，1977 年就讀遼寧大學法律系，畢業後就職於鞍山市第一律師事務所。1988 年加入中共，1998 年 9 月 14 日向民政部申請註冊中國民主黨，同時公開聲明退出共產黨。在浙江組黨的王有才被捕後，王文江趕赴浙江擔任王有才的辯護律師，被警方拒絕。

　　1999 年 6 月 11 日王文江與王澤臣一起，被遼寧省鞍山市公安局刑事拘留，隨後被另案處理，以顛覆國家政權罪判處四年有期徒刑。

2016 年 4 月我和王文江、崔少華在崔家小院

5、劉世遵

劉世遵是中國民主黨遼寧黨部副主席、大連黨部主席。

劉世遵出生於遼寧省大連市，1985 年考入北京服裝學院高分子材料專業。是 1989 年天安門廣場學生民主運動中的廣場學生代表之一，北京服裝學院學生自治會會長；分別和王丹、王超華、王志新、張伯笠、柴玲等學生代表一起主持會議。

在廣場期間，聯合北京二十所大學，建議通過選舉建立一個具有統一權威的廣場領導機構，雖然之後由於主觀和客觀原因未能實現選舉，但仍然產生了「保衛天安門廣場總指揮部」等機構。在「天安門事件」遭鎮壓後，被隔離審查半年，取消畢業生資格。

1991 年 5 月，在日本獨資企業擔任生產科長，9 月派往日本考察，1992 年 5 月回國。1993 年 11 月創辦的私營企業因與民主黨有關而被迫歇業。在此期間，劉還就讀於遼寧師範大學世界經濟專案研究生。

1998 年劉世遵開始協助中國民主黨創辦人，後因組黨被判重刑的徐文立組建中國民主黨，並擔任中國民主黨北京、天津黨部秘書長，大連黨部主席等職務。

1998 年 9 月 27 日與王澤臣、王文江、孔佑平、寧先華、等人籌建中國民主黨遼寧黨部，後以顛覆國家政權罪被判刑六年。

6、孔佑平

孔佑平是中國民主黨遼寧黨部主要成員，1956 年 1 月 25 日出生，河北省唐山市人，大學文化。

1972 年 12 月畢業於唐山市第十中學，1974 年下鄉河北省豐潤縣勞動。1977 年 6 月在遼寧省營口師範學校地理專業讀書，因思想「反動」，

書寫反動詩詞、日記，被學校開除。送當地農村勞動，被農村拒收，滯留學校。在長達一年四個月的時間裡，孔佑平沒有戶口和配糧，只能住在學校的樓梯口和倉庫裡。

1990年進入鞍鋼醫院從事行政工作，1991年被職工直選為基層工會主席。

1994年撰寫《上江澤民書》，提出政治、經濟、文化、教育、社會等八個方面的建議，於1995年6月被鞍山公安局逮捕，審查後無罪釋放。隨後，工會主席之位被非法罷免，淪為下崗工人，成為公安局重點監控對象。

1998年參與籌建中國民主黨遼寧黨部，負責宣傳工作，撰寫〈忘我、務實、團結、創新〉一文，作為民運人士的道德修養和政治倫理的範文，在民主黨全國聯合總部北京黨部工作期間，編輯了《民主政治啟蒙》一書，受到黨部主席徐文立先生的好評。徐文立、秦永敏、王有才等民主黨組黨領袖被逮捕後，孔佑平組織並積極發動了全國191人聲明活動和234人的接力食活動。

1999年7月，被以煽動顛覆國家政權罪取保候審一年。

2000年6月24日，被鞍山公安局逮捕。

2001年3月21日，被鞍山市中級法院判處有期徒刑一年，剝奪政治權利一年。同年4月12日，被鞍山醫院除名。

2003年12月16日，被瀋陽市公安局刑事拘留，一審被判處有期徒刑十五年，上訴後改判有期徒刑十年。

20・姚福信、肖雲良以及遼陽的工人運動

遼寧的組黨和工潮是相伴而生的。90年代中後期，作為中國最重要的工業基地和計劃經濟的支柱，遼寧的國企已經走向了末路，不得不

組黨和工潮

進行改制。然而在改制的過程中，伴隨著官員腐敗、國有資產流失，大量工人下崗，很多人被買斷了工齡，錢卻不能到位；更有甚者，遼陽鐵合金廠的職工居然兩年發不下工資，但遼陽市委、市政府卻在媒體上吹噓「改制成功」、「沒有一個工人下崗」。官方如此無恥的行徑引發了大規模工潮，工人領袖姚福信、肖雲良等四人代表工人與廠方對話，居然遭到逮捕，後來分別被以顛覆國家政權罪判刑七年和四年。

姚福信、肖雲良同時也是中國民主黨遼寧黨部籌備會的參會成員。作為在工運中湧現出來的工人領袖，他們接受民主理念，組織和領導遼陽的工人運動，我也曾經先後兩次到遼陽鐵合金廠工人們骨幹中間，瞭解現場狀況，並提出建議和指導，也送去我自己的幾幅書法作品作為禮物。後來在我的判決書中，這些都成了我顛覆國家政權的「罪證」。

遼陽工運和姚福信、肖雲良等工人領袖被捕判刑的消息在國際上引起巨大迴響。隨著徐文立、王有才先生出國後，中國民主黨全國聯合總部於2004年在美國成立，其海外工作委員會的負責人王希哲先生跟我們取得了聯繫。王希哲工人出身，在中國民主黨全國聯合總部中負責大陸的工人運動。2002年9月王希哲先生通過電子郵件，乃至於直接派人來東北與我聯絡，提出建立東北三省獨立工會的設想，並對我們提供了技術支持和經濟支援。

2003年4月，我們收到他的第一封加密郵件，信中建議我們先從要求釋放姚福信、肖雲良等獄中的工人領袖這一活動，把工人發動起來，在工人運動形成一定規模後，再打出獨立工會的旗號來。

2003年6月，我來到遼陽，建議被捕人員家屬和工人向遼陽市政府請願。我們還運用海外的組織媒體對被捕人員家屬提供資訊和輿論的支援。讓工人們知道，我們的事業是正義的，得道多助，並不孤獨。

然而我們的這一切活動，都被遼寧省國家安全廳和中國國家安全部透過技術手段秘密掌控，對我們的抓捕行動迅即展開。

組黨和工潮

註釋

7. 傳呼機，即為台譯之 BB.Call
8. 攝像頭，即攝影機。
9. 電影《Death on the Nile》，台譯：尼羅河謀殺案。
10. Hercule Poirot，台譯名字：白羅，為劇中的神探。
11. 埋汰，即嘲諷之意。
12. 大眾帕薩特，即 Volkswagen 福斯汽車的 Passat 車款。
13. 布控，即布置人力，對偵查對象進行監控。
14. 桑塔納，即 Volkswagen 福斯汽車的 Santana 車款。

組黨和工潮

第五章　11・26 專案

21・江澤民變臉

　　中國民主黨的組黨活動波及全國二十多個省市，如星火燎原，衝擊黨禁，讓中共感到了極大的恐懼。尤其讓中共黨魁江澤民感到尷尬的是，結社自由是憲法的明文規定，且他自己剛剛簽署的《國際人權公約》、《公民權利與政治權利公約》對公民組織反對黨（在野黨）角逐國家權力是允許且支持的。也就是說，中國民主黨的組黨活動，既有憲法依據，也有國際條約的加持，我們樂觀地認為，中共如果還要點臉面，總不至於公然鎮壓民主黨的組黨活動。

　　可是，我們完全低估了共產黨的無恥，作為黨魁的江澤民公然以他簽署的兩個公約尚未得到人大的批准為由，對我們的組黨活動展開了殘酷鎮壓。而舉凡地球人都知道，中國的人大不過是共產黨手中的橡皮圖章，它的唯一功能就是為共產黨的惡行背書，所謂人大未批准公約，不過是江澤民出爾反爾，不肯讓自己簽字的兩個公約生效的無恥伎倆而已。

　　1998 年 8 月 7 日，浙江警方逮捕了第一個註冊民主黨的王有才、王東海等人，隨即在國際輿論壓力下，王有才被取保候審。隨後，中共高層決定對民主黨組黨活動展開全國統一鎮壓。

　　11 月 30 日，浙江警方再次將王有才逮捕，並判處有期徒刑十一年。

　　同日，北京警方逮捕了組建民主黨京津黨部的徐文立、查建國、高洪明等人，並判處徐文立有期徒刑十三年，查建國九年，高洪明八年有期徒刑。

　　同日，武漢警方逮捕了申請註冊民主黨湖北黨部的秦永敏，隨後判

處十二年有期徒刑。

在這一波大鎮壓中,還有重慶、四川、山東、貴州、山西、遼寧等省市的一百多名民主黨領導人被逮捕判刑,據統計,所有被逮捕判刑的民主黨人的總刑期加起來,超過千年!

22・發現破綻 逃離瀋陽

在鎮壓遼寧民主黨的第一波衝擊下,王澤臣被判六年,劉世遵被判六年,王文江四年,孔佑平一年,罪名都是顛覆國家政權罪。

起初國保警察忙著對付下崗大軍中湧現出來的工人領袖,一時沒有把他們和民主黨聯想在一起。2002年遼陽的工人領袖姚福信、肖雲良等人被捕,警察在搜查他們家的時候,發現了他倆都曾經參加了遼寧民主黨的籌備會議,於是順藤摸瓜,又發現了我等幾個漏網的民主黨遼寧黨部領導人,於是啟動了監控行動。

2002年9月到2003年4月間,我們和海外的中國民主黨聯繫一直都在國家安全部和遼寧省安全廳的監控之下,到了2003年底,形勢已經非常緊張了,由於多年與國安、國保們打交道,多次面對抓捕傳喚的緊急情況,我變得非常敏感和警覺。和朋友坐在一起聊天或者參加一些什麼活動,我的注意力很難集中,周圍任何移動的人和物體,都不會離開我的視線,我總會用餘光觀察,給人一種心不在焉的印象。實際上,這是我對周圍環境保持警惕的一種習慣。

2003年被捕前,我用的是臺式電腦,為了監測是否受到監控,我故意把顯示幕的邊框調整到螢幕偏左的位置,使用電腦時會很不舒服,因此如果有人偷偷打開我的電腦,一定會調整邊框。我還在電腦上設置了密碼,在滑鼠下壓著一根頭髮;進門處門口的鞋墊兒,也會留下一點紙屑或者煙灰。一些看似是不經意地擺放的物品,實際上都有用意,我都會記在心裡。這套房子只有我一人有鑰匙,只要有人進入了我的房

間，動過我的標記，都會被我發現。

2003 年秋天的一天下午，當我回到家，一進門就發現腳墊上的煙灰不見了。我急忙來到了電腦桌旁，發現滑鼠被人動過，啟動電腦主機，我在顯示器上留下的偏左一點的位置被更動了，顯示器的螢幕被調整到了正中央的位置。

我保持鎮靜，慢慢環顧四周，檢查廚房和冰箱，把已經打開過的食物清理掉⋯⋯然後下樓給「六四」以後一直在我身邊工作，我非常信任的朋友打電話：「你在忙什麼⋯⋯？」

透過我們之間事先約定了一些暗語，包括我們的手機號碼都是加密以後記在筆記本上的。他馬上聽出來我這裡出現了緊急情況，坐計程車很快地趕了過來。

「我家裡有人進來了，還動了我的電腦⋯⋯」

「你還是馬上出去躲幾天吧⋯⋯」

我馬上安排行程，9 月去了山東濟南和青島，然後去四川成都。

23・在成都被捕

2003 年 12 月 12 日下午五點半左右，我人在成都。

前一天是我的生日，有兩位朋友沒有參加我的生日聚會，一聽說我人在成都後，趕過來請我吃飯。我們進了一家餐廳，打開了一瓶瀘州老窖，點了四個菜。才剛上了一個菜，餐廳裡突然湧進來七、八個身穿便服的人，後面還跟著一個扛攝像機的，把我團團圍住。一位四十歲左右的人開口了：「寧先華，我們是瀋陽市公安局的，你和我們走一趟。」

他向我出示了證件和傳喚證。我接過證件，仔細看了一下，傳喚證上面蓋著瀋陽市公安局局長劉和很大的紅色印章。

我向朋友們點頭告別，隨即被戴上了手銬，這些人押解著我來到路旁，現場還停靠著幾輛車和十幾個穿著制服的警察。在警車前他們給我戴上了黑色的頭套，把我架上警車。

我被兩個警察一左一右夾在警車的後座上，車隊鳴叫著警笛，大約開了四十多分鐘後，我被送到了一個很神秘的拘押場所。

然後是例行的搜身，我深藍色的衝鋒衣、錢包、鑰匙、手機、皮帶、鞋帶兒全被扣押。遼寧的警察讓我簽收了瀋陽市公安局的傳喚證，他們跟看守所的人交代：「這個人有糖尿病，晚間還沒有吃晚飯，你們給他準備點兒吃的。」

我單獨關押在這個近三十平米的監舍。南方的看守所和北方不同，監舍內的高度接近四米，監舍的最裡面是高架起來的長廊，顯得陰森森的，特別的空曠。我帶著手銬、腳鐐，穿著牛仔襯衫和牛仔褲躺在鋪板上。三、五個穿便服的和穿制服的警察，有的站著，有的坐著，在長廊上看著我。

不一會兒，進來兩個人打開了我的手銬，給我一碗熱湯的肉絲麵和一隻軟軟的白色塑膠叉子。在他們的監督下，我吃了幾口麵條，喝了幾口麵湯，剩下了大半碗，實在是吃不下。他們便端起碗，走了。

這突如其來的抓捕，讓我半天沒有回過神來。我閉目養神，難以入睡，腦海中不斷翻騰，這次跨省抓捕，聲勢巨大，最大的可能是什麼？深夜，偶爾上面只有一個人在值班，我嘗試著和他說話：

「嘿！朋友。」

他扭頭兒不看我。

我說：「嘿，哥們兒，我跟你說話呢！」

他用食指放在他的嘴邊，對我打著手勢，讓我小聲。

「這裡是什麼地方？」我繼續問他。

他用很小的聲音告訴我：「這裡有規定，不讓我和你說話。」

24・押送回瀋陽

成都郊外，凌晨四點鐘，天還沒有亮，我被叫醒，又戴上了黑頭套、手銬，被兩個人架起來塞進警車，一路鳴著警笛開到成都火車站。在當地警方的配合下，經過專用通道直接進入了月臺，登上了成都發往瀋陽的特快列車。我們住在一號和二號的兩個軟臥包廂裡。我一隻手被銬在車窗前茶几的立柱上，摘下了頭套。

他們買了一些路上吃的零食，茶几上給我放了一條煙和打火機。一會兒列車長和乘警長過來，押送我的便衣警察亮出證件，他們聚在一起，握手寒暄，低聲交談。

這次抓捕是瀋陽安全局和公安局的聯合行動，雙方各兩人，都是一個處長帶一個隨屬。他們分成兩組，兩人一組輪流值班。一個人坐著陪我聊天，一個人躺在上鋪休息。另外的一組到二號包廂休息。夜裡，我聽到包廂外面的走廊裡，一位安全局的處長在和上級領導通電話匯報情況。「這是成都到瀋陽新開通的特快列車，我們弄錯了時間，以為三十多個小時就能到達瀋陽，實際上要五十多個小時。」電話這頭不斷講述著一些困難，「早知道這樣不如坐飛機了……」這廂還在不停地抱怨，電話裡則傳出：「辛苦了，辛苦了！」的聲音。

他們大約每隔四個小時會互換交接班。安全局一位自稱姓朱的處長和我聊天說：「寧先華，我很瞭解你的經歷，你出生在一個幹部家庭，當過兵，還有政府機關工作的經歷。你根紅苗壯，為什麼會走向這條路？」

「你聽過《人在旅途》的主題歌嗎？」我問他。

他沒反應過來。

我繼續說：「我最喜歡聽《人在旅途》中的主題歌。從來不怨命運之錯，不怕旅途多坎坷……人生本來苦惱已多，再多一次又如何？向著那夢中的地方去，錯了，我也不悔過。何況，我沒有感覺我錯了。」

話不投機半句多，處長不再提這個話題。

我們的包廂裡，像是經過了特許，可以抽煙。由於旅途勞累和巨大的心理壓力，我頻頻抽煙，整個車廂被我們弄得煙霧瀰漫。年輕漂亮的女列車長站在門口敲門，問看守我的安全局的處長：「準備幾點吃午飯？」

「我們帶了一些吃的，什麼時候去餐車吃最方便？」朱處長禮貌的反問她。

「那就在一點半到兩點之間吧！」

女列車長似乎無意中掃過我一眼。我保持著平靜自若的神情，彷彿什麼都未曾發生。她的眼神中似乎流露出一絲疑惑：在這樣的時刻，我怎能如此鎮定？她可能在心中暗自揣測：究竟這人是怎樣的心理素質，才能在被抓捕後，在這樣緊張的情境中仍顯得這般從容？

或許，在她的職業生涯中一定也曾遇到過其他的辦案警察押解人犯，但我相信，我一定是她所遇到的人裡滿臉正氣、沒有一絲畏懼，最特別的一位。

安全局的處長和我商量說：「寧先華，去吃飯時候不給你戴手銬，我相信你會配合。」

旁邊一個年輕的押解人員，在車上時曾跟我交流。他嚇唬我說：「我是特警的訓練標兵，曾經在擒拿格鬥項目獲得特警部隊第一名，你是打不過我的。我全副武裝五公里越野也是有名次的，你也肯定跑不過我。

所以你應該放棄這些想法,別給我們添麻煩。」

我笑著答應:「我根本就沒想跑,你們想多了。」

到了吃飯的時候,列車長和乘警長帶著乘警站在門口迎接。前邊列車長帶著一名乘警,一位處長帶一個警察,後面一位處長帶個警察和乘警長斷後。我挺胸抬頭,神情自若的夾在他們中間,我們穿過坐滿旅客的車廂走向餐車,像是我帶了一幫隨扈。

列車的餐車清場以後,我被警察和乘警押解到餐廳。

我們坐在其中一個已經擺放好餐具的餐桌旁,這時,仍不時會有餐廳的廚師和服務人員,向我們這邊指指點點地窺看。其實,我們一起吃飯的五個人都身穿便裝,很難分清楚誰是警察,誰是被押解的重要人犯。

我們一般都要跟乘客錯開用餐的時間。吃中飯大概是安排在一點半到兩點,晚飯也是要延後兩個小時左右。我們坐下後,看著菜譜,每一個人點一個自己喜歡吃的菜,一人一瓶啤酒。

一位處長遞給我菜譜說:「寧先華,你多吃點兒,以後再想吃到這個東西,恐怕會是很長時間以後了。最近一段時間,你再想吃到這些東西會很困難了。」

我知道他的意思,他是在暗示我,我可能會面臨很長的刑期。

夜晚睡覺的時候,押解我的警察會把我手銬的另一端,銬在軟臥下鋪的扶手上。

列車晝夜奔馳,夜以繼日。

終於,列車女廣播員的聲音在廣播中響起,甜美而清晰:「各位旅客朋友請注意,我們的列車即將抵達終點站——瀋陽北站。請旅客們拿

好自己的行李準備下車。」

從匆匆外逃,到被押解回瀋陽,兜兜轉轉幾十天,又回到了故鄉。我沒有回家的輕鬆,相反地,心情愈加沉重,因為這正意味著一場生死考驗即將到來。

瀋陽北站,是這段旅程的終點,也是我迎接下一步挑戰的開始。我重新被戴上黑頭套,戴著手銬,在車廂裡靜靜地等候著。

當車上的旅客和接站的人群逐漸散去,我被一個人架起,向車門走去,架著我的人在耳邊輕輕地說了一聲:「大哥,你多保重。」他用手抓住了我的手,用力地握了一下,像是同情,像是安慰,更像是惜別。這個人是辦案的警察還是列車上的乘警,我不知道,但他給了我一絲的溫暖。

人性的光輝總是在不經意中流露出來。

25・單獨關押在安全局看守所

下車以後,我被兩個人架著塞進等候在月臺上的一輛警車。警車鳴著警笛一路狂奔,這是要去哪裡?我帶著黑頭套,猜測著要去的地方。車輛開出大約近一個小時後,好像進入了某個大院的兩道門崗,有十多個人在相互敬禮問候,在一陣「辛苦了,辛苦了」的寒暄聲後,我被一個人從車裡架了出來,站在車旁。這時候有個人突然對著我的頭部猛擊一拳,如果不是人被架著,我一定會跌倒,「你他媽老實點。」

此刻,我被戴著手銬蒙住了雙眼,根本不知道是誰在攻擊我,我也沒有辦法反擊,而且反擊也只能招來群毆,我只能倔強地挺胸抬頭,表示我的不屈⋯⋯

給我慰藉和襲擊我的人,都存在於警察隊伍裡。後者蔫壞[15],他們不敢面對面的對當事人動粗,而喜歡在背地裡下手,以顯示他的立場和

效忠的姿態。

我被單獨關押在瀋陽安全局的沈水園看守所二樓的第一個監舍。他們只給我留下內衣內褲，發給我一套軍用棉衣、棉褲。身上的全部物品包括襪子都被收走。

我的監舍是靠近樓梯口的第一間，面積不到二十平米，有一鋪木製的固定床鋪，上面放了一套草綠色的被褥。地板上有一雙塑膠拖鞋。監舍的鐵門上方，對著門的用 U 字形鐵板封著的鐵窗上面，都安裝了監控攝像頭。鐵門上有一個一英呎見方的小門，窗外 24 小時都有看守坐在那裡觀察你的一舉一動。側面正對著床鋪位置的牆面上，也開了一個觀察口，時常有持槍的武警，向監舍裡張望。

鐵門旁邊有一個水泥砌成的半米左右高的圍擋，裡面有一個蹲便池，旁邊距離地面二十公分左右高度有一個水龍頭。為了防止關押人員自殺或撞頭，整個房間四壁都是軟包裝，廁所的圍擋也抹成了半圓形，除此之外整個監舍裡什麼都沒有。早晨和晚上刷牙時，在押人員只需從觀察口伸出一隻手指，負責監視的看守便會在手指上擠上一點牙膏，洗臉時如果需要，他們也會遞進來香皂，蹲在地上洗漱完畢後，看守會馬上收回香皂，需要手紙的時候，他們也會從觀察口遞進來一尺長的一條。

每天太陽穿透鐵窗上方約一尺寬左右的光線，繞過凸字形的、遮擋住視窗光線的建築物屋頂，照射在鐵門上，我能根據陽光照射在鐵門的位置判斷大概的作息時間。中午我根據陽光照進的位置判斷，應該到了午飯時間，接著會有看守牽著兩隻德國牧羊犬在二樓巡視。當快步上樓的腳步聲傳來時，我會用餘光向觀察口外張望，注意他們手裡拎著的塑膠袋裡方便餐盒的數量，以此判斷出這裡被關押了幾個人。

11·26 專案

26・審訊室裡的較量

從 12 月 16 號我進入安全局看守所,就開始了密集的審訊。審訊一般都安排在凌晨 12 點以後,我才剛剛入睡,提審人員就在觀察口前喊:「寧先華,提審!」

按照他們的要求,我穿上衣服,先把雙手伸出觀察口,戴上手銬後,監舍的鐵門才會打開,當下走進兩名警察。一個四十多歲,一個三十多歲,紮著武裝帶,戴著白手套,胸前還掛著胸牌。他們給我戴上了有濃烈煙草味道的黑布頭套,兩個人一邊一個,架著我的胳膊走出來監舍。

「抬腳,下樓梯。」

「高抬腳,邁過門檻。」

我光著腳穿了雙塑膠涼鞋,被他們架著走出屋外。瀋陽郊外的冬天異常寒冷,刺骨的寒風,從腳下、袖口吹了進來。我不禁打了一個寒顫。

兩個人架著我走出監舍,下樓梯後走出大於二、三十米的距離,進了另一棟樓,再上樓梯,進入審訊室。我人被銬在鐵椅子上,固定好手腳。放下鐵椅子前面的十多公分寬的橫板後,我被摘下了頭套,開始審訊。

審訊室是由兩個房間組成,鐵椅子的前方是一個一米多長的條案,坐著三位預審,中間坐著的是主審,鐵椅子旁一左一右站著兩位警察。旁邊的房間裡還坐著三、四位,是負責押解提審的警察。

「寧先華,你知道今天為什麼會坐在這裡嗎?」

「不知道!」我與坐在中間位置上的主審對視,心中陡然生出一股憤怒。

「滿大街的人,我們怎麼不抓別人,為什麼抓你呀?」

「這該問你們自己呀!」

「你不是我們搖獎搖出來,也不是我們抓鬮[16]抓出來的,既然能把你抓到這裡,我們一定是掌握了充足的證據。」這個傢伙油嘴滑舌,邏輯混亂,蠻不講理。

「有證據你就拿出來。」我一直盯著主審,他也一直逼視著我。雙方都在用意志較量。

「坦白從寬,抗拒從嚴!寧先華,你別敬酒不吃吃罰酒,你知道這是什麼地方嗎?」旁邊的預審拍著桌子對我大吼大叫。

「要想人不知除非己莫為,你做過什麼都會留下痕跡,你是抹擦不掉的。」坐在中間位置的主審聲調不高,繼續說:「寧先華,我們掌握了你的情況。在第一波打擊以後,你一直在負責遼寧的民主黨。」

我說:「還是那句話,你得拿出證據來。」

主審警官拿出一張紙來,看著那張紙說:「你給中國民主黨海外發言人的信中提到,中國民主運動的中心在國內,中國的民主運動不需要海外來領導,我們需要的是,資訊、輿論、技術、資金和後續保障的支持。這是你說的吧?」

這是他們從我電腦裡擷取出來的文檔,我不想抵賴,說:「那只是我的個人想法,再說我也沒有發出去呀!」

在這個問題上糾纏了半天,主審警官見撈不到油水,就又換了一個話題:「你交代一下成立東北三省獨立工會的問題。」

「你們掌握的文檔標題是〈關於成立東北三省獨立工會的設想〉。成立東北三省獨立工會,只是一個我們的設想,沒有實際操作,單純的一個想法就違法了嗎?」我反問。

「寧先華，你們民主黨是不是要執政呀？」他這一問是要落實我顛覆國家政權的主觀動機，我沒有細想，不假思索地回答：

「當然，任何一個在野黨，都有治理國家的願望。但是，我們會推動大選通過投票，讓老百姓自己選擇他們心目中的政黨和政治領袖，而不是通過暴力推翻政府。」

這個回答只是在口頭上占了便宜，但我已落入圈套。後來他們果然在判決中認定我以顛覆人民民主政權為目的而組建民主黨。

另一個預審員提出一個具體問題：「我們在搜查你家的時候發現了兩枚公章和刻章刀具，你私刻了兩枚公章。」

我嘲笑道：「你們有沒有點常識？那些刀具是我刻篆刻時用的，是刻石頭的，能刻橡皮章嗎？那兩枚公章都是我曾經辦的企業，一個裝修公司，一個石材廠，你們可以去工商和稅務局調檔查呀！看看我是不是這兩家企業的法人代表！你們撿雞毛湊撣子，就這點事，有十年夠你們判的吧？你以為我怕嗎？」

「寧先華，你別囂張。我們今天大可把你整死在這裡，從樓上把你扔下去，就說你畏罪自殺。你別他媽的給臉不要臉！」另一個預審露出流氓嘴臉來恐嚇。

「這我相信你們做得出來。」

我怒視著他，沒有流露出一絲的恐懼。

然而儘管我嘴硬，但內心卻依然無助，像一隻羔羊被一群豺狼圍著撕咬，既擔心落入陷阱，又要守護著基本的尊嚴。

主審警官見我不吃這一套，又換了一副嘴臉，連哄帶騙：「你還是好好想一想都做過什麼吧。我不瞞你，你的同夥都已經到位，你不說，他們也會說。」

我閉上眼睛，不再理會他們。

主審警官不停地低頭看手機短信。過了一會兒，他說：「寧先華，等會兒我們的領導要和你說幾句話，你要好好配合。」

說話間，一位年近五十歲左右，中等身材，穿著警褲白襯衫，深灰色夾克，儀表堂堂的男子，在兩名隨從的陪同下進入了審訊室，我前面坐著的預審和身邊的兩個警察，馬上站起來立正敬禮。主審筆直地站立，剛要開口，被他用手勢示意，不再說話。

這個人坐下來，神色溫和地看著我，讓我感覺他是一個相當級別的領導，很可能是這個專案的負責人，我猜想他是一位廳級以上的幹部。

「寧先華，我們開門見山，我今天能到這裡見你，你應該清楚，你的案情重大，證據確鑿，你們逃脫不了法律的制裁。我希望你能端正態度，儘快認清形勢，與安全機關配合，把你們的事情交代清楚，爭取得到寬大處理⋯⋯」

他先來了一通大道理，接著誘導：「你能不能像竹筒倒豆子，來個痛快的？」

我面無表情地看著這位領導表演，堅守一個信念，萬言萬當，不如一默。

27・遭遇酷刑

從12月18日開始，他們連續地突擊審訊，把我折磨得身心疲憊，剛剛回到監舍，正昏昏欲睡，觀察口再次傳出嚴厲的聲音：「寧先華提審！」

雪後的瀋陽異常陰冷，冬夜的寒風，吹得我直哆嗦，一個押解我的看守突然揮拳重擊我的頭部，嘴裡還不乾不淨地罵著。

我被徹底激怒了，怒吼著：「我被你們銬著，戴著頭套，你還打我，你算什麼能耐？有本事你把我放開，你不一定是我的對手！」我開始爆粗口。

就這樣對罵著，我被架到監舍對面的審訊室，押到鐵椅子上，摘下頭套，另一個留著絡腮鬍的警察，藉著上手銬的機會，把帶牙齒的鐵銬狠狠緊箍住我的手腕，咬牙切齒的表情中流露出兇狠……一陣陣針刺般的疼痛鑽入骨髓，我忍住疼，回頭找那個罵人的警察，眼見一個身影急忙往旁邊的房間躲閃，我瞪著眼睛對著他大喊一聲：「你回來！」

主審是一位四十多歲，白白胖胖自稱姓朱的警官，喝道：「寧先華，你想幹什麼？」

「我抗議，剛才押我提審的那個王八蛋打我。」我衝著主審大聲說。

「怎麼回事？」主審衝著站在旁邊房間門口的警察問道。

「我沒打他呀！」那個傢伙狡辯著。

「你身穿警服，敢打我，卻不敢承認，你算什麼東西？」

場面失控！

朱主審猛地站起，把手裡的水杯，向桌子上狠狠地一頓。

「寧先華，你能不能配合審訊？」

我憤怒地瞪著眼睛大聲回答：「不能！」

「把他吊起來！」朱主審兇狠地指揮房間裡的警察撲向我。

鐵椅子的椅背有一米五、六左右的高度，椅子腿下面橫向加焊了兩條一米多長的鐵條，固定椅子腿，保持椅子前後的穩定性。他們把我解下來，把鐵椅子原地調轉，椅背向前，我後身貼著高高的椅背。一個警察拿來一

隻手銬，把我的雙手從背後扣上，另一隻手銬在椅背高點的橫樑上，穿過我的背銬，兩個人使勁向上拽著手拷，我的雙臂被反向高高吊起，腳尖和地面若即若離，就像升級版的「文革」時流行的「噴氣式」[17]，再加吊銬。

我感覺到自己的雙臂連著肩胛骨像兩隻翅膀，要從身體上撕裂下來，手腕處帶牙的手銬緊咬著我的肉，鑽心得刺痛。不一會兒，我額頭上就沁滿了大滴的汗珠，身上的刺痛也慢慢地轉向麻木。

他們操作這一套把戲，動作嫻熟，一氣呵成，看來不是第一次幹這種勾當。

三個預審都已經離席，留下了四個警察在一旁看守著。牆上的掛鐘在滴答滴答地走著，我的汗珠和著鐘錶秒針的聲音，也滴答滴答地滑落。大約過了一個多小時，旁邊看守的警察看不下去了，開始勸我。

「寧先華，你何必遭這個罪呢？服個軟，認個錯不就完了嗎？」

我咬緊牙關，憤怒地瞪著雙眼，扭過頭，不回答他的話。

時間一分一秒的過去，我實在忍受不了了，開始四處尋找機會，眼睛開始瞄向審訊室的桌角，嘗試著用力，試探著能不能帶著鐵椅子衝向那裡，以此結束我的生命！

我向他們做最後的控訴！一字一句地開始說：「過去，我不理解『文革』時期為什麼那麼多仁人志士選擇自殺。今天我理解了。」

我向旁邊的看守絕望地說著：「當一個人遭受虐待，當一個人的身心受到摧殘，實在扛不過去了，他只能選擇死！來捍衛自己的那一點尊嚴！」

我開始晃動鐵椅子，衝向桌角的時候，四個警察呼地一下團團把我圍住，前面的那個用雙手推著我，旁邊的兩個警察，急忙用腳死死踩住橫在鐵椅子腳上的長鐵條。

我的話和動作驚動了坐在監視器旁的指揮者，朱主審端著水杯急忙進來，虛情假意地喝斥著這四個警察：「你們怎麼還把他吊著呢？馬上放下來！」

他上前攙扶著我：「寧先華，我帶你去個洗手間吧！」他邊走邊說：「寧先華，你不給我面子，你不知道，上級領導們都在看著我們呢！你讓我進行不下去，我能怎麼辦？你能配合不？」

我倔強地扭著頭說：「不能！」

不再理他。

「把他送回去吧。」他向旁邊房間裡負責押送的警察下達命令。臨走之前他皮笑肉不笑地對我說：「寧先華，將來你們掌權了，能不能像我收拾你一樣，收拾我呀？」

我冷冷地看了他一眼，不回答他。

我後來離開這個魔窟，在監獄裡想了幾年，才想明白了安全機關為什麼會對我濫施刑求，為什麼總是在半夜提審。他們是在跟遼寧公安搶這個案子，希望能夠迅速突破搶到頭功。民主黨的案子本來是應該由公安機關辦的，國安插手屬於狗拿耗子。只是因為他們優先獲得了我和國外交流的情報，才讓他們有了先動手的理由。

國安和公安爭案子的事件後來在北京、河北、貴州等地都發生過。多年後我在海外還曾聽一個人權律師說，北京的新青年學會案、河北的郭慶海案和貴州的李元龍案，都是因為有涉外因素而被國安搶著辦了。但我的案子，他們沒能達到目的，最終還是移交了公安。國安辦案，因為是黑箱操作，缺乏監督，因此更野蠻、更血腥、更黑暗。很多從國安的魔掌中死裡逃生的人們說起經歷的遭遇，都心有餘悸、不寒而慄。

28・移送公安偵查

接下來再次提審的時候，換了一男一女兩個警察，一改粗暴喝斥和咄咄逼人的態度。四十歲左右的男警知識淵博，和我談天說地，每次都準備兩盒軟包的「人民大會堂」牌香煙讓我抽，女警則在一旁記錄。

有一次，又是凌晨三、四點鐘提審我。

我很反感：「你們白天不工作嗎？為什麼都要安排在半夜裡提審？我是個糖尿病人，這個時間段又累又睏，需要休息。」

「抽支煙提提神，」那個男警遷怒那個女警：「你怎麼沒有帶煙過來？」女警略顯尷尬：「我馬上去取。」深更半夜的嚴冬時節，女警下樓取來兩包煙、即溶咖啡和煮雞蛋。

一個人關押在空曠的監舍，面臨著密集的審訊，觀察口端坐的警察，四面的監控和門外巡視的警犬，最初幾天的緊張刺激、新奇、恐懼都逐漸過去，孤獨寂寞和無助頻頻襲來。在完全封閉的環境中，信息完全被封閉，我像一塊放在了砧板上的肉，任憑這些屠夫們宰割，我的精神也處在即將崩潰的邊緣。

有一次提審，我不經意地瞄了一眼警察胸牌，在腦子裡迅速記下1126專案組，編號：79。我由此推斷出，這個專案組是11月26日成立的，專案組成員至少應該有七十九人。

送餐時餐盒的數量，越來越少了。

我獨自關押在四壁空曠的牢房，白牆無情地包圍著我。鐵門外一位虎視眈眈的警察坐在觀察口前，眼神如同狼一般狠厲，警察牽著兩隻兇惡的警犬，吐著血紅的舌頭，不時地在走廊中巡視。

孤獨、寂寞、無助充斥著整個監舍。我穿著拖鞋，踱步於寒冷的地板上，心情沉重。嘴裡哼唱著電視連續劇《人在旅途》的主題曲，歌聲

伴隨著歌詞：「從來不怨命運之錯，不怕旅途多坎坷。朝著夢中的地方去，錯了我也不悔過。人生本來苦惱已多，再多一次又如何⋯⋯」用歌聲給自己打氣。

我邊走邊唱，用餘光瞄著房間兩側的觀察口，看守有些懈怠，明顯感覺現在他們的注意力不在我這裡。我看到餐盒，由前段時間的八個減到四個。

後來，每到開飯的時候，視窗監視我的警察便會暫時關上觀察口。我走到武警觀察口面對的那面牆，我相信隔壁一定關押著我的同案，我用開胳膊在房間裡來回走著，走到那面牆我就拍一下，拍兩下、拍三下，像是在計數。一會兒，隔壁的監舍也傳出同樣頻率的敲牆聲。當下我確定了，隔壁一定還關押著我的同案。

2003年12月30日上午，我在瀋陽市安全局的沈水園看守所簽收了瀋陽市檢察院的逮捕證，罪名是「顛覆國家政權」；隨後被戴上黑頭套，押上了警車，在警笛的鳴叫聲中，在左右兩名警察的挾持下，車走了一個小時，我被轉押到瀋陽市公安局第一看守所。

從此，我的案子歸公安國保做預審，後續也是由他們出具了起訴意見書。

後來我慢慢知道，由於我的案子涉及到跟境外媒體與人權活動人士的來往，一開始是由瀋陽市國家安全局負責偵查的。這也是為什麼我在青島和成都的行蹤會被他們迅速掌握。直到我被關押於成都安全局看守所和瀋陽安全局看守所，負責審訊的都是安全局的警察。

國安11·26專案組對我刑訊逼供，將我的手腕反向吊起，造成永久性損傷，使我的手腕關節經常刺痛、僵硬，不能靈活施力，手裡拿著的東西經常會掉落在地上。肉體的損傷也導致了身心的疲憊。精神上和肉體上的傷痕，都讓我刻骨銘心。

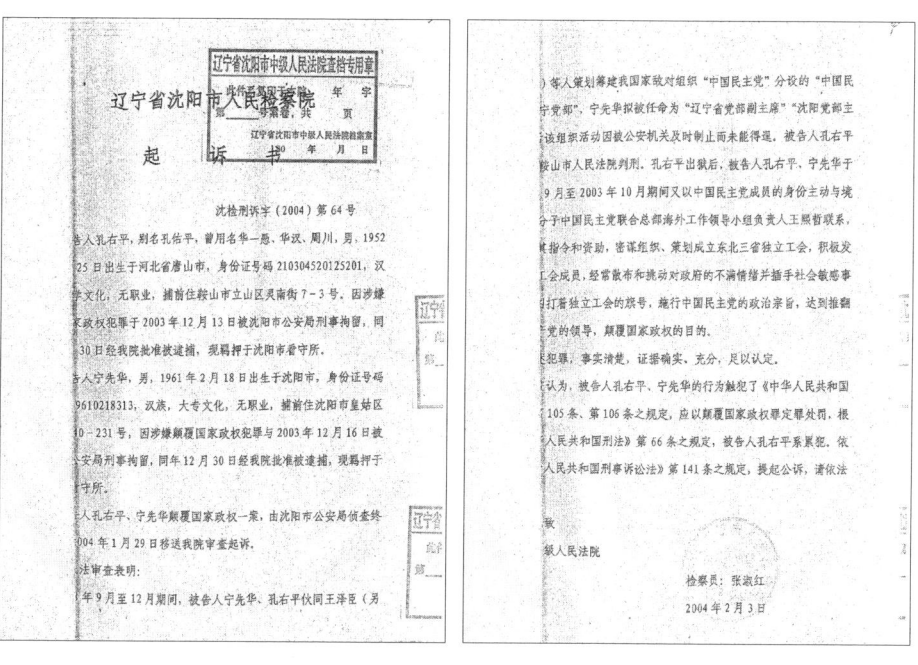

我收到的第一份起訴書

注釋

15. 蔦壞為北京俗語，即人前裝君子，背地裡不聲不響地使壞。
16. 抓鬮，也稱拈鬮，是抽籤的意思。
17. 噴氣式，亦稱「燕飛」或「坐土飛機」，是中國文化大革命時期盛行的一種批鬥刑罰。一般而言，受刑者身後站立兩個人將被受刑人的頭按下去，彎腰90度角，將其手臂往後揪起來，使其身體成為「噴氣式飛機」的樣子。

第六章 遭遇重判

經過瀋陽市國家安全局和瀋陽市公安局兩個單位的偵查,我收到過兩次起訴書,一審被判有期徒刑十二年,二審改判有期徒刑七年。我有三個同案,第二次起訴後,我的另外兩個同案,范振文和呂正濤被判處死刑,立即執行。

29・同案范振文

一

范振文是鞍山的朋友介紹我們認識的,剛見面的時候,他自稱樊勇,是中國民主黨黨員。他還說與一位在日本的民運朋友保持著聯繫,曾為鞍山地區被關押的中國民主黨骨幹成員提供過經濟方面的幫助。

2002年元旦,我和姜立軍等四人應邀到了海城他的家裡。他住在一個環境優雅的小區裡,家裡養了很多南方的綠色植物,一派生機盎然,令人耳目一新。他的太太很年輕,講一口河南話,熱情好客。他還有一個一歲多的女兒,活潑可愛,這是一個溫馨的中產之家。

我們在他家裡起草了一份2002年新年文告,寫了一篇悼念已故民運領袖王若望先生的文章。

「先華,你的字寫得好,抄一下吧,代表遼寧民運的形象。」他們提議。

我抄寫了一遍,然後通過傳真機傳送到美國,他把這兩份文檔放在抽屜裡,招呼著我們去飯館吃飯。我說:「小樊,你應該把文件處理一下。」他說:「你放心吧,我這裡絕對安全。」

他的話卻讓我隱約覺得有些不安⋯⋯

范振文後來把生意拓展到瀋陽，他在南十馬路附近設立了一個收散貨的點，每天接待南二市場批發商戶，我曾經在這裡免費幫他工作過一段時間。

　　生意興隆的時候，他租了一輛大貨車和一輛小貨車，雇了三、四名工人將麻袋裡的貨物擺放整齊，然後用苫布[18]覆蓋運回海城。由於他身邊的人都稱呼他小文，我也一直以為這是他的乳名，直到有一次我看到他名片上印的名字是樊勇，且他的朋友看到後表情怪異，欲言又止，這曾引起過我的一絲疑慮。

　　我們曾進行過兩、三次深入交談。他分享了當兵時的經歷，詳細講述了他與鞍山及海外民運人士的溝通方式。在廣州工作期間，他經由收聽國際電臺和閱讀刊物瞭解到遼寧成立了中國民主黨，也找到了一些海外發言人的聯繫方式；透過與海外建立聯繫，前往鞍山找到了組黨的朋友，並透過他們找到了我。他以中國民主黨黨員的身分與我聯繫，並且積極參與一些活動。

二

　　有一天晚上，我應邀隨著送貨的卡車到了海城，晚上住在他家裡。吃過晚飯以後，他太太帶孩子休息，我們倆在客廳裡聊天，他提出了一個武裝行動計畫。他聲稱他能從廣州跟河北一個叫「白溝」的市場買到槍支，甚至在中越邊境也能買到手榴彈和衝鋒槍等武器裝備。

　　儘管我們已經接觸了一個多月，我對他還不算十分瞭解。我只知道他曾經當過兵，工作認真勤奮，對朋友也很講義氣。但他缺乏嚴謹的安全意識與和國安、國保鬥爭的經驗，他的提議令人感到不安。

　　我認為，現在不是進行武裝鬥爭的時候。首先，遼寧民主黨內只有兩、三位曾經當過兵，受過軍事訓練，省內的其他朋友中也只有三、兩位是年輕，身體素質比較好的。且我們的人員分散，有各自的家庭和事

業要忙。第二、我們之間還缺乏深入的瞭解，我們既不是戰友，也不是同學，更不是多年的朋友。即使我們都裝備起來並接受了嚴格的軍事訓練，但考慮到我們的年齡和身體素質，可能還不如武警部隊裡一個班的戰鬥力。這種行動非常危險。

我認為如果我們沒有準備好承受十年以上刑期，甚至有必死的信念，就不應該考慮武裝鬥爭。此外，現在的國際形勢也不允許我們採取這樣激進的行動，現在在民運組織裡搞武裝只會給中共的嚴厲打擊提供依據，會被認為是在搞恐怖活動，這個計畫現在不可行……

三

其實，在九十年代初，瀋陽市民聲援團的糾察隊長陳貴文就曾經有過與范振文類似的想法。他說要成立別動隊，針對那些貪官和鎮壓過學生的人搞專項清除，以暴制暴。我問他怎麼組織，由誰誰負責？他竟說：「**我誰也不受誰的指揮，我自己負責！**」我警告他這麼做非常危險，但他根本不聽，最後我們不歡而散……

沒過多久，陳貴文和同夥入殺人搶劫，搞到了三、四十萬現金。據說陳貴文私自把錢全部轉移，引發他們作案團伙[19]之間的火拼，最後被打瞎了一隻眼睛、折了一條腿，自己趴鐵路貨運火車回到了瀋陽，住進瀋陽的醫科大學第二附屬醫院；他託了人給我打電話，說他的日子不多了，非常想見我，但我考慮再三，終究沒去見他。

至今我仍不知道陳貴文被捕後是如何面對審訊的。他後來被判處了死刑。執行後，瀋陽的大街小巷張貼了很多瀋陽中級人民法院執行死刑的佈告，在他的名字上打著大大的紅 X。

陳貴文是我參加八九民運後，所較為熟識的人之中被執行死刑的第一人。如果當時我支持他的計畫，鼓勵並積極參與他們的行動，為他提供幫助，或者在案發後前去醫院探望他，替他保管或分配那筆搶來的資

遭遇重判

金，後果會如何呢？不用說，我會成為同案，生命難保。

2003年12月12日至12月31日，我們被11·26專案組分別單獨關押在沈水園安全局的看守所審訊時，范振文咬緊牙關堅決否認與我的關係，沒有把我拖進他的案件中去。

在范振文與我的相識的過程中，曾有一個交叉點，一個可能改變他命運的節點。因為我，曾在他的生活中留下了足跡。而現在回首往事，我不能不這樣思考：如果不是因為他加入了中國民主黨，沒有與海外民運和遼寧民主黨、民運人士接觸，如果他沒有與我建立聯繫，也許他至今仍將活在平靜而溫馨的生活之中。他原來的案子已經過了七年，人人都知道不會再被追究了，若沒有政治因素介入，他應該就能免於牢獄之災，殺身之禍。

我清楚記得那一天，當我收到第二份起訴書時，看到上面竟然新增了范振文和呂正濤的故意殺人的罪名以及相關內容時，我才得知十年前，他和他的朋友呂正濤曾用槍打傷了一個欺負過他女朋友的人，然後匆匆離開了現場。後續傷者被送到當地公社的衛生院，經過短暫治療再轉移到稍大的醫院，但兩、三天後，仍不治身亡。這個人的直接死因雖是槍傷，但延誤治療或其他醫療事故的存在也是重要因素。我雖不清楚他是否已與受害家屬達成和解，但范振文的戰友和家人確實曾出錢出力擺平了案子，使兩人在1997年就已被取保候審，一年過後，按常理案件應已撤銷。然而，當他被查出與中國民主黨以及海外民運發生關係時，他的命運瞬間遭到逆轉。

2003年12月，瀋陽警方正在調查中國民主黨和東北三省獨立工會的案子，專案組意外發現了他和我之間的聯繫，以及我們一同發表的文章。為了打壓民運，他們強行把兩個本不相干的案子併案處理（其中一個案子是十年前的陳案，且已處理告一段落，更與政治毫無關係），通過公安報、法制報及其他相關媒體的大肆宣傳，將我們描述為故意殺人、顛覆國家政權的犯罪團伙。他們不僅將這些民運人士定性為敵對的

遭遇重判

政治組織，還將他們污名化為暴力殺人團伙，以此來抹黑中國民運的形象。遼寧的司法機關和中共最高當局，不惜妄殺兩條人命來栽贓中國民運，其用心是何等地陰險狠毒！

30・一審宣判獲刑十二年

2004 年 9 月 15 日，范振文、呂正濤、孔佑平、寧先華再次被押解到瀋陽市中級法院刑一庭，聽取宣判。

審判長關於我的「罪行」部分，字字句句，像炸彈一樣在我耳邊炸響。

郭某某向法庭證實： 1998 年 9 月 27 日，鞍山的王文江或王澤臣來電話通知，邀請郭某到鞍山開會，郭某用電話告訴寧先華。會議主持人是王澤臣，主要內容是要在遼寧成立中國民主黨遼寧黨部。會中擬定王澤臣出任中國民主黨遼寧黨部主席；劉世遵出任中國民主黨遼寧黨部副主席、大連黨部主席；寧先華出任中國民主黨遼寧黨部副主席及瀋陽黨部主席。

法庭出示的另一份關鍵證明文件是公安部、國家安全部的認定書，其中認定中國民主黨、中國民主黨全國聯合總部係中華人民共和國之敵對組織。

法庭最後宣判：

范振文犯顛覆國家政權罪和故意殺人罪，判處死刑，剝奪政治權利終身；

呂正濤犯故意殺人罪被判處死刑，剝奪政治權利終身；

孔佑平犯顛覆國家政權罪，且係累犯，應從重處罰，判處有期徒刑 15 年，剝奪政治權利 5 年；

寧先華犯顛覆國家政權罪，判處有期徒刑12年，剝奪政治權利2年。

這個判決讓我們十分驚愕、不服，判決實在太重了。我們幾個人都完全沒有預料到。

我不由得想起第一次開庭的日子，那是 2004 年 7 月，當時我被關押在看守所已一年半，期間接到了兩次起訴書，後來終於熬到了開庭。

我和呂正濤被安排坐在一輛車上，這是我和他第一次見面。他的臉色慘白，因長期羈押而導致營養不良，人有些木訥，不怎麼說話。按照看守所的規矩，被判處死刑的人犯在看守所裡要一直戴著手銬、腳鐐，直到被行刑。所以警察下班前會將他們腳鐐上的鐵環與鋪板上的鐵環給鎖在一起，直到早晨警察上班後才會開鎖，讓人洗漱、放茅（上廁所）。這個做法有個專有名詞，叫「定位」。

呂正濤被捕前已經結婚，家裡開了一個熟食攤。據說他和范振文七年前持槍殺了一個人。呂正濤埋怨范振文不應該將他撂出來，他說：「本來也是範四[20]開的槍，我只是出於哥們義氣陪他去了一趟。」

我完全不知道預審的時候他們是怎麼交代事發經過，怎麼做的筆錄。

當年的槍案發生後，1994 年 6 月 11 號兩人都被收容審查；11 月 9 日被批准逮捕；1997 年 1 月 15 日他們倆被取保候審。然而七年過去了，正當人人都以為案子已經了結，不料時隔七年之後，這件陳案又被翻了出來，而且跟我們的顛覆國家政權案併案審理。

范振文和孔佑平坐在另一輛警車上，我能看到坐在車前排位置上的法警們戴著頭盔，荷槍實彈，表情嚴肅。警車在引導車的帶領下一路鳴著警笛開到了瀋陽市中級人民法院的地下停車場。法警們跳下車，一隻手持著微型衝鋒槍，另一手拿著壓滿了黃橙柳丁彈的黑色彈夾，值班的警察走出值班室，衝我們的車喊：「張隊，今天怎麼這麼大陣勢？」一個法警面無表情回答簡練：「叛國罪！」

遭遇重判

我們四個人帶著手銬和沉重的腳鐐發出嘩啦嘩啦的聲響，依次走進了中法待審的臨時囚室，分別單獨關押。

上午九點，瀋陽中級人民法院刑一庭，庭審開始。我們四人站在被告席上，緊張不安。我下意識地四處張望，尋找著家人和朋友，馬上清楚地看到我哥哥姊姊們坐在聽眾席上，他們的表情緊張而擔憂。所有被告人的家屬們，均眼神焦急地注視著法庭上各自戴著鐐銬的親人。

主審法官高建國坐在審判席上，旁邊是代理審判員尹光石和李東，書記員在審判席前方左側緊張地準備著庭審記錄。

公訴席上，檢察官張淑紅代表瀋陽市檢察院出庭，她指控的罪名包括了故意殺人和顛覆國家政權罪。她指控：「范振文、呂正濤、孔佑平、寧先華與境外敵對組織和個人相勾結，犯有故意殺人、顛覆國家政權罪，證據確鑿，根據相關刑事法律法規。必須予以嚴懲。」

我當時雖然沒有多少法律知識，但仍然憑直覺感到，公訴人把兩個並不相干的案子強行合併在一起起訴，顯得多少有些色厲內荏。

審判長高建國是瀋陽中級法院刑一庭的庭長，是一個狠角色，有名的殺人判官，每年少則十幾、甚至幾十人經他的手被判處死刑。

當庭審進行到審查我的「罪行」時，他突然拿出一份證詞。

他宣讀：「證人李某某證實，2002年12月的一天。寧先華召集鞍山的孔佑平和我商量，對我們說：『現在已經到了非常時期，一旦中共倒臺，他們會首先向民運人士下手，因此我們不能坐以待斃，應購買刀具、手槍等防身武器，資金由我想辦法通過境外解決。』」

這份致命的證詞，放在現在起碼判無期徒刑，放在非常時期，很有可能腦袋都保不住；這讓我無言以對……沒想到曾經歷過軍事訓練、有堅強心理素質的「戰友」，在面對巨大審訊壓力的關鍵時刻，竟然將我

們私下的談話內容全盤托出，將我推向深淵，而使自己快速獲得解脫。王維有詩云：「白首相知猶按劍。」可當年的我哪裡有如此的防備心理？

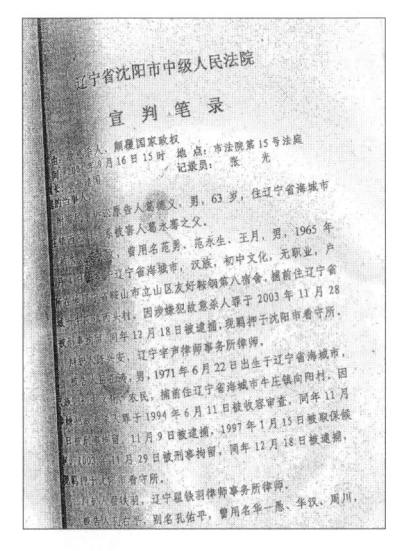

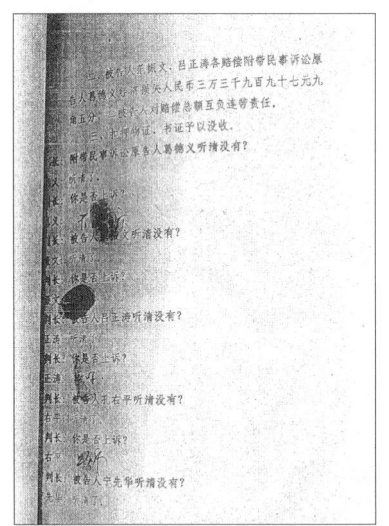

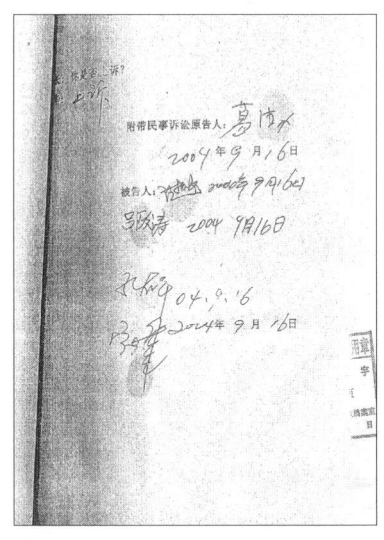

宣判筆錄：范振文、呂正濤在死刑判決書上的簽字和手印

遭遇重判

這份證詞將我顛覆國家政權的案子做實,既是公安部和安全部認定的敵對組織負責人,又有活動,還預謀實施暴力抗爭⋯⋯

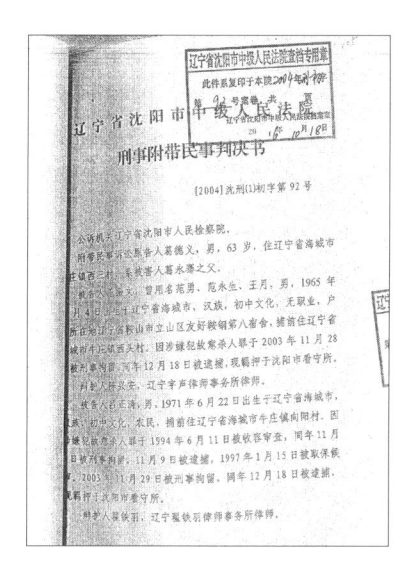

瀋陽中院一審判決書節錄

遭遇重判

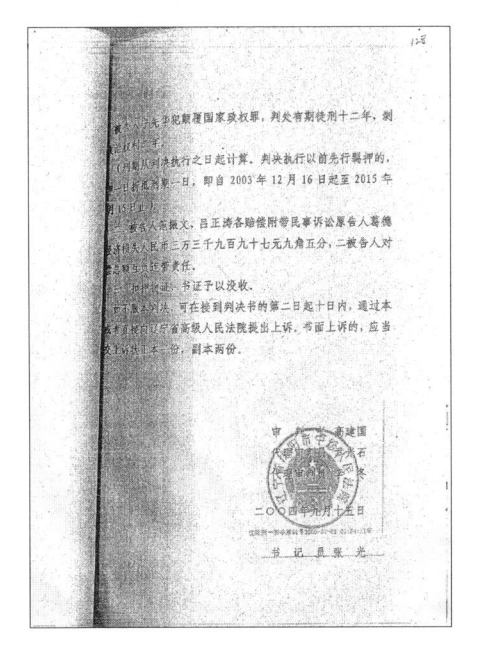

瀋陽中院一審判決書節錄

31・死刑犯的最後時刻

　　死刑犯或者涉及重大暴力犯罪的在押人員一進入看守所，便會被採取嚴格的安全措施。每個監舍的鋪板上都會均勻的安裝上定位環，大的監舍兩邊的鋪位一邊三個，共計六個；小的監舍也會有兩到四個，這些都是為死刑犯或者嚴重違反監規「吵監鬧獄」的在押人員準備的。他們會被戴上手銬和腳鐐，這些腳鐐的螺絲在擰緊後被放在鐵砧上用鐵錘使勁敲打，使螺栓嚴重變形，再也無法擰開。到執行死刑的時候，由看守所的雜役把鉚緊的腳鐐用鐵鏨子剔下來留給看守所，再為即將行刑的犯人綁上繩用束帶勒緊，之後戴上手銬和法院的腳鐐，驗明正身後直接帶走，以確保行刑時的安全性。

　　在押人員在監舍裡，我能經由走廊的鐐子聲和中崗雜役犯用鐵鏨子

剔腳鐐上螺栓的聲音來判斷，這一次將有幾個人被執行死刑。

死刑犯最難熬的是接到死刑判決後，回到看守所將24小時都戴手銬腳鐐，一天被鎖在鋪板上定位十幾個小時，直到被執行死刑。這段期間，每天晚上管教下班前得被上鎖定位在鋪板的鐵環上，直到早晨還得等警察上班把鑰匙遞進來，將腳鐐的定位解鎖才能洗漱放茅。

一審、二審被判處死刑後，每個等待北京最高法最後覆核的死刑犯，都在翹首企盼著奇蹟出現，更面臨了隨時可能被立即執行的結果。他們像一群待宰的羔羊，隨時準備上路，準備為過去的行為埋單。每當週五來臨，照例是中法刑庭執行死刑的日子，這個時刻對那些已決的死刑犯來說充滿了緊張和擔憂。過去看守所曾為這些行刑前的死囚準備肉包子，他們叫斷頭包，吃完了就會被送上路；後來不知道什麼原因就沒有了，趕上什麼吃什麼。瀋陽第一看守所的早餐一般都是大米粥臭鹹菜條。

每到週末，是決定他們是「走」還是「留」的時候，他們表情凝重，沉默不語，豎起耳朵靜靜地等待，焦急盼望著熬過這一段由人決定生死、是否向人世間匆匆告別的時刻，等到法院確認將這批被行刑的人犯帶走後，他們顯得如釋重負，才能開始說笑，恢復往日的神態，慶幸著又能多活一周。

直到2014年5月17日我再次被刑事拘留關押在這裡時，早餐才有了改變，每週一三五會給一個雞蛋，有時一周還會給一次豆漿。

32・看守所搬遷

2005年8月19日，瀋陽市公安局第一看守所進行了一次歷史性的大規模搬遷，從蘇家屯區的老所，搬到了于洪區造化鄉的新所。近一千名在押人員的搬遷動用了六十餘台押解車輛和一千七百餘名護衛警力。

這個看守所裡關押的都是等待判決和已經判決的重犯，還有少量交

通分局羈押的扒手。在老所，我關押在 12 號監舍，這裡關押了 12 名囚犯。儘管我的刑期有十二年，按照刑期長短排序，被判了十二年的我也只能排在第七位。

　　8 月 19 日凌晨 3 點，值班管教把我們從睡夢中叫醒，每人發了兩個煮雞蛋後，讓我們收拾好隨身攜帶的物品，換季的棉服被褥已提前一天集中收集，寫上名字和監舍號後運到了新看守所。凌晨 4 點，瀋陽市公安局所有參加搬遷的警力準時到達。4 時 30 分，看守所近一千名在押人員開始按照預案有序登車。看守所搬家時徵用了瀋陽客運集團的公交車，以原有監舍為單位，在押人員坐在公車中間的地板上，而四周的座位上，坐著警察和荷槍實彈的武警，一個半小時後，所有參與搬遷的車輛編隊出發，第一輛是鳴著警笛閃著警燈的引導車，第二輛是架著機槍坐滿了全副武裝武警的卡車……

　　沿途警察三步一崗，五步一哨，每個路口和立交橋[21]上都站有執勤的警察。7 時 30 分，押解車隊安全到達了瀋陽市看守所新址，並開始按順序安置。

　　上午 9 時許順利完成了全部的搬遷工作，我們從老看守所十二人的小監舍，變成了二十四人對面鋪位的大監舍。新監舍寬敞明亮，廁所也變成了半封閉透明的圍擋，上面安裝了兩個淋浴噴頭。中午搬入新所的第一頓飯是大米飯和圓蔥炒雞蛋。過去在老看守所，連過年過節都沒有這樣的伙食。所謂犯人們節日改善生活炒的菜，基本上就是水煮後勾芡，如果想吃上這個標準的炒菜，看守所叫小炒，起碼要 25 元一飯勺。

　　新看守所裡面在押人員可以買一些食品、生活用品，包括兩個六吋左右、有各種鮮豔顏色的小塑膠盆，一個白色軟軟的半透明小塑膠勺，便是每個在押人員的餐具；還有一隻鋸掉了手柄不足十公分長的牙刷頭。中午，會有承包了食堂的工人過來賣菜。逢年過節還能買到：一隻鴨子 70 元、一隻小燒雞 50 元，很多菜都以這種小塑膠盆計算，一般都是大半盆的量。油炸花生米 20 元、豬頭肉 50 元，番茄炒雞蛋、肉炒青

菜或豆製品一般都是 25 至 30 元一勺。我經常戲稱我們家屬存入的人民幣，在這裡消費都變成了美元。

瀋陽市看守所於 2005 年 6 月 28 日正式投入使用。這座新看守所位於於洪區造化鎮高力村，建築面積兩萬四千五百多平方米，內設辦公區、監管區、生活區、一站式服務大廳、會見提審室、特審室。此外，還配備了高科技設備，如監控、監聽、錄影、突發事件報警、受虐報警、門禁系統等。

33．堅持上訴，我被改判七年

2005 年 12 月 30 日星期五，是我被批捕轉押兩周年的日子。新年前的瀋陽市看守所儘管監舍是新的，但卻始終瀰漫著一股陰冷、潮濕、污濁、驚惶、令人壓抑的特殊氣氛。上午十點左右，二監區 20 房的鋪板上的四個角，定位著三個等待最高法核准的死刑犯。廣播裡所長對全體在押人員進行節前教育，宣達看守所新買了兩部熱播的電視劇《亮劍》和《漢武大帝》，及節日作息時間的具體安排、改善伙食等……

這個房間裡已經關押了二十四名在押人犯，三個人即將上路，二十一人因不同的刑事罪行等待著被投入監獄。

吃喝拉撒睡都在這一個二十多平米的空間裡，監舍內充滿著濁臭的氣味。囚犯們都穿著厚重的棉服，套著前面印有「瀋陽一看」，背後印有白色四位數編號暗紅色的馬甲號服，頭髮被剃得光光的，整齊劃一。我們剛吃完早飯，坐在硬梆梆的鋪板上，大家都面向著放風場，鐵門上結滿了一層厚厚的冰霜。背後的鐵門和監舍內水池上裝著鐵柵欄的窗戶外，是一條長長的走廊，另一側是通往中崗的通道。

監舍內的鋪位分成東西兩側，鋪位之間只有一米多的空隙，一側並排坐在三人，六人一排，每個人都身板挺直，盤著腿安靜地端坐在鋪板上，背對著監舍的鐵門和鐵柵欄窗戶。這個環境讓人感到窒息，時間在

遭遇重判

這裡彷彿凝結了一般。

　　我坐在最後一排，等待著未知的結果。我將一張報紙卷成一尺左右筆桿狀的長條，沾上水，在鋪板上練習著書法，一筆一筆地研究著字的結構，心情愈發凝重。

　　抬頭遠望窗外，一堵高高的圍牆像是天然的屏障，將我們與外部世界完全隔離。就在我沉浸於冥思，腦海上演著各種畫面時，突發的變故突然打斷了我的遐思。

　　我感到了身後的聲響，一轉頭，一位約三十歲的男士正站在我們的視窗前。儘管他穿著便服，仍帶著一種讓人不敢直視的官威。一位值班的看守如影隨形，站在他的身側。

　　男士的目光穿透了玻璃，直盯向我。當他喊出我的名字時，我心跳加速，彷彿被一隻無形的手給抓住。他短促地、語氣堅定地介紹了自己：「高法的。」聲音冷硬，沒有一句多餘的話。

　　他遞給我一張紙，上面有些文字和一個簽字處。他的眼神告訴我，這不是一份普通文件，它能左右或改變你的命運。我迅速地接過那張送達通知書，並在上面簽上名字，但心中卻有萬般疑惑。他又遞進來一份文件，一份遼寧省高級法院的刑事判決書。

　　監舍裡的一位河南獄友非常殷勤地接過這份文件，他看了一眼後，表情興奮地告訴我：「大哥，你中大獎了，改判了。」

　　對於那些在看守所度過了漫長時光的人來說，一看到高級法院的判決書標題，就能立即分辨出上訴的結果。我當時心中默默地為范振文和呂正濤高興，他們倆因傷害致死罪被判刑，現在看來上訴成功，命保住了。

　　可實際上改判的卻是——我的刑期被從十二年改為七年，孔佑平從

遭遇重判

十五年改為十年，但他倆的死刑判決卻維持不變。

　　省高級法院對我和孔佑平的改判理由是，我們的量刑應該在三年到十年這個區間裁量，而一審卻判在十年到十五年這個區間，顯然過重了。我們量刑過重的上訴理由成立，於是才有了改判的結果。

了组织机构，制定了"纲领、纪律，以理性对理性，以暴力对暴力"的指导思想。确定了"巩固原有工运基地，……充分调动各方面各级力量形成事业作用。此向外辐射，扩展到东北三省乃至形成全国性的广泛的全国工人运动，最终达到在中国大陆推翻专制统治的目的"的工作重点。之后，二被告人称《设想》发给王希哲。被告人孔右平根据王希哲对《设想3的修改意见，将《纪想3修改为《关于筹建东北三省独立工会组织纲领3和《筹建东北三省独立工会组织纲要3，先后发给王希哲。被告人孔右平希望王希哲的资助，积极发展"独立工会"成员，煽动和鼓动对政府的不满情绪并掺手社会敏感事件，企图打着"独立工会"的旗号。进行"中国民主党"的政治宗旨，达到推翻中国共产党的领导，颠覆国家政权的目的。

恩市法院按公开开展审理，对本案涉案记据进行了庭审质证。其根据各被告人的具体犯罪事实、性质、情节及对社会的危害程度。依照《中华人民共和国刑法》第十二条一款、第一百零五条、第一百零六条、第二十五条一款、第二十六条一、四款、第三十六条一款、第六十四条一款、第六十六条、第六十九条、第七十四条。1979年《中华人民共和国刑法》第一百三十二条、第五十三条一款及《中华人民共和国法通则》第一百一十九条之规定。认定被告人葛振义犯故意杀人事罪，判处死刑，剥夺政治权利终身；犯颠覆国家政权罪，判处有期徒刑十年，剥夺政治

利二年，决定执行死刑，剥夺政治权利终身。被告人吕正涛犯故意杀人罪，判处死刑，剥夺政治权利终身。被告人孔右平犯颠覆国家政权罪，判处有期徒刑十五年，剥夺政治权利五年。被告人宁龙华犯颠覆国家政权罪，判处有期徒刑十二年，剥夺政治权利二年，被告人葛振义、吕正涛各赔偿附带民事诉讼原告人葛德义经济损失人民币三万三千九百八十九元九角五分，二被告人对赔偿总数互负连带责任。

上诉人范振义的上诉理由是：应认定为故意伤害罪，对该杀人罪量刑过重。

其辩护人亦出庭出庭提出辩护意见。

上诉人吕正涛的上诉理由是：应认定为故意伤害罪，是从犯，请求从轻判决。

其辩护人亦出庭提出辩护意见。

上诉人宁先华的上诉理由是量刑过重。

上诉人孔右平的上诉理由是其行为不构成犯罪。

经审理查明，原判认定上诉人范振义、吕正涛、孔右平、宁先华的上述犯罪事实清楚，下列证据予以证明：

证明第（一）起事实的证据：

1. 证人王雄证实，1991年其与葛永蓉处过对象，后怀孕。证人王立萍对此情节予以证实。

2. 证人葛千鹏证实，1994年3月21日晚，在葛永蓉家厂房

外两个人持枪殴打葛永蓉，后跑掉。证人葛德义、刘万库亦证实此情节。

3. 证人王德生证实，1994年的一天下午，其听到两声枪响，见葛永蓉脸上受伤，坐在地上。证人朱华亦证实此情节。

4. 证人陈秋菊证实，1994年3月份的一天下午葛永蓉来枪打后，其看见二个月的住处地。其中一个穿军绿色军大衣，手里拿一把枪。另外一个穿衣服半截大衣，里面拿了一把刀。

5. 证人刘万库证实，1994年一天早晨呐，其听到两声枪响，看见葛永蓉在地上。跪上住坏痕迹。其看见有两个用的倒退着往起边快速走，一个瘸子、一个矮子。矮子手里拿了一把一尺多长的枪。

6. 证人葛德义证实，其儿子葛永蓉被打伤后在华正医院对其说，是西关村"范四"（指范振义）和另外一个人打的。"范四"妻子在结婚姻登葛永蓉撰过对象。

7. 辨认现场记录证明上诉人吕正涛、范振义到案后，对枪击葛永蓉的地点进行了辨认。

8. 公安机关签定书证明被害人葛永蓉的死亡原因。

9. 上诉人范振义、吕正涛对上述犯罪事实予以供述，并能够得到其他证据的印证。

证明第（二）起事实的证据：

1. 证人桓树森证实，1998年12月，宁先华讲鞍山王泽臣等

人想建"中国民主党辽宁党部"，让宁担任中国民主党辽宁党部副主席、沈阳党部主席。由他负责沈阳党部的东工和宣传。证人崔费对此情节亦予以证实。

2. 证人慕和证证实，1998年9月，其与宁先华到鞍山刘建平律师事务所参加会议。主要内容是在辽宁成立"中国民主党"的初步设想。年底拟定了"中国民主党辽宁党部"组织机构及人员分工。由王泽臣出任"中国民主党党党主席"，刘世骅出任"中国民主党辽宁党部副主席"，大连党部主席"、宁先华出任"中国民主党辽宁党部副主席、沈阳党部主席"。

3. 证人吴同国证实，1998年冬季前后，孔右平说其是民主党成员，为人低调。10月的一天，孔右平通知他其在沙河湘家附近一小房分会。孔右平宣布成立辽宁党部成立会。由其主管，并让大家周报名签字。孔说其是鞍山民主党部总联络人。

4. 证人霍震宇（王泽臣妻子）证实，1999年范振文来电话说"听说老王（指王泽臣）遭监禁了，我想们帮帮他"，二人在2000年见面。后范振文称其说共550元人民币，说是日本的王季学个人捐款。其英其其海外的"民运"国内的联系方法。其把王泽的海外的"民运"国内的通讯方法交给了范振义。

5. 证人王文江证实，1998年9月份，其组建"民主党"时，有一套称性质的人跟其进行联系。谁谈中说到了"民运"的事情。

6. 证人李仲良证实，2003年5月的一天晚上，孔右平对其

遭遇重判

遼寧高院二審判決書

34・同案被執行死刑

2006年3月下旬，一個週五的早上七點，瀋陽市看守所。大家整理完被褥，洗漱完畢，面對面坐成兩排，等待著早餐。

走廊裡傳來嘩啦嘩啦的腳鐐聲。

「抬人了！」在飯口等著打飯的犯人小聲對監舍裡的人說。

在看守所，執行死刑通常被稱為「抬人」。監舍裡往往選兩個乾乾淨淨比較機靈的年輕犯人為監舍裡的人打飯，他們會根據腳鐐聲音來猜測有多少人被帶到中崗。

可以聽到從中崗傳出的哐哐哐的聲音，那是在鐵砧上剮腳鐐上砸得變形的螺栓的聲音。「今天抬了兩個。」打飯的低聲說。

突然，監舍的寧靜被打破了，在廣播裡傳來刺耳的警報聲，警察發出異常嚴厲的命令。「抱頭！」喇叭裡繼續響著急促的緊急警報聲，會出現這種警報通常是發生了緊急情況，例如有犯人試圖逃跑、發生暴動，或者越獄事件。我隱隱約約地聽到中崗有人大聲呼喊著什麼：「中國……萬歲！」、「打倒……」在一片嘈雜聲中隱約可聞。一會兒，警報解除，一切歸於平靜。

上午九點半，監舍裡的在押人員正在安靜地坐板，管教一上班打開了號門，便叫我出去。在管教室，他遞給我一支煙，我點燃後深吸了兩口，心中仍在糾結今天到底發生了什麼事情。管教笑著對我說：「老寧啊，你終於熬出頭了。」

我疑惑地問：「什麼情況？」

他回答：「今天范振文、呂正濤抬了……你準備好下一批到大北入監監獄投監……」

經過兩年四個月的看守所羈押，我的兩個同案今天被執行了死刑。

事後，有人告訴我，范振文高呼著「中國民主黨萬歲！打倒共產黨！」的口號，挺胸抬頭毅然走向了刑場。

當天早晨，瀋陽的天空，狂風呼嘯，樹幹搖動，枝條揮舞，黃沙蔽日。捲起地上的塑膠、紙片、垃圾、塵土，漫天飛揚，這種極端反常的天氣，多年少見，整個看守所籠罩在一種末日來臨的灰暗朦朧之中，似乎是在為那兩個逝去的冤魂哭泣……

註釋

18. 苫布，即防水布。
19. 團伙，中國大陸用語，指犯罪集團。
20. 「範四」為中國東北的稱謂，意即在家排行老四。
21. 立交橋，全稱為「立體交叉橋（Highway Interchange 或 Flyover）」，是建在道路上立體交叉的橋樑，可同時使不同方向的車輛同時通行。

遭遇重判

第七章 錦州南山監獄

35・錦州監獄再遇劉曉波

2010 年 5 月 26 日，離我釋放還有半年左右的時間。特管隊突然把與我們相鄰的進出必經之地——原本關押楊斌的監區騰空，將楊斌轉到了門廳裡面我們的監區。這時特管隊的犯人們紛紛私下開始議論，外面的監舍騰出來是要關一個北京轉監來的「大象」（形容關押的重量級人物），很有可能是 X 美電器的老闆黃 XX。

5 月 26 號下午，特管隊的窗外停著兩輛白色中巴警車，一輛掛著警用牌照，另一輛掛著武警牌照。這時我正在寬兩米、左右長十幾米的走廊裡來回踱步遛彎[22]，特管隊門廳裡的一個犯人剛好要出去，間隔的鐵門一下子打開了。

我藉機往外看，看見一個穿著圓領 T 恤、勞改服褲子、瘦瘦的人，旁邊圍著幾個警察，幾名服刑人員正在幫他往監舍裡搬東西。從他的穿著看來，他是名政治犯。

錦州南山監獄對服刑人員的要求是必須著裝整齊、佩戴胸牌，除了胸牌上的姓名、所在監區編號有所區別外，還有顏色區分；我記得新來到是紅色，刑期過半後逐漸改變顏色，變成綠色、藍色、黃色之類的。

但在特管隊服刑的政治犯可以不戴胸牌。對普通犯人的要求，他們的便裝包括老頭衫、襯褲，都要用油漆寫上大大的「囚」字，還要寫上「錦監」的字樣，但因為我們政治犯反對這種侮辱性的作法，所以獄方對我們也沒有強迫要求。平時，除了囚服以外的便服是不允許進入監區的，尤其是外衣外褲，這些措施都是為了預防服刑人員喬裝打扮後逃跑，因此我們平時在監舍裡穿的是家裡送來的 T 恤與兩邊褲線處帶著白灰相間格子的勞改服褲子，最多再加上灰色的勞改服外套。

然而監獄派來監管我們的刑事犯罪服刑人員，則是一身勞改服加胸牌。監獄中的大哥級別，會在監獄外找服裝店以相同顏色的毛料製作出筆挺的勞改服，以顯示自己的身分。因此，從特管隊日常的著裝上還是可以區分出誰是政治犯，誰是負責貼身監管政治犯的刑事犯罪服刑人員。

放風的時候，監管我的犯人偷偷告訴我：「大哥，來的這個人叫劉曉波。」我的腦子裡瞬間回到了八九六四期間的天安門廣場，6月2號廣場四君子——劉曉波、周舵、高欣、侯德健在紀念碑漢白玉欄杆高處，大聲演講、呼號、唱歌，我們在下面如醉如癡地傾聽鼓掌吶喊。

2010年6月4號，是劉曉波來到錦州監獄後的第一次放風。他在我窗外的院裡，在劃定的放風區域內跑步。一名獄警帶著四位刑事犯罪的服刑人員，在旁邊兒抽煙聊天，實際上是在看著他。我刻意站在窗前，避開警察的視線，等他跑近窗口時，對他伸出右手食指和中指打了一個V字形的手勢。我想這樣一定會引起他的注意。

劉曉波看到我在窗內打這個手勢，愣了一下，低頭折返跑。一會兒，他看似不經意地又跑了回來，我再次向他打出V字型手勢，向他傳遞一個明確的信息。這是八九六四期間，北京天安門廣場上學生與聲援的市民間彼此鼓勵經常打出的手勢，它已經深入人心。

錦州監獄普通服刑人員的伙食標準，是每個月115元。而特管隊在監獄裡吃的是病號飯的標準，每個月125元，有一個獨立的炊事班。開飯的時候由一個犯人推著小車，上面有兩個飯桶為各監舍分送餐食。曉波來了以後，我發現每次給我們送飯時車上都掛著兩個速食盒。我估計是曉波自己訂的，或者是監獄專門提供的。

我們的放風時間和曉波是錯開的，當犯人走累了休息的時候，幾個人會圍在一起抽煙。有幾次我看見曉波會拿出白色的簡裝石林煙與周圍的人分享。監管曉波的帶班犯人姓孟，是錦州當地人，從監管我們的人

當中抽調出去的，我們關在一起四年了，彼此很熟悉。

因此有天放風時，我給他拿了兩包煙。我說：「小孟，曉波是我的好朋友，如果你有機會就幫我照顧他一下。」監獄裡面沒有現金，正常人際交往，流通的就是煙，服刑人員之間辦什麼事情全是用煙來處理。小孟說：「大哥，我能要你的煙嗎？你放心，能照顧他，我一定會照顧他，你知道除了監控以外，犯人之間還相互監督，我不敢太過。裡面的監舍是有電磁爐的，可以自己做飯。他剛來，在外面廳裡，什麼也沒有，無法給他弄啊！」

其實，這個是過去土匪們慣用的方法，要逼你開口。剛進監獄的時候先不給任何條件，逼著你主動提出要求，隨後他們以逐級審批為藉口，慢慢給你一點點施捨，讓你感恩戴德。小孟告訴我：「大哥，沒有電磁爐，也不讓自己做飯，我們只能在晚上睡覺之前偷著用繃子[23]（鋸條中間隔著木條，用繩子勒緊，通上電燒熱水）煮麵條兒，我每次都給他帶一點。」

監獄管理最重要的一條就是——不能私開小灶兒。服刑人員必須是政府給什麼，你吃什麼。然而服刑人員仍然會用各種方法，利用各種條件，想方設法地來偷偷改善自己的伙食。把掛麵[24]放在暖瓶裡接上熱水浸泡一會兒，用鐵絲圍成的小勾兒，把掛麵打散。隨後再加上熱水浸泡約半小時左右，撈出來冷水投涼，拌上醬料。

另外還有一種大米粥雞蛋，做法是晚上睡覺前把大米清洗乾淨放到暖瓶裡，沖上滾開的熱水，再把一個生雞蛋當瓶塞放在暖瓶口，第二天早晨起來，大米粥好了，雞蛋也熟了。

聽曾經在凌源監獄服過刑的犯人講，他們服刑經常加班加點，犯人們每天只睡四、五個小時。監獄為了獎勵這些工作表現比較好，超額完成工作量的人員，會每隔一段時間給他們每人發一包掛麵和兩板「撲熱息痛[25]」作為獎勵，累得挺不住了就吃鎮痛藥。

我們政治犯和監管我們的犯人之間，有一層很微妙的關係。犯人如果和我們之間的關係處理不好，就會受到我們的排擠，他便得不到任何有價值的信息。同時，我們可以經由各種理由和警察抗議，畢竟監管規定犯人不能管犯人，「你們把這個人安排在我身邊，是來監視我還是來管我的？」我曾經向警察提出過：「這個人在我身邊我受不了！要不他走，要不我走。」最後警察只好把這個犯人調走。

如果監管我們的犯人和我們走得太遠，他們就沒法打探瞭解我們身上的相關情報，沒法完成警察交付的任務；若是走得太近，又有被我們同化之嫌，警察那邊也不放心。所以說這些監管犯人，每天也矛盾地生活在夾縫當中。

10月11日下午放風的時候，一個監管我的犯人小聲跟我說：「大哥，我和你說個事，不要說是我說的，劉曉波得諾貝爾和平獎了。」我問他：「你是怎麼知道的？」

我們在說話的時候，基本上都控制著嘴型，避著監控和周圍的人，我們看似若無其事，一邊散步，一邊用很簡短的聲音交流。

「大哥，是車間犯人藏的短波收音機收到的資訊，偷著告訴我的，說你們特管隊的劉曉波獲得了諾貝爾和平獎。」

我說：「你確定？」

他說：「確定！」

劉曉波獲諾貝爾和平獎以後，監獄方面又開始了重新調整。把我們對面小院裡的老殘隊騰空，把我、楊斌、鄭貽春臨時安排到原來老殘隊的監舍裡。一個監舍有三、四十平米，空空蕩蕩，能擺下五十張上下鋪的鐵床，但每個監舍裡，卻只關四個人。我和三個監管我們的刑事犯罪服刑人員，他們倆也是一樣。

錦州監獄特管隊完成了一次整體改造。把一樓的幾個房間改造成專門關押劉曉波的監舍。特管隊搬到親屬會見室東側一樓的四、五個房間（監獄根據犯人表現，可以允許犯人的妻子每月過來會見一次，並且可以和服刑人員一起短時間單獨共處，類似於賓館的標準間。監獄中俗稱為「炮房」。）

每個監室裡都有衛生間，有 24 小時的熱水。他們在監舍後窗處開了一個門，監舍之間砌上高牆隔開，變成每套監舍都有自己獨立的放風場。2010 年 12 月 15 日我被釋放的時候，隔壁牆已經砌築完成，放風場的地面也已經鋪設好了方磚。這也是後來傳說劉曉波、楊斌在錦州監獄可以自己種菜……這情況看來屬實，是可行的。

特管隊有規定，關押在一起的政治犯不允許進房串門子。有事情，比如說我去找姜立軍，或者他找我，都是站在對方的門口，或者把人叫出到水房、飯廳一起坐著聊。重要的事情都是在放風場聊，但這個時候旁邊一定會跟上至少兩個人。我們會設法與他們保持一、兩米的距離，迅速把事情說完。

我在特管隊與劉曉波沒有單獨在一起的機會。但我們關押在特管隊相鄰的兩個區域，是鄰居。有時候我有事情需要找警察，監管的犯人們會提前出去跟警察打招呼。當他們把我帶去辦公室的時候，如果警察正在找曉波談話，就會先把他送回來，然後再把我送過去。有四、五次我們曾面對面的擦肩而過，我總會跟他打招呼：「曉波，你好，多保重啊！」可能是他還沒完全適應錦州監獄裡的情況，很謹慎，不太愛積極地和我對話。

在我釋放倒計時一百天開始後，我開始鍛煉身體。堅持每天面向窗口原地跑步，做俯臥撐，恢復體力。後來我聽說原來看管劉曉波的服刑人員全部撤走了，都換成了警察。他們把原先關押我們政治犯的地方進行整體改造，變成一個大型玻璃房。曉波被關在裡面，周圍 24 小時有警察監視。

錦州南山監獄

監管場所吃的基本上都是儲存時間長、轉運過程中又遭雨淋發黴的陳化糧，剛蒸好的大米飯有一股臭腳丫子味兒，蒸出來的玉米麵發糕，呈淡淡的黃綠色，有股黴味。

他們做的菜，有的時候是蘿蔔湯，有的時候是白菜湯，正常應該切成小塊兒，有時候他們懶得切，拳頭大小的整塊兒就來了。我有幾次打完飯後直接開門去找警察，把飯往警察面前一放。我說：「我在這裡服刑不假。但是，我希望你們能用正常的方式對待我們。我現在懷疑，能把菜做成這樣的人，有嚴重的心理疾患。這絕對不是廚技問題，是心理問題。」

警察看到以後，假裝氣憤地說：「我剛剛跟他們說完，怎麼還這樣呢？」我說：「我在這裡服刑並不代表我認罪，也並不代表我有罪。我一直在向最高檢和胡錦濤總書記寫申訴信。現在一直石沉大海，杳無音訊。我有理由懷疑你們錦州監獄扣留了我的信件，我要求見你們的監獄長投訴。現在這種服刑環境不能夠保證我正常的營養需要和正常的服完刑期，你們這種做法是對我的迫害。如果你們不改正，我會在見家屬的時候，找律師，找新聞媒體，將我在錦州監獄的處遇向媒體公布。」在我們不斷地據理力爭下，特管隊的生活才稍有起色。

但過了一段兒時間，又會恢復原樣。吃著淡綠色發黴味的玉米麵發糕，喝著這種大大小小蘿蔔塊或者白菜片湯，我總在心裡默默數著剩餘的刑期……

錦州監獄甚至還隱瞞我的病情，有一次我因為長期頭暈，到錦州市內醫院做核磁共振後，院方不告訴我結果，過不多久又換了一家做了第二次檢查，我當時心生疑慮，一定是我的頭部出了問題。錦州監獄聯繫了地方上比較好的醫院，要帶我出去看病，獄政處主管特管隊的劉治國把我叫到警察辦公室，拿出一份他們事先寫好的申請獄外看病的申請書，讓我簽字。內容大約是：尊敬的監獄領導，我是特管隊犯人寧先華，因為什麼情況要到地方醫院檢查確診，最後是年月日、申請人、罪犯後

錦州南山監獄

面的空白處，讓我簽字；被我拒絕。

我明確告訴他，第一我沒有認罪，你們認為我是罪犯，我不承認自己是罪犯！我現在處在申訴等待結果的階段。第二、中國政府在 2004 年已經將中國尊重和保障人權寫入了憲法，我們在這裡現在屬於服刑人員。你不要用罪犯這種詞彙對待我！我拿起筆，劃掉了「罪犯」兩個字，寫上了「服刑人員寧先華」，這一舉動把劉治國氣得臉都白了。他怒道：「做一次核磁共振要六、七百元，錦州監獄的醫療費用有限，不可能給你一個人支付出這麼多的費用，這筆錢要你自己出。」

我告訴他：「很簡單的道理，我是無罪的，是你們把我關在這裡，你們把我放了，我就自己支付這筆費用。」

出獄後，我因持續性頭暈去醫院檢查，這才發現自己的腦中的腫瘤已經把我的腦下垂體壓成了 U 字型，錦州監獄一直對我隱瞞病情，讓我不明不白地承受著病痛。如果沒有省高院的改判，我服刑十二年後能不能活著出來，都很難預料。

因此對於劉曉波為什麼在 24 小時看管的監獄裡得了肝癌，「發現」時已是晚期這件事，我就不奇怪了。

36・刑滿出獄

我以前的幾次被關押，都不知道什麼時候會被釋放，只有這一次知道結果，先是十二年後改判七年。七年的刑期是 2555 天，投監到錦州南山監獄以後，我的刑期還有四年半左右的時間，每到放風的時候，走累了大家都在放風區域裡鋪著紅磚的地面上，開始計算餘下來的刑期。我從最初的查年熬到了到查月，終於熬到了查天[26]，一百天起算之後，刑滿釋放的時間越來越近。我提前三個月開始進行體能訓練，每天兩次站在窗口原地跑半小時，四組俯臥撐，每組五十個，我的一舉一動都被匯報給了警察。一天警察把我叫到辦公室，囑咐我以現在的身體狀況，

錦州南山監獄

不應該做太劇烈的體能鍛鍊。

2010年12月14日下午,戴警官把我叫到辦公室。「明天就回家了,今天我帶你出去洗個澡兒。」

在看守所的兩年半時間,洗熱水澡的次數屈指可數,而且每次都是匆匆忙忙,到錦州監獄才進入正常的服刑階段。我們監舍裡的廁所有五個蹲位,前三個裡面放著大塑膠桶。監管我們的刑事犯罪服刑人員,每天用大號電熱棒或者用鋸條隔著筷子綁在一起,通上電燒熱水洗澡。

搬到新看守所以後,逢年過節看守所會統一安排時間段內集中供熱水。每個監舍衛生間裡都有兩個淋浴噴頭,集中供熱水的時間很短,輪到每個人也就只有幾分鐘的時間。大家提前安排好順序,兩個人一組,衝進去基本上就是淋上水,打上肥皂,再沖掉泡沫,每個人不到五分鐘。如此一晃眼七年了,我還是第一次獄中正式的浴池洗澡。

兩名警察一前一後,帶我到臨近生產監區的一個浴池。警官推開門,站在門口,虎著臉看著泡在熱水池裡的五、六個洗澡的人,這些人見到獄政處的大科員都神情緊張,急忙從水池裡跳出來,到更衣櫃手忙腳亂地穿上衣服,其中還有一個是穿制服的警察。

在池子的旁邊,筆直站立著一位四十歲左右,身穿囚服光頭精幹的服刑人員,眼睛平視前方一動也不動。警官看了他一眼,問他:

「你是幹什麼的?」

報告隊長:「我是看浴池的。」

警官一擺手告訴他:「你也出去,15分鐘以後回來給他搓澡。」

我脫光衣服跳進熱水池,舒舒服服地泡在熱水之中。七年了,第一次有機會好好地泡個熱水澡,同時還有警察指派的免費搓背服務。

錦州南山監獄

2010 年 12 月 15 日，我在錦州南山監獄特管隊裡服完了七年的刑期，刑滿釋放。

2010 年 12 月 14 日 23 點 40 分

出獄前二十分鐘，兩名警官將我帶到辦公室，他們從鐵櫃中取出了我女兒精心準備的衣物——毛褲、毛衣、西褲、皮鞋，還有一件帶毛領的夾克。對於長期穿著勞改服的我來說，這些衣物是溫暖的親情，自由的呼喚。

戴警官問我：「寧先華，休息得怎麼樣？」

我說：「睡不著，一直很興奮。」

這時，他們拿出了帳本和收據。

「你存在這裡帳上的錢還有 1625.25 元，現在我把現金交給你，」他遞給我一個信封，「你點一點。」

我接過信封打開，從中抽出一疊錢，心情激動。我有七年多沒有觸碰到現金了。警官的問候聽起來很是平常，但對我來說卻有著特殊的意義。長期的監禁使我習慣了被限制的生活，此刻的興奮是我久違的情感釋放。當我接過那信封，數著裡面的現金時，那觸感和聲響喚醒了我對自由生活的所有記憶和感覺。現金，這曾是生活中如此平常的東西，在被剝奪自由七年後變得如此陌生。

我脫掉了陪伴自己七年的勞改服，換上便裝，內心五味雜陳。對即將到來的與親人的重逢，我無數次幻想過，重獲自由時的那一刻，會見到誰呢？我的女兒？姊姊？我的朋友？還是……

另一方面，我心中還有一些擔憂，在看守所和監獄裡聽到過種種傳聞，辦案單位會絞盡腦汁利用法律程序折騰獲釋人員，甚至有人才剛走出監獄大門，等候的卻是另一個辦案單位的警察，重新戴上手銬，宣布

錦州南山監獄

因另一案由刑事拘留，重新投入看守所。然後是另一個漫長的司法程序；逮捕、起訴、判刑、投監，沒完沒了。

由於多次聽說過這樣的故事，我擔心這是否會在自己身上重演。好在什麼事也沒有發生。我走出了監獄，在皎潔的月光下，一輛七人座旅行車駛在錦州通往瀋陽的高速公路上。車裡除了司機，還坐著我的女兒、二姊，還有兩名警察。其中的王警官是我認識的老國保，而另一位，是我從未見過的面孔，中年人，不大說話。

王警官與我相對無言，但那個生面孔突然打破了靜默，輕聲問：「大哥，你在裡面過得怎樣？」

我淡淡地回答：「在錦州監獄的這四年半，我將刑期當作學期，過得很充實。」

他笑了笑，點點頭，說：「看得出，你的狀態確實不錯。」

王警官接話說：「老寧，其實我們曾經幾次去錦州監獄探望你，但你並不知道。」

車裡的空氣似乎稍稍沉重了一些，我轉頭與女兒、二姊交談，想要轉移話題，打破這令人窒息的氣氛。我問女兒：「爺爺奶奶好嗎？」

我目光轉向二姊，看到她略顯警覺地搶過話題：「他們都挺好的。」並且用手偷偷暗示女兒，但我從她們躲閃的眼神中，感受到隱隱不安。

凌晨四點，車子緩緩地駛入我家對面開放式社區院內的黃河派出所。我被引領至二樓一間大辦公室。與我同車的四十多歲警官正襟危坐、表情嚴肅的坐在我對面，同時我身旁還站著兩名警官。他們正式向我介紹：「這位是市局國保支隊的汪處長。」

隨後，汪處長神態嚴肅、口氣冷硬地向我宣讀：「寧先華，你因為顛覆國家政權罪被判處有期徒刑七年，今天刑滿釋放。但是，你還

錦州南山監獄

有兩年的附加刑，在你剝奪政治權利期間，有一些相關規定，你必須遵守……如果你要離開瀋陽市區，要向警察請假，這期間你不能參與政治活動，不能發表政治言論。」

我也收斂了出獄時的輕鬆，聲明：「所有你們對我提出的要求，必須在法律允許的框架內，如果你們超出了這個界限，對我提出任何不當要求：第一、我有權利向媒體公開。第二、我有權利跟我的朋友們講，既然允許你們做，就要敢允許我說。如果我違反了剝權期的相關規定，不論你說罰款200元或者行政拘留十五天，我都可以承受。七年我都待了，十五天算什麼？罰款200塊錢不就是吃一頓飯的錢嗎？我做事要看值不值得。」

在凝重的氣氛中，例行公事的對話結束，我和女兒、二姊終於走出了派出所……

註釋

22. 溜彎，中國北方方言用語，意思是散步。
23. 所謂的繃子，在這指的是燒水的工具。在公安監管場所，在押人員為了溝通交流安全，有一些約定俗成的暗語，就像土匪之間的黑話。比如望風叫「打眼」，藏違禁品叫「窯」；執行死刑叫「抬人」。在錦州監獄這種自製的燒水工具，犯人間叫「繃子」。在瀋陽看守所監舍內嚴格禁煙，在押人員把點煙的火種也叫「繃子」。比如兩個相鄰監舍的對話：「有窯沒？」（有煙嗎？）「有繃子嗎？」（有點煙的火種嗎？）。
24. 掛麵，即日韓慣稱的素麵，台灣人稱麵線。
25. 撲熱息痛為一種止痛藥，英文名為Paracetamol，成分為乙醯胺酚，台灣常見的成藥為普拿疼。
26. 查年查月查天，意指度日如年，倒計時數日子，計算釋放的時間。

錦州南山監獄

第八章 重點人口

37・永失我父

　　2010 年 12 月 15 日的清晨，天空剛濛濛亮，我又踏進了那扇熟悉而久違的家門。這一回，我已經離開家鄉七年之久。門剛開啟，我就看到了那熟悉的身影——我的母親。歲月在她臉上留下了刻痕，那張曾經為我擔憂、為我哭泣、為我歡笑的臉，已經顯得分外蒼老。

　　她用顫抖而熱切的雙手，緊緊地抓住了我，那眼中流露出的情感，既有驚喜又帶著些許傷感，拽著我的手：「兒子，你餓不餓？」

　　我們娘倆牽著手走進房間。「你想吃點兒什麼嗎？」

　　我說：「媽，我不餓。」她那眼眸裡閃爍的淚花，彷彿想訴說這些年的相思之苦。

　　我四處張望，家的每一個角落都充滿了回憶，但我並沒有看到那個熟悉的身影——我的父親。母親和姊姊都避開了我的目光，我內心深處湧起了一種不祥的預感，難道父親不在了？

　　我們坐下聊天，但話題都淺嘗輒止，生怕觸碰到不能提及的傷痛。母親看著我疲憊的臉，勸我休息。我點點頭回到自己的房間，躺在那熟悉又陌生的床上。腦海裡不斷閃現出父親的影子，我的眼角濕潤了，淚滴滑過，打濕了枕頭。

　　醒來時，陽光已經穿透窗簾，照在了我的臉上。我聞到了熟悉的味道——媽媽親手做的手擀麵。我們邊吃早餐邊聊天，早飯後姊姊把我叫到裡面的一個房間，她深深地吸了口氣，眼眶紅紅地告訴我：「爸爸在 2009 年 3 月 20 號就走了。」

我頭一暈就癱坐在沙發上。姊姊又說:「以前這個房間一直掛著爸爸的遺像和供品。媽媽怕你看到後傷心,在你回來之前,把爸爸的遺像和爸爸過去使用過的東西都收了起來……」

作為爸爸媽媽最疼愛的老兒子,我虧欠他們的太多了,他們把全部的愛和希望都寄託在我這個老兒子身上,而我,卻一直讓他們操心、惦記、心疼!在父親臨終前我沒在他身邊。後來,姊姊講爸爸最後一直不閉上眼睛。媽媽說:「你放心走吧,你老兒子挺好的,他回來後我們都會管他,你放心走吧……」

聞言我彷彿遭到重擊,眼前一片模糊。想起父親那熟悉的笑容,那熟悉的背影,我再也不能陪伴他左右了……。我渾身顫抖,淚如雨下。每一滴眼淚中,都包含了我對父親的無盡思念和對家人的愧疚。每當想起父親臨終時的情景,我就更加恍惚,我的心沉浸在深深的自責和愧疚中。

在清點我的私人物品時,才發現錦州監獄以欺騙的手段扣押了我的七本日記、十餘本學習筆記,還有我的字帖毛筆、書法作品等。

38・來自朋友們的問候

中午,電話鈴聲響起,聲音來自美國東海岸的羅德島,聲音中氣十足,充滿熱情:「先華,你好!我是徐文立。這些年你受苦了……」

2018年8月19日羅德島布朗大學
我從徐文立主席手中接過頒發給我的中國民主黨優秀黨員獎牌

在電話中我們彼此問候，互相鼓勵，這是我回家後接到的第一個電話。

姊姊遞給我一疊信和明信片，是這些年世界各地的朋友們發來的慰問。每一封信，每一張明信片，都讓我感受到濃濃的情誼和溫暖。儘管在關押期間有時感覺孤獨，但看到這些信的同時卻讓我心裡感到陣陣激動：這個世界沒有拋棄我，朋友們沒有忘記我……

從下午到傍晚，電話鈴幾次響起，問候和祝福從全球各地傳來，其中一個廣東話的聲音特別清晰：「寧先生，你好嗎？我是香港支聯會的陳X強，這些年你受了很多苦，我們向深深你致敬！希望你有機會來香港，需要什麼，請隨時打電話聯繫我。」

寒冬時節，窗外雪花飛舞，但我的心裡卻是溫暖如春。我和媽媽在客廳聊天，姊姊在廚房忙碌地做飯；突然，門鈴響了。女兒走去開門，兩張陌生的面孔出現在門外。

「你們找誰？」女兒疑惑地問。

那高瘦的男子踏前一步，「請問，這裡是寧先華先生家嗎？」

「是呀，你們是？」

客人激動之情溢於言表，走進來握住我的手，聲音微微顫抖：「寧先生，我一直在關注中國民主黨這個偉大的組織，尋找瀋陽那些參與八九六四歷史事件的英雄們。今天，我終於有幸見到您，我叫崔少華。我今天有點激動……」

他的話語中充滿了激情和真誠，流淌著對歷史和正義的熱忱。一同來的劉先生也表達了對我的崇敬和敬仰。我們的交談彷彿是心靈的對話，一時間就像回到了那段激情澎湃的歲月。

不久後，兩位客人站起身，崔少華的聲音充滿了感慨：「今天可能

重點人口

有些冒昧，打擾了您的休息。但我們一定會再來拜訪的，再深入聊聊。」在告別之際，他們遞給我一份紅包，崔少華說：「希望您不要嫌少，這是我們倆的一點心意，希望您可以用來買一些過年需要的物品。」他們倆匆匆忙忙的離開了，留下一段情感的印記。

之後的日子裡，我每天都陪伴在母親身邊，害怕再失去什麼……

39・歸來時一片陌生

第二天上午，在暴雪、寒潮、大風降溫等極端天氣頻發的嚴寒季節，冷風呼嘯，吹得人渾身發顫。我穿著厚厚的棉服，帶著釋放票，踏上前往皇姑區公安分局辦理身分證的路程。

街道上的行人幾乎都裹緊了厚重的棉帽、圍巾和冬裝，臉上罩著口罩，抵擋著寒風的侵襲。彷彿整個城市都凍結在時間的凝固點上。

我發現這熟悉又陌生的城市已經發生了巨大的變化。過去熙熙攘攘滿大街騎著自行車的人流，在七年間竟然被各種小汽車替代。寒風中，我注視著這個新奇的城市，一切都變得陌生而又充滿新意。

在這寒冷的季節裡，曾經匆匆走過的行人如今戴著各式各樣花花綠綠的口罩，不再只是單調的白色。這一變化讓我感到既新鮮又好奇，彷彿整個城市都穿越了時光隧道，展現出獨特的時尚風采。瀋陽的冬天，不再是數九寒天的寒冷，更是一個充滿變化和活力的時光隧道。

辦完手續後，時間已是下午，饑餓襲來。我回到家裡已經下午一點多鐘。

「兒子，你吃飯了嗎？」

「沒呢！媽媽，有什麼吃的？」

媽媽說：「你怎麼不在外面吃點東西呢？喜歡什麼就在外邊吃點唄！」

重點人口

那是因為，多年的囚禁、束縛已使我對物質世界感到陌生，對於花錢買東西已經不太熟悉，我還沒有完全適應。

自從我重獲自由回到這個熟悉又陌生的家，有很長的一段時間，我不會離開家走得太遠，也會不自覺地避免離開母親太久。就像一隻剛剛出籠的小鳥，雖然翅膀已經恢復了自由，但內心深處的依戀，卻令我徘徊不前。我喜歡在屋外散步，仰望天空中自由飄浮的雲朵，深呼吸那讓人心曠神怡的空氣，感受冷風輕輕地拂過臉頰。

母親與我在 2014 年動遷前合影

這種無拘無束、隨心所欲、自由自在的感覺真好。然而，無論我走到哪裡，還是走不出以家為中心二、三公里的範圍，我總會在下午一、兩點時回家，回到那個溫馨的港灣，和媽媽聊聊天……因為我知道，一隻新出籠的小鳥，牠需要充分的時間才能再次去體驗和品味家的溫暖。

我想起剛獲釋的那一日，省公安廳的領導曾說要請我們一家共進晚餐。那是一個週六，我們來到了瀋陽北陵大街上的一個比較高檔的餐廳——福義火鍋。與我們同席的，還有瀋陽市公安局國保支隊的代表。

席間，省公安廳的領導主要講了幾個重點：

第一、寧先華是瀋陽市反革命罪改為顛覆國家政權罪後第一個、也是判得最重的。

重點人口

第二、不管怎麼樣，這段歷史已經過去了，我們希望你回歸社會以後，好好安排自己的生活，有什麼困難，省、市、區的有關部門都會幫忙解決。

　　第三、家屬們要多勸勸他，多替我們看護他，讓他儘快地融入社會，少做一些給自己帶來麻煩的事……。

　　吃完飯，夜幕降臨，我牽起老娘的手，沿著北陵大街步行回家，沉浸在這難以置信的情境中。

　　「真是太有意思了，哪有警察會請勞改犯和家屬吃飯的？」老娘邊說邊笑，彷彿一切的苦難都已成為過去，而前方，是無盡的希望。

　　不久後，崔少華再次來訪，我們暢談了一番。發現我們是同年出生、同年當兵服役，儘管我們的軍旅經歷有所不同。他曾在蚌埠坦克學院進修後成為教官，還擔任過坦克連和汽車連的連長；而我則是在團部、師部電影組、電影隊裡擔任放映員，並在後來以戰士身分復員；雖然我們不是在一個部隊裡的戰友，但共同的話題很多。

　　崔少華建議駕車帶我遊覽一下附近的景觀，我們深入探討了八九六四事件以及中國的民主運動。第二天，我受邀前往他位於東陵炮校附近的家中，他的太太親自為我們做了午餐。飯後，我們開車去了棋盤山附近的景點，走馬觀花，找到了一個僻靜處，我們倆把手機和背包放在車裡，向前走了二、三十米，我們將談話方向轉向了中國民主黨。崔少華在這方面透過媒體有了一些瞭解，並表示長期以來一直希望能找到這個組織，沒想到竟然在瀋陽存在。他還透露了想要加入的意願。

　　然而，那時我剛剛脫離高牆，還在適應新的社會環境和複雜的人際關係。我周圍的朋友已經有三人被執行了死刑。當初，在中院法庭審判時的那份關鍵證詞，讓我險些牢底坐穿，甚至丟了性命。我可不能再中招了……

重點人口

對於崔少華的出現和他急切想加入民運組織的申請，我沒有做出任何承諾或表示，我還需要更深入地瞭解他。

重點人口

第九章 無處安放的愛

40・獄中偷打電話給女友

我在監獄的時候,最放心不下的是我的女友。

經過兩年四個月看守所的關押,2006年4月下旬,我的兩個同案范振文和呂正濤被執行死刑,我則被轉押到瀋陽于洪區造化鄉的瀋陽大北入監監獄。這裡的環境比看守所相對寬鬆,但強迫勞動異常嚴酷。每天,犯人們從清晨5點半開始勞作,直至深夜11、12點。收工後全體犯人回到監舍的大廳裡列隊等候,如果有人未能完成當天的生產任務或有違紀行為,將被迫在走廊裡脫光上衣,只穿短褲撅起屁股排成一列,面臨警察和大雜役用電棍和木棒嚴厲懲罰。每天,慘烈的嚎叫聲、責罵聲,電警棍閃著強光發出刺耳聲的劈劈啪啪聲,電棍灼傷皮膚後像燒豬毛的焦煳味以及犯人們的慘叫聲迴盪耳邊;這種殺雞儆猴的恐怖場景,讓在場列隊觀看的犯人們不寒而慄,心驚膽顫。

在監舍的走廊裡,原本設有四部可供犯人在休息時間,與家人通話的磁卡電話。然而,自我被收監以來,這些電話被膠帶封閉,所有監舍收到通告,宣佈即日起禁止使用親情電話。詢問原因,警察私下解釋,這一措施是由於新收了兩名「反革命」囚犯,根據上級的特別要求實施的。

我所在的二監區孫監區長,白白淨淨,有些消瘦的刀條臉上戴著一副近視眼鏡,一臉奸詐模樣,很像電影《渡江偵察記》中的情報處長。

有一次,他用很鄙視的口吻對我說:「寧先華,我最討厭鬧學潮時的兩亂分子,你們把中國全搞亂了⋯⋯」他的這番話讓我十分憤怒,我忍不住瞪著他。

過了一段時間，不知他出於什麼目的，特意囑咐和我關押在一個監舍的大雜役轉告我，出去以後別亂寫，別把入監隊的事情說出去。我心裡暗笑，這傢伙心虛了。

　　其實這麼多年我遇見過很多態度惡劣的警察，有的對我橫眉冷對、諷刺謾罵、大聲咆哮、死亡威脅；有的拿著電警棍等各類刑具恐嚇我、給我上刑，將我放在鐵椅子的高背橫樑上反向吊起。可這些人都沒有像他這樣赤裸裸地挑釁，這樣傷害我的尊嚴，讓我記憶猶新，怒髮衝冠。

　　犯人們的任務是為外貿公司加工出口商品，如手工藝品蝴蝶、墓地用的鐵鍊和耶誕節的花環等。

　　一天，一個姓李的警察走進車間，衝著忙碌的犯人們大聲說：「聽說有個新來的不幹活，誰呀？」

　　我站起身來說：「我！」

　　「聽說你還不認罪？」

　　「我沒有罪認什麼罪。」

　　「我操，你還挺橫，你等著！」他氣哼哼地轉身走了。

　　在場的犯人們都在等待著看一場好戲。

　　一會兒，他又來到了車間，似乎瞭解了我的情況，語氣變得平和了點。

　　「寧先華，來到這裡都要勞動改造，你得力所能及的幹點什麼。」

　　「不行，我力所不能及，我身體有病，幹不了這種活。」

　　「那你就和他們一起打掃衛生吧！」

　　由於已經有犯人負責打掃衛生，所以我每天早晨五點半出工後，要

麼躲在一個鋪著紙板的「硬臥」，要麼躲在倉庫裡的架子上，鋪著棉門簾的「軟臥」裡睡覺。躺累了，就拿著掃把，假模假式地在車間裡蹓躂一圈。

儘管生活環境惡劣，但工廠的技術人員對犯人們相對友善。在警察不注意時，有時犯人們甚至能從他們那裡借到電話與家人通話。

一天，我向一位工人師傅請求幫忙，希望能借用電話聯繫家人。她很痛快地答應了。我躲在一堆紙箱後，迫不及待地撥打了與我失聯超過兩年的女友林曉楓的號碼。然而，接電話的卻是一個男聲，我手忙腳亂地掛斷。我又給哥哥打電話，告訴他我現在的位置，哥哥答應儘快過來看望我。

沒過多久，哥哥和姊姊來到接見室，帶給我一些食物、香腸和藥品。隔著接見室的玻璃隔斷（隔間），在一位警察監聽下，我們拿起了電話。我被捕兩年半第一次可以與家人談話。哥哥隔著玻璃向我展示了家人的照片。當我看到父母蒼老的面容，眼淚不由自主地流了下來。

41・再見時，愛情已經凋零

回家後去給爸爸掃墓。從爸爸的墓地回來，感覺心裡好像有了一些解脫。每天都會繞著家的周圍四處走走，老娘勸我：「兒子，你要往遠一點兒走，在外邊找一些你愛吃的東西，別老記得回家吃飯……」

我想了想，好！那去瀋陽最熱鬧的地方——中街。我在黃河大街站坐上了215路公車，來到了中街，看著街上熙熙攘攘的人羣，看著琳琅滿目的店鋪招牌，我有些發暈，七年多的囚禁生活在監獄中的監獄——「特管隊」度過，我感覺自己一直被密封在一個罐頭盒裡。釋放以後，最初還能艱難適應，一到人多的地方就頭昏眼花，暈頭轉向。走進中街像劉姥姥進大觀園一樣眼睛不夠用，四處探看。

走著走著有些口渴，想買瓶礦泉水，心想恐怕要花一、兩塊錢吧？

花錢對我來說太久遠了，摸了摸口袋裡的錢包，買杯牛奶喝怎麼樣？腦海中迅速想起曾經在肯德基裡喝過那種很純很純的牛奶，和一般在外面買的牛奶不一樣，去買一杯醇厚的牛奶吧！

走進肯德基店，暖黃的燈光，輕柔的背景音樂，讓人放鬆、愜意。我向一個穿著紅馬甲的女服務生說：「你好！請來一杯牛奶。」服務生微笑問：「你還要別的嗎？」

「不，一杯牛奶就好。」

我端著牛奶，找了個座位坐下，店內的燈光與店外的霓虹燈遙相輝映，讓人心情寧靜。我喝了一口牛奶，突然覺得不對，「服務員！」我向旁邊的服務員招了招手。

「先生，什麼事可以幫你？」

「你把你們經理叫來。」

服務生一臉不解問：「怎麼了，先生？」

我堅定地說：「我要見你們的經理。」

不久，一位三十歲左右、穿著深藍色西服、胸前掛著「經理」標牌的女士走了過來，她禮貌地問：「先生，有什麼可以幫助您？」

我說：「我要了一杯牛奶，怎麼是甜的？」

經理說：「先生，我們家的牛奶就是甜的。」

「不對！我以前喝的牛奶是很純的，不是甜的。」

「不是的，先生，我們家的牛奶一直都是甜的。」經理堅持道。

我說：「我再說一遍，我以前喝的牛奶不是甜的。」

無處安放的愛

看著我這麼執拗。經理稍稍遲疑了一下眉頭一皺：「請問先生，您是什麼時候喝的牛奶不是甜的？」

這句話一下把我點醒，讓我回到了現實。我是七年前喝的牛奶，不是甜的。已經七年過去，牛奶怎麼可能還是原來的味道？

我尷尬地連忙說：「對不起，我記錯了，是我記錯了。我血糖偏高，不能喝甜的。」

經理微笑道：「沒關係的，先生。我給您再來一杯水吧。」說著，她親自為我遞上了一杯溫水。我深深喝了一口，心中五味雜陳，匆匆離去，心有些許落寞。時光流逝，一切都在改變，連記憶都需要修正。

有時我的大腦還停駐在七年前的某個畫面。說來難以置信，自由之後的第一個月，我竟然「不知羞恥」地踏入了女衛生間四次！在囚禁的七年裡，我可從未見過標有「男」或「女」的門牌。對，就像魚不知道自己生活在水中，我居然「順其自然」地認為所有的衛生間都是男士的。每次踏進去，都像是回家一樣的順其自然；只不過我連續四次誤入歧途後，幸好，我的長相還算老實，加上我那不加修飾的真摯道歉，連續四次都得到了女士們的原諒。

我像個躲在深山七年，剛剛來到人世間，不食人間煙火的「野人」，走進商場超市，就發現自己像是陷入了迷宮。幸好沒有喪失語言功能，請問、請問、請問，像十萬個為什麼似的不停地詢問，後來我學會了讀取指示標牌，漸漸地，我又找回了在現代社會的「導航」能力。

有一次坐地鐵，竟然條件反射地將雙手都伸進了扶手的圓環裡，上面吊著軟軟的帶子，讀者們感興趣都可以去試一試，它就像一副手銬，自己無法解脫。我只好求救旁邊的人，「你好！我被困住了，請您幫個忙，幫我扶一下這個扶手。」當圓環被固定以後，手才可以一隻一隻地解放。

無處安放的愛

回家後，二姊告訴我：「曉楓在你進去以後，她找到我一直哭，說要等你回來。」我勸她：「別傻了，妳可別等他，妳快 28 歲了，等他 12 年，你 40 歲，妳這一生就毀了……」

她一直在哭，愛情的花朵固然經不起歲月的風雨，這樣的等待對於年近二十八歲的姑娘來說是一個艱難的選擇，這一生可能會因此受到嚴重影響。

大約過了一周，我決定去曉楓工作的地點找她。航天研究院位於皇姑區塔灣附近。

林曉楓的家族背景十分顯赫，她爸爸在法院工作，她的爺爺曾是北方一個大城市的副市長，後被調到北京。林曉楓出生在青島，她體態婀娜、膚色白皙，容貌秀麗。性格陽光單純，一雙大眼睛顧盼生姿，洋溢著青春氣息，迸發著無限活力，是一個家庭優渥、前途無量的美麗姑娘。

我們第一次相識是在一個朋友家裡聚餐，朋友在省政府工作，是瀋陽音樂學院的畢業生。「六四」期間，曾參加過瀋陽各高校自發組織的遊行活動。當時，「六四」是大家經常討論的話題。

我們一邊品著紅酒，一邊聊天，談話自然而然地轉到「六四」事件。在座的另兩位女生對這段歷史充滿了興趣，聊得非常投入，我在一旁喝著酒笑著認真傾聽。我朋友從廚房走過來轉向她們問：「你們知道他是誰嗎？」接著，她介紹了我的經歷，特別是六四期間在瀋陽和北京天安門廣場的經歷。林曉楓就是其中一位女生。

當時我剛被釋放不久，已經離婚；而林曉楓還沒有男朋友。我和她相識後，共同分享了對音樂、書法、烹飪的喜愛，經常一起去購買字帖和文房四寶，也常常一同參觀書畫展覽；一起散步，一起看電影……我們相互欣賞，感情逐漸昇華，最終確立了戀愛關係。

陷入愛情的姑娘不知道政治的兇險，她表示，如果我遇到麻煩，她

可以將我藏在她爺爺在北京 X 園的家中，或者幫我藏身於某個宿舍裡，她還天真地對我說，她將會保護我。

夜半無人私語時，她向我表白：「等你穩定下來，我們就結婚，永遠不再分開！」她要為我生一個像我一樣陽光、開朗、睿智，像她一樣漂亮可愛的孩子⋯⋯

我也沉浸在愛情的喜悅之中，將我的 QQ 暱稱改為「華楓」，這是由我的名字最後一個字和她名字的最後一個字組成的。當時的我哪裡知道，這個暱稱之後會被我親自劃掉？

我尋找林曉楓所在的研究院時，為七年的變化所震驚。原先老式的四、五層紅磚房，已被現代化的靚麗高樓所取代。我沿途詢問，終於找到了她所在的研究院。我問了一位女士：「請問林曉楓在這裡嗎？」她指引我前行並告訴我林曉楓在前面的樓裡辦公。

走入大樓，我再次詢問：「請問林曉楓在這裡嗎？」

一位四十歲左右的女士上下審視了我一眼，轉過頭呼喊：「曉楓，有人找你。」

「誰呀？誰找我？」一位穿著紅色羊絨衫、頭髮燙捲的女士從一間辦公室裡走了出來。

當她看到我時，臉上露出驚訝的神態，似乎在看一個不該出現的人！她開口第一句話是：「你怎麼回來了？」

「怎麼？我不該回來？」

「不是，我是說十二年沒這麼快吧？」

「不是十二年，二審改判了七年。」我說。心裡隱隱感覺，她對我的情況似乎並不上心，連我改判的事都不知道。

無處安放的愛

她顯出一些緊張神情，說：「我結婚了，剛生了個小孩兒。」

氣氛有些尷尬，我掩飾著內心的苦澀，說：「我路過這兒，過來看看你。祝賀你結婚且有了下一代。」

又閒聊了幾句，她無法掩飾內心的不安。情侶已成陌路，山盟海誓早化為一縷青煙，再聊下去有什麼意思？我起身告辭，頭也不回地走出了研究院大樓。

那天晚上，我把我的QQ名字中的「華」字換成了「劃」，「楓」字改為了「風」。在我的QQ留言上，我寫下「休怨春夢無痕，莫信海誓山盟。」

第二天，她打來電話，哽咽著說：「先華，對不起，你忘了我吧……」

我說：「我們不必互相折磨了，你現在有了自己的家庭，我祝福你，以後不必再聯繫了……」

無限傷感的腦海裡閃現出一首淒美的英文詩：

If I should meet thee
After long years,
How should I greet thee?
With silence and tears.
若我再見到你，
事隔經年，
我該如何賀你？
以沉默，以眼淚。

無處安放的愛

42・子欲養而親不待

2009年農曆3月14日，是我老爸七十九歲的生日。在錦州監獄特管隊，雖然我不常記起他的生日，但那天早晨起床，心中莫名有些不安，問我的同監舍瀋陽老鄉：「老孫，瀋陽應該是在那個方向？」他指了東南方向。我讓一個年輕的獄友放了一個坐墊在地上。我跪下來，向著家的方向磕了三個頭。

父親七十年代在大連老虎灘留影

在特管隊，我們每一個動作都在攝像頭的監控之下，而與我們同舍的三名在押刑事犯，他們的任務就是24小時監控我的一舉一動，包括吃了什麼、說了什麼、做了什麼，以及情緒和食慾如何。他們都要詳細記錄，這些記錄也是他們減刑考核的標準。

我這一不尋常的行為，很快被上報，引起了管教的注意。臨近中午，監舍的鐵門開啟，值班的服刑人員告訴我：「寧先華，隊長叫你去辦公室。」

無處安放的愛

聽到警察要找我，我穿上囚服，跟隨他去了辦公室。隊長問我：「寧先華，你最近怎麼樣？身體狀況如何？」

我表達了近期的擔憂：「隊長，我有一種不祥的預感，是不是我爸出了什麼問題？是不是他已經不在了……」

隊長敷衍我說：「沒事的，別胡思亂想了，如果出這麼大的事情能不告訴你嗎？你還有一年多的刑期，就可以回家了，好好待著吧！」

位於嚴管隊樓下的特管隊。從這裡我能清楚地看到警察背著攝像機從辦公室走出，前往接見室。通常，這表示特管隊的某位政治犯家屬來探視。當時特管隊內關押有中國的前首富楊斌、政論作家鄭貽春和我。根據接見的時間和頻率，我判斷這次應該是我的家屬來了。

上一次，我女兒來看我的情景還記憶猶新，我被關押的情況一直被家裡隱瞞，在她幼小的心靈中經常會問：「我爸爸在那裡？為什麼他不來見我？」詢問中經常被伯伯和姑姑們各種搪塞。她經常看著這些長輩們，唱著當時的一個《咪咪流浪記》中的歌曲：

落雨不怕，落雪也不怕，
就算寒冷大風雪落下，
能夠見到他，可以日日見到他面，
如何大風雪也不怕，
我要我要找我爸爸，
去到哪裡也要找我爸爸。
我的好爸爸沒找到，
若你見到他就勸他回家，
我要我要找我爸爸，
去到哪裡也要找我爸爸。
我的好爸爸沒找到，
若你見到他就勸他回家。

無處安放的愛

她童真的歌聲唱得大家眼圈濕潤，心碎不已⋯⋯。

在她十八歲後，她終於知曉我因政治問題被關押在錦州南山監獄，就立即來監獄看我，終於找到了朝思暮想的爸爸，她緊緊擁抱著我失聲痛哭，五年未見，小女孩已經長大了⋯⋯

這次是誰來呢？這時，警察走了進來，通知我：「寧先華，家屬接見。」我一邊走一邊問：「隊長，我家誰來了？」

「你的兩個姊姊。」

我隨警察來到接見室。推門一看，來的是我的大姊和二姊。大姊累得滿臉通紅有些抱怨地說：「華呀，你看，姊姊六十多歲了，為了給你帶些東西，都不捨得坐計程車。你看姊姊的肩膀，都被勒出了血痕⋯⋯」

接見時，警察會先將攝像機調整好，對準我的座位。家屬坐在靠門的位置，而我則坐在內側，與家屬和警察之間隔著一張桌子。只有在攝像機調整好並開啟後，我才能開始與家屬交談。

大姊和二姊坐在對面，隔著桌子與我交流。大姊詢問：「華，你最近身體怎麼樣？」

她們告訴我已經帶來了我需要的東西，包括宣紙、墨汁、毛筆，還有一些食品。

二姊講了一段在接見室等待的時候，一位來看兒子的母親問我姊姊：「為什麼你們可以帶這麼多的東西呀？我們什麼都不讓帶，你們來看誰呀？」

「來看我弟弟。」

「他犯什麼事了？」

「他是政治犯。」

「我兒子也是政治犯，他被判剝奪政治權利終身。」

……

其實這位大娘的兒子應該是被判死刑緩期二年執行或無期徒刑在錦州監獄服刑的重犯，她根本不明白政治犯的定義。

我問：「爸爸的八十大壽辦得怎麼樣？」二姊急忙回答說：「辦得挺好，親戚們都來了，擺了七、八桌，很熱鬧。」但我感覺到二姊回答時神態遊移，目光躲閃；我偷偷瞄了一眼大姊，發現她眉頭微微皺起。當時，我並沒有多想，以為是她們太累了，或者生日宴上有什麼不愉快的事情；我得儘量往好的方向想……

出獄回家後，二姊告訴我：「華，那次接見時，你問起爸爸的生日宴，其實，爸爸已經去世了。你知道你問我這句話，我們心裡多麼難受嗎？媽媽和我們商量了很久，覺得你還有一年多才能回家，你和爸這麼多年沒有見到了，感情又這麼深，如果現在告訴你這個不幸的消息，這一年多你怎麼過呀！不想讓你這段時間心情受到太多的影響，所以和媽商量決定暫時不告訴你。」

到家後的第四天，我和老娘、二姊、女兒還有表弟一同先去森林墓園爺爺、奶奶的墓地掃墓，為他們清掃墳墓上的積雪，清除掉一棵倒伏在墳頭上的松樹，清理了周圍的通道，擺上了供品，燒冥幣、金元寶和紙錢……然後我們又一同驅車十幾公里，去東陵區祝家鎮龍泉墓園，去看望父親。

龍泉古園墓地，位於瀋陽的東南角十公里的東陵區祝家鎮。它依傍龍泉水，溪流常在，湖塘棋布，峒湖、嵐塘、岳池，遍地湖光山色，肅穆莊嚴，清新俊秀，山水之間，松林之中，安息著各家的親人。龍泉古園背靠著七嶺八脈，正如園名「龍泉」二字，有種龍興福地、泉聚旺澤的氛圍。

無處安放的愛

我們一家人來到了這片靜謐的土地，祭拜已故的父親。

爸爸的墓地在怡靜園，位於龍泉山莊的一個半山坡上，一片蒼松翠柏下。當時選這塊墓地時，我的家人選中了這片松樹下邊的位置，老爸的墓地向上走兩百米處，就是我姥姥和姥爺的墓地。

我們來到了爸爸的墳墓前，用帶來的毛巾和礦泉水擦拭著墓碑，清理著積雪和周圍的落葉雜草。擺上了供品，白酒、啤酒和爸爸喜歡吃的餃子、饅頭、紅燒肉，還有點心和水果、擺上了兩雙筷子，我問媽媽：「為什麼要擺兩雙筷子？」老娘說：「來了朋友就可以一起吃，這樣你爸爸就不會寂寞。」

母親細微的舉動讓我百感交集。

點上了香煙，我跪在地上給爸爸磕頭。磕了三個頭後長跪不起，被表弟們架著胳膊攙扶起身，我忍著強大的悲痛，極力地控制著。祭拜結束後，我們拾起了散落的物品，一同走向山下，那種壓抑已久的悲痛，終於決堤而出，我的身體開始抽搐，接著淚水不由自主地湧出，我實在控制不住情緒，放聲大哭……

我的表弟過來勸我，安慰我。老娘說：「別管他！讓他哭吧，哭出來會好受一些。」

我知道，媽媽的這句話是出於對我深深的理解和疼愛，在這個與父親最近的地方，讓我盡情表達對爸爸深深的思念、愧疚與哀痛。

1989 年春節前後，父母親和我侄子、女兒在在我家中的合影

無處安放的愛

第十章 光榮歲月

43・來自國保的威脅

　　2011年春節即將到來之際,我接到瀋陽市公安局國保支隊的通知,前往市局接受問話。

　　瀋陽市公安局坐落在中山廣場轉盤的東北角,那裡矗立著一尊全國為數不多的毛澤東塑像。他正面向著瀋陽站的方向揮手,似乎在宣示他的歷史地位。公安局的大樓坐落在這尊雕像的東北側。

　　我到達大樓門口,經門衛與王警官聯繫,王警官親自下樓將我帶進三樓的一間辦公室,汪處長正面色嚴肅地坐在辦公桌後等著我。

　　他開門見山直奔主題:「寧先華,最近我們技偵部門截獲了大量境外敵對勢力在春節前和你聯繫的資訊。」他指著桌子上的一迭A4打印紙,我用餘光掃了一下,抬頭上面寫著標題〈境外敵對勢力2011年春節前與寧先華聯繫名單〉。

　　汪處長嚴厲警告我:「你和他們少聯繫。你現在是剝奪政治權利期間,你自己要好自為之……」

　　王警官也說:「老寧啊,現在那些QQ群你少上,少和他們說話。前幾天,在一個群裡有一個人號召要組建一個什麼什麼的黨。結果有好幾個回應的,一共九個人參加,宣布成立了黨。他被大家一致推選為黨主席……結果警方收網起訴時他才發現,只有他一個人被處理,黨內其他的全是證人,都是國保。」

　　儘管這事他是當作段子講,我也當笑話聽,但他的話提醒了我:江湖險惡,人心莫測。我必須萬分小心,既不能被滲透左右,也不可落入

設置好的圈套中。我對與他們的每一次接觸，都保持了高度警惕。

回到家一個月左右的一天下午，我正在家坐在電腦旁查看信息。門鈴響起，我去開門，便進來兩位穿著制服的警察，自我介紹說是轄區的民警。

他們很正式的向我傳達：「寧先華，在你現在剝奪政治權力期間，你得把你這段時間的情況和思想動態寫一個匯報。」

「為什麼？」我問，他說是市裡要。

我說：「誰要你來讓誰過來直接找我，你們沒有必要傳話。另外，我警告你們，不允許你們穿著警服隨便到我家來。我看見這身衣服就頭暈！除非你們拿著傳票，不然有事外面說。」

從此以後。他們似乎都通氣兒了。除了抓捕我以外，其餘時間找我的時候都是穿著便裝。

我記得我剛從監獄中釋放回來的時候，媽媽對我說：「兒子，我老了，只希望能和你、你二姊住在一起。我不想與那兩個大的（指我大哥二姊）一起住……」我深知，母親做出這樣的決定，是出於對我的何等擔心；她老人家生怕自己的老兒子，一個不小心又被抓進監牢裡去啊！

44‧監控安到家門口

時間過得真快，轉眼間我釋放回家已經快一周的時間了。在陽光照耀下，室外的冰雪逐漸融化。我家位於二單元三樓，擁有兩套相鄰的房子：231 和 232。此時，老娘和樓下的鄰居們正在享受陽光，家長裡短地聊著天。我們的社區民風淳厚，鄰里和睦，假如沒有政權勢力的侵擾，實在是底層百姓的樂園。

但歷史沒有假如，現實也沒有假如。一天，一名穿著制服的警察，帶領兩名工人突然出現，來到我們單元門口，對著我家指指點點。警察

被強拆的原住址

說：「二單元三樓就是這兩個窗戶，攝像頭要能覆蓋這裡。」工人們抬頭看向我家的窗戶，他們琢磨著監控攝像頭應該放在哪個位置才最合適。原來，他們要把攝像頭安裝在我家門口，靠科技手段 24 小時監視我的一舉一動。

見此情景，我的老娘生氣了，老人家毫不客氣地質問警察：「你們幹什麼？他剛剛回來，他幹什麼了？你們還有完沒完了？你們監視他幹什麼？」

警察和工人們非常尷尬，他們顯然沒有預料到安裝現場會有人質疑他們的行為，更不用說還是一位八十多歲的老太太。因為沒理由回應老太太的質疑，警察只好向兩名工人揮了揮手：「我們走吧！」

他們三人悄然離開了現場。幾天後，我注意到我們樓下對著單元門和樓道與對著窗戶的位置還是被安裝了監控攝像頭，也不知道他們是什麼時候悄無聲息地完成了這些工程。我自然明白，這都是衝著我來的。

光榮歲月

這些監控攝像頭將 24 小時監視我的行蹤，我一切行動必須更加謹慎小心。

我姊姊告訴我，住在我沙河子軍區靶場那套房子樓上的鄰居，是她的同事。2004 年初，同事見到我姊姊很驚訝地說：「樓下住的原來是你弟弟呀？出了什麼大事呀？為了他，我們家的房子被警察和社區的人徵用過，他們給我們找了一個條件非常好的賓館，還給了一大筆錢。」據說直到我被捕後，她們一家才搬了回來。原來，官方對我的監控早就在暗中進行了。

2003 年秋天的一個下午，我回到沙河子軍區靶場附近，發現我獨居的家裡，有人進了我的房間，動用了我的電腦；能做出這事的一定是安全局的秘密警察，我感覺到問題的嚴重性。

我馬上安排行程，9 月去山東濟南和青島，然後去四川成都，但仍然沒能逃脫他們的魔掌。2003 年 12 月 12 日，我在四川成都被捕……

從我 2010 年 12 月 15 日出獄到 2016 年 8 月 27 日離開中國這短短的五年半時間裡，我有兩年的時間被剝奪政治權利，隨時被傳喚、訓話。之後又兩次被刑事拘留，每次拘留後會有一年的時間取保候審，警示我隨時都可能再被關入監獄。更可惡的是，在我被關押期間，我的兩套私人房屋在未經任何法律程序、未通知家人的情況下被強行拆除，房子裡的所有資產全都遭到毀損。

八九六四之後，我被公安部列為遼寧民運的重點監控對象，對此我竟然一無所知，直到 2003 年開庭時法官宣讀一份公安部和國家安全部的文件時我才明白，他們根本將我認定為中國敵對組織的負責人。

在一個獨裁專制國家，一旦被當局認定為敵人，生活將變得極其艱難，基本人權毫無保障。

當監控日益加強，警察們如影隨形，我知道自己在這個國家已無法

光榮歲月

正常生活，特別是在連續兩次的刑事拘留、兩次取保候審之後，我和家人的精神壓力都到了瀕臨崩潰的臨界點，我不得不開始做逃離的打算。

每次毫無理由的拘捕，我都會被鎖在審訊室的鐵椅子上，接受長達五十個小時的車輪戰審訊，遭受各種花樣翻新的酷刑。他們的謾罵、折磨、羞辱、毆打，有的時候並非為了榨取有罪的口供，而僅僅是為了摧垮我肉體和意志。他們會通過現代科學手段和心理學知識，精準地找到我的軟肋，在家庭、親情、事業等多個領域對我進行摧殘；他們總能精確地找到人類親情倫理的痛點，設計出一些違背人倫的殘酷手段。

2013年6月1日，他們不但抓了我，還冷酷地聯繫我的老娘，讓這位年近九十歲的老人為她的兒子提供降血糖藥物和胰島素針劑，還讓她親自送到關押我的地方。

2013年6月3日，當我經過了連續四十多個小時的刑訊逼供，身心疲憊帶著手銬在羈押室的鐵柵欄裡等待被送往看守所時，外面傳來了母親熟悉的聲音。當那扇門緩緩打開，年近九十歲的母親顫抖地走入我的視線。我們之間，隔著冷冷的鐵柵欄。她帶著心疼的眼神，無奈地問：「兒子，你怎麼不聽話？怎麼總讓我操心呢？」她的聲音，充滿了責怪、愛憐和無奈，但她努力壓抑住情感，沒有流淚……

2014年5月17日，同樣的情境再次上演。我在瀋陽市公安局刑警支隊地下審訊室，在遭遇警察近五十個小時的突擊審訊，遭遇體罰、謾罵、毆打後，聽到了她那熟悉的聲音：「我

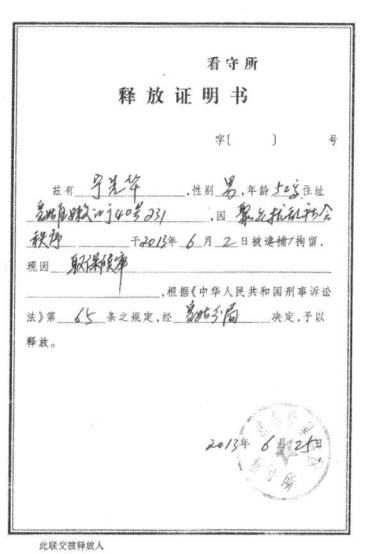

2013年釋放證

是寧先華的媽媽,他現在在裡面嗎?」

老娘再次出現在我的面前。這次,她眼神堅毅,語氣平和:「兒子,這又怎麼了?要好好照顧自己,按時吃藥,早日把事情弄清楚。」

但是,我知道一位高齡的老人,她看到她最疼愛的兒子又被戴上手銬關在鐵柵欄裡,又要失去自由,而且還不知道會有什麼樣的結果,她的心裡會是什麼滋味。

出獄之後,警察們會經常出現。幾乎每個月都要找我「喝茶」。有時候乾脆是嚴厲的傳喚,一陣白臉、一陣紅臉,像硬幣的兩面,不停地變換著,我必須要與他們打交道,他們成了我生活中揮之不去的魔影。

沈阳市公安局沈河分局
拘留通知书

沈公（沈河）拘通字〔2014〕1809 号

根据《中华人民共和国刑事诉讼法》第八十条之规定，我局已于 2014 年 5 月 17 日 22 时将涉嫌 寻衅滋事 罪的 宁先华 刑事拘留，现羁押在 沈阳市 看守所。

公安局（印）
2014 年 5 月 17 日

注：看守所地址

此联交被拘留人家属

沈阳市公安局沈河分局
取保候审决定书

沈河公（国保）取保字〔2014〕240 号

犯罪嫌疑人 宁先华 性别 男 出生日期 1962年2月18日
住址 皇姑区嵩江街27-1号3-1-2
单位及职业 无
联系方式

我局正在侦查姜立军等5人颠覆国家政权、寻衅滋事一案，因犯罪嫌疑人宁先华涉嫌寻衅滋事犯罪，其病情严重，取保候审必要。

根据《中华人民共和国刑事诉讼法》第六十五条之规定，决定对其取保候审，期限从 2014 年 6 月 23 日起算。犯罪嫌疑人应当接受保证人 宁立 的监督/交纳保证金（大写） 元。

公安局（印）
2014 年 6 月 23 日

此联交被取保候审人

辽宁省沈阳市人民检察院
审查起诉阶段委托辩护人/申请法律援助告知书
（正本）

沈检诉委辩/申援〔2014〕401 号

宁先华：

我院对姜立军、吴淑华5人颠覆国家政权、寻衅滋事案一案，已经收到沈阳市公安局移送审查起诉的材料。根据《中华人民共和国刑事诉讼法》第三十三条、第三十四条、第二百六十七条之规定，现告知你有权委托辩护人。如果因经济困难或者其他原因，可以申请法律援助。

如果属于盲、聋、哑人/尚未完全丧失辨认或者控制自己行为能力的精神病人/可能被判处无期徒刑或者死刑的人/未成年人，根据《中华人民共和国刑事诉讼法》第三十四条、第二百六十七条之规定，没有委托辩护人的，人民检察院将通知法律援助机构指派律师提供辩护。

第二联 交犯罪嫌疑人

沈阳市人民检察院
延长审查起诉期限通知书
（副本）

沈检诉延期〔2014〕318 号

宁先华：

沈阳市公安局移送审查起诉的你涉嫌寻衅滋事罪一案，因案件重大、复杂，根据《中华人民共和国刑事诉讼法》第一百六十九条第一款之规定，决定延长审查起诉期限半个月，自 2014 年 9 月 23 日至 2014 年 10 月 7 日。

辽宁省沈阳市人民检察院（印）
2014 年 9 月 23 日

第二联 送达犯罪嫌疑人

2014年各種拘傳材料

45・反抗暴政的鬥士——夏俊峰

一

沉沉夜色覆蓋了這座曾經的重工業城市，我在燈光下為朋友撰寫一副條幅：「位卑未敢忘憂國」。放下筆，我感到心情沉重，走到窗前打開窗子，外面是一片漆黑，遠處洗浴中心的霓虹燈閃爍著曖昧的誘惑。

出租房裡我的書法案

再遠一點是廢棄的工廠區，一片死寂。這裡曾是國有大型企業，現如今已跌入了困境，許多年輕人紛紛南下尋找機會。留下的，除了體制內的一些幹部，就是那些拖家帶口無法離開的中老年職工。這座曾經被譽為「共和國長子」重工業繁榮的城市現在百業凋敝，失去了生機。

我默默地歎了口氣，想把一盆綠植放到窗臺上，手上突然一陣失力，花盆「咣」地一聲，摔在了地板上。

我看著破碎的花盆和散落的土壤，默默地彎腰撿了起來，坐下來，輕輕揉了揉自己因多年遭受酷刑而略顯僵硬的手腕。

這不是我第一次失手打碎東西了。2003 年 12 月 18 日，11·26 專案組對我刑訊逼供，我的一雙手腕被反向吊起，造成永久性損傷，手腕關節經常刺痛，變得僵硬，不能靈活施力。肉體的損傷也導致了身心的疲憊。

我靜靜地看著昏暗的窗外，輕輕撫摸著不再靈活的手腕，心中不由得湧起一陣莫名的憂傷。

二

恍惚間，我想起 2012 年初，我在第四醫院的內分泌科住院時，有三位女士來看我。其中兩位是熟面孔，是瀋陽的訪民。跟隨在她倆後面的，是個陌生的女性。一臉的愁雲，滿腹心事。她叫張晶，是夏俊峰的妻子。對於夏俊峰案，我多少瞭解一些，我知道他是一個小販，因不堪忍受城管的欺凌而失手殺了兩個毆打他的城管。從張晶的眼神中，我感受到了她深深的痛苦和擔憂。

南有楊佳，北有夏俊峰；他們都是被欺凌的底層民眾，奮起反抗的英雄。他們身上體現了我們民族所缺少的那種血性和勇氣。他們的生活是那麼的艱難，他們的遭遇又是那麼不公，我該為他們做些什麼呢？

我拿起了電話分別打給我國內的幾個朋友，講訴了夏俊峰的故事和我的想法⋯⋯

夏俊峰，作為一個孩子的父親，一個女人的丈夫，他與那些野蠻執法的城管發生衝突，是對這個不公平體制的抗爭，為此失手殺了人，應屬防衛過當，罪不至死，但當中共當局卻要判他死刑。

這個案子迅速成為公眾爭議的焦點，它不再單純是一宗刑事案件，而是成為了社會矛盾的聚焦。

他的辯護律師滕彪認為，夏俊峰當下是在身處困境時進行自我保護，因此符合減輕處罰的條件。

《紐約時報》中文網則發表了權威法律專家的意見，認為夏俊峰的行為不再是簡單的暴力，而是一個在暴風雨中尋求庇護的人的反擊。

這個轟動一時的公共事件，在2013年9月25日落下帷幕，法院通知夏俊峰的家人，將於本日對他執行死刑。夏俊峰聽完法官的宣判後，對家人說：「我不服，因為我是在正當防衛，我問心無愧。」

他說，即使自己走向生命的終點，到了陰曹地府也要繼續申辯，追求公正的聲音不會消逝。

在半小時的最後告別時，作為妻子的張晶連想留下一張她與丈夫的合影，想給兒子留下一張夏俊峰最後的照片，都被法警冷漠地拒絕。

張晶說，執行死刑當日下午三時許她接到法院通知時，夏俊峰的遺體已被火化。

滕彪等二十五名律師對此案發表聯合聲明，是法律界對夏俊峰案的公開質疑。滕彪用「司法殺人」這樣強烈的措詞表達對判決的不滿，並借用「紐倫堡審判」的例子對維持死刑的決策者發出警告。

光榮歲月

最高法院院長周強在全國政協會議上對此案做出解釋，他認為，無論是什麼背景或動機，殺人都是違法行為，都應受到法律的制裁。然而公眾的反應正好相反，許多人對夏俊峰表示同情，認為他是在正當防衛的情況下採取的自我保護行動，應當得到法律的保護。學者張雪忠直言批評法院可能是出於政治考量而作出這樣的判決，強調法律應當基於公正而非政治動機。

2010年初，夏俊峰的兒子夏健強在〈我要爸爸〉的作文中寫道：「不知道為什麼，我爸爸很久沒有回家了。媽媽眼睛紅紅的、腫腫的，爺爺、奶奶愁眉苦臉的。我問媽媽爸爸去哪兒了，媽媽說爸爸出國打工了……」

「一天，我在樓下玩，一個男孩對我說：『你爸上電視了，他拿刀扎人了。』我說：『你胡說！』我哭著跑回家找媽媽，媽媽抱著我哭成一團。我好想爸爸呀！」

2012年，夏健強被同學打成輕微腦震盪而不敢還手。當被媽媽問到為何不還手時，夏健強哭說：「我還手，他說我爸是殺人犯怎麼辦？我把他打死怎麼辦？他打我一下，我不還手，打我兩下我不還手，他打完我第三下，就不打我了。」

三

9月25日早上，朋友給我打來電話：「寧哥，我看到張晶發的微博裡，她去看守所與夏俊峰見上最後一面，夏俊峰今天要被執行死刑！」

我打開了張晶的微博，裡面有一張照片，是她在計程車的後座上悲痛欲絕痛哭的樣子。

臨近中午張晶給我打來電話，我對她說：「我知道了，你需要我做什麼？」

「明天去東陵殯儀館取夏俊峰的骨灰,我還需要兩輛車,各地來了很多的朋友和記者。」

「好,這事交給我。」

第二天早晨,張晶又打來電話:「寧哥,外地的朋友來得太多,車還是坐不下,能不能再找一輛車。」

我馬上答應:「好,我馬上聯繫,讓車直接去你家樓下,他姓劉,他的電話號碼139……8964。」

瀋陽東陵殯儀館坐落在瀋陽市的郊區,環境肅穆而安靜。這裡四周被綠樹圍繞,彷彿是與塵世隔離開來的地方。大門兩側是高高的白色圍牆,牆上時常攀上一些爬山虎,給人一種生命的延續感。車隊緩緩行駛進入大門,進入了停車場,我們步行著走向殯儀館的接待大廳,兩側修剪整齊的蒼松翠柏靜靜聳立,規整的草坪旁偶爾點綴著花叢,直通到殯儀館的大樓。

那天,瀋陽東陵殯儀館外聚集了來自各地的眾多記者,同時來自瀋陽八一公園「民主角」的七、八十人也齊聚於此,悼念夏俊峰。

我來到現場後,與張晶和媒體交流,我要求媒體朋友們不要讓我的身影出現在鏡頭中。我一直在躲閃著鏡頭,擔心我的出現會給張晶的家庭帶來麻煩,因為媒體報導和渲染可能會引起公安安保升級,進而給她們家帶來不便。

張晶與殯儀館的工作人員交流,我一直陪在她身邊。不久後,一個骨灰盒從殯儀館送出,上面大大地寫著夏俊峰的名字。張晶迎了上去,抱在懷裡,失聲痛哭。

四年多的漫長等待,最終迎來了最壞的結果。不公地審判,將一條鮮活的生命裝進了不到半立方尺的小盒子中。

如今，對丈夫的思念都裝進了這個小小的盒子中。張晶痛苦地緊緊抱著骨灰盒，在親人的提示下包上紅布，將臉緊貼在上面，帶著不捨與思念，淚如泉湧。

　　第二天一早，我再次來到夏俊峰的家，商量佈置靈堂，也看望了夏俊峰年邁的父母和他的兒子夏健強。

　　自從夏俊峰出事後，父母們知道兒子這次是惹了一個天大的禍！陷入了極大的困境。儘管經歷了一審和二審的判決，老人們仍然一直懷抱著一線希望，不斷前往大南街慈恩寺的廟裡，向釋迦牟尼佛和觀世音菩薩祈禱，期盼奇蹟出現，希望晚年不要失去他們唯一的兒子。

　　如今，終於等來了結果，兒子卻已經被執行了死刑。這殘酷的現實無情地降臨在兩位厚道樸實的老人身上，他們的頭髮已經斑白。白髮人送黑髮人……這兩位已經年邁的老人，原本應該在晚年享受家庭的溫暖，享受子孫的圍繞，卻不得不面對這如此殘酷的事實——他們的兒子已經離開了這個世界，留下的只是一堆冷冰冰的骨灰。

　　夏俊峰的兒子夏建強只有十三歲，卻比一般的孩子強壯，身高已有一米五左右。在離開前，我送給他一幅提前寫好的字：「積健為雄」，希望這個苦命的孩子能夠認真學習，積累更多的知識和本領，成為一個時代的佼佼者……。

　　這突如其來的變故，讓夏健強成為家庭的中心。這個年少的孩子，需要面對的不僅是學習的壓力，還有整個家族的期望。我的寄語「積健為雄」不僅是對夏健強的鼓勵，更是對這個家庭的祝願，希望夏健強能夠平穩度過這段低谷，為以後的生活帶來一些希望和安慰。

四

　　在夏俊峰的家裡，我們商量了一下靈堂怎麼佈置、骨灰盒位置的擺放，和到場的幾位熟悉的朋友一起討論了出殯等細節安排，我就起身告

辭了。

我不能在家裡寫輓聯，不想讓八十多歲的老母親看到這悲傷的內容。於是，我聯繫了一位曾經和我一起參加戶外運動的朋友。他在鐵西區的羅曼春天社區，有一處要租售的空房子，這裡是我和朋友們經常聚會的地方。

我坐上公車，帶著筆、墨、紙等用品，來到了羅曼春天社區。這是一個中高檔的全封閉社區。他的房子位於進社區的第一座樓，第19層，房子寬敞明亮，一百多平米，兩室兩廳，南北通透，視野開闊，可以俯瞰整個社區的美景，這裡的氛圍讓人感到寧靜，是一個適合沉澱心情的場所。

大約兩個小時，我完成了那些橫幅、條幅和輓聯的書寫。中午的時候，張晶在三位朋友的陪同下，找到了我這裡。她們帶來了一些全國各地的朋友們送來的輓聯和輓詞，我連忙裁好白紙補充了這些內容。

我準備了一些簡單的午餐，我們五個人圍坐在餐桌旁。張晶端起碗吃了一口，但很快就放下了，她的表情充滿了悲痛和疲憊，「寧哥，我吃不下，我不吃了！」她的聲音顫抖，顯示出內心的崩潰和無力。

我輕聲對她說：「張晶，我這裡不能剩飯。你要把它吃掉。你的家人在看著你，全國的朋友們都在關注你，你不能在這個時候倒下，你必須咬緊牙關，挺住！」我的語氣堅定而溫暖，充滿了關懷和鼓勵。我知道她需要堅持下去，不僅是為了她的家人，為了所有關心她的人，也是為了她自己。

張晶強忍住淚水，重新拿起筷子，開始吃飯。她明白，在這個時刻，她必須堅強，不能屈服，因為她代表著她的家人，代表著全國的朋友們。終於，她吃完了碗裡的飯菜。

事後張晶曾經回憶說：「寧哥，那天我在你家吃了那些飯以後，接

連兩天都幾乎沒有吃什麼東西，要與全國各地來的朋友打招呼，這幾天我心裡一直憋著一股心火。在你家吃的這頓飯讓我挺過了兩天，我真的非常感謝你。」

這頓特殊的午餐支撐著張晶在悲傷中堅持下去。

五

回家的路上，我接到了轄區國保大隊一位領導的電話，我到家以後不久，這位領導帶著一名年輕的警察來到了我家。

他直截了當交代：「明天夏俊峰出殯，全國各地都有人聚集在這裡，我們剛剛開完會，所以我們不會讓你去現場，你去了可能會引來很多麻煩。」

他又特意囑咐我的母親：「大娘，明天上午別讓他出去，把他看好，我們是出於關心，別惹麻煩。」

說完這些話，他們離開了，我在家裡想明天我應該怎麼應對。

當晚我離開家，住在和平區的一個洗浴中心裡。

第二天早晨六點，電話鈴突然響起，是他們的副大隊長打來的。「老寧，你在哪兒？」

我回答：「我在鐵西。」

他又追問：「你在鐵西什麼地方？」

我不想透露我的具體位置，只好說：「我在鐵西廣場。」

副大隊長告訴我說：「你現在不要動，我會在20分鐘內趕到那裡接你。」

我急忙出門，攔了一輛計程車，先趕到了鐵西廣場，心中一直糾結要不要脫離警察的監控。

不久後，副大隊長趕到了鐵西廣場，他說：「老寧，上車，我送你回家。」

他們顯然是都在公安局值班，已經制定好了計畫。但是，從他們的態度和副大隊長一個人趕來的情況來看，我仍然不確定他們的真正意圖，不排除他們是為了穩住我，然後……

我決定先試探一下，便故意不情願地問道：「我正要去醫學院取個相機，你們有什麼重要事情這麼急著找我？」

副大隊長回答：「不會耽誤你的事，我先帶你去辦事，然後再回去。」我覺得如果他同意我去，那也就意味著他們不會拘留我或者嚴格限制我的行動。

副大隊長開著車，急匆匆地朝醫學院駛去。

小魚兒等候在醫學院的門口，我下車後把我現在的情況低聲告訴了小魚兒，然後拿著相機返回了車上。

副大隊長告訴我：「我們老大說，現在要把你看住，你馬上回家，不能出門。」

我知道我的家門和樓道口都裝有監控，

「我們在派出所等你。」

其實他們在分局也可以完成遠端監控。

他強調：「我們也不為難你，你在家等我的電話，解除以後我會通知你。」

我回到家以後，躺在床上不停地打電話和現場的朋友們聯繫：「全國各地來了很多網友。現場有大批的警察和警車，八一公園的朋友來了大約有七、八十人，坐滿了一大客車。還有很多自駕車，沿途有很多計程車私家車鳴笛為夏俊峰送行，這些自發的參加為夏俊峰送葬的隊伍，場面非常震撼和壯觀。」

　　下午1點半左右，我接到了電話，夏俊峰的葬禮儀式結束，人們漸漸散去，警報解除，我可以自由活動了。這一刻，我感到了一絲寬慰，也為這莊嚴、壯觀的送葬場面而感動。夏俊峰兄弟，一路走好！

46・二月花開春更早——戰友崔少華

一

　　2011年2月15日，情人節後的清晨，瀋陽北站旁的財富大廈咖啡廳，瀰漫著緊張而神秘的氣氛。窗外，朝霞灑在寬闊的街道上忙碌的車流中，店內的光線昏暗，彷彿與外界隔絕。我與崔少華和兩位朋友坐在角落的沙發上低聲說話。我們刻意選擇了一個遠離他人的隱秘角落。

　　崔少華介紹了最近在網路上發起的茉莉花革命行動，全球統一行動。瀋陽的行動時間是2月20號，地點在瀋陽中國醫科大學對面的肯德基門前，我們四人討論決定積極配合參與活動，並做了具體分工：我負責組織協調，崔少華負責對外聯絡和宣傳，一位朋友負責現場拍攝，另一位朋友負責警衛和糾察，我們分頭各自準備。

　　第二天一早，我接姜立軍的電話：「哥！你最近不能參加任何活動，你剛剛回來，他們都在盯著你。他們剛剛和我談過……」

　　放下電話，我知道自己現在還處在剝奪政治權利期間，如果直接參與就會升級行動的性質，被視為有組織的顛覆國家政權的行動。

　　我約見了崔少華，把發生的情況和我的顧慮跟他講了。崔少華說，

他可以組織帶隊，完成這項工作。他問以什麼名義和海外的組織者對接？我說：「你以沈常富的名義。」

他還有些不解：「為什麼叫這個名字？」

我說出了經過慎重思考做出的決定：「經過幾次歷練，你可以成為中國民主黨瀋陽黨部的優秀組織者和領導者，也是未來的中國民主黨瀋陽黨部常務副主席。」

他聽後倍受鼓舞。

二

2011年2月19日，瀋陽進入初春的時節，早春微寒。一個共同參與過「六四」的朋友為我報名參加了一次去千山的「驢友[27]」團，他希望我出去走走，換換心情，給心靈一次解放。我心情複雜，茉莉花行動馬上要開始了，但我卻不得不遠離主戰場，心裡總有些不甘。但想到國內嚴峻的形勢，說不定什麼時候我會被迫逃亡甚至流亡，我確實需要積累一些戶外活動的經歷，鍛煉自己的體魄和意志。實際上我還是在獄中的時候，這個念頭就已經產生了。

出獄後，我打算四處放風，想要出去走走，去看看名山大川，體驗背包客的自由。

在全球爆發茉莉花革命的特殊時期，警方一定會監控跟蹤我的手機信號，還不如我先跳出「風暴」中心，一旦被誰出賣了，我也好解釋，同時對行動的參與者也是一種保護。大戰之前進入靜默，讓對手摸不到頭緒，一直是我習慣的做法。

2月19日，當晨曦升起，我們在瀋陽站前廣場集合。同行的都是一些經驗豐富的「驢友」。大家歡聲笑語中，坐上了開往遼寧鞍山的火車，目的地——千山。

2011年2月19日第一次參加戶外運動，去千山

　　我們走的是野線，不走景區遊客的臺階線路，全程強度二十公里，要穿越積雪和落葉的叢林，對於那些老「驢友」們，那是輕鬆平常的旅途。但對於我，則是一個全新的挑戰，一次「試飛」的機會。

光榮歲月

我穿著釋放時女兒給我買的棉服、牛仔褲和旅遊鞋，背上斜挎包，站在「驢友」們中間，那身打扮，與其說是個登山者，不如說像去公園散步的大叔。

「驢友」們對我的「獨特」打扮感到好奇，活像一個混進戶外隊伍中的「小白」，但他們沒有嘲笑我，反而慷慨相助，提供了我所需的登山杖、護膝，甚至接近專業的裝備，雪套和冰爪。每當我走到有些危險的地方，他們都像護送 VIP 一樣，左守右護。到了後面，體力逐漸耗盡，那些看似專業的戶外裝備也讓我氣喘吁吁，前方的「老驢」會伸出他們的大手幫我一把。而後面的夥伴，像推著一輛息了火的汽車，用盡全力幫助我前進。這種「前牽後推」的登山方式，充分體現了團隊精神，讓我感動。

儘管我在戶外穿越時狼狽不堪，但我覺得，與其躲在城市裡休養，不如在大自然中放縱，體驗自我挑戰的快樂。

三

晚上十點多，鞍山至瀋陽的綠皮火車上，老舊的車廂在昏黃的燈光下，顯得格外沉寂，車輪在鐵軌上發出有節奏的敲打聲，像是遠古時代的低語。忙碌了一天的戶外穿越，驢友們顯得有些疲憊，很多人靠著椅背上打盹。窗外的景色模糊不清，只有黑暗中的點點燈火隨著列車的移動而忽隱忽現，宛如夜空中的星辰。我朋友的手機突然響了起來。他臉色有些異樣，眼中流露出一絲緊張。

「寧先華，在你那兒嗎？你們在哪裡？」

電話的那頭，是市公安局國保的聲音。

「我們在千山，參加戶外運動。」

「你們是不是和鞍山的人見面了？」

「沒有，我們只是和一群驢友爬山而已。」

下車後，他對我說：「先華，我要去市局，他們都在等我。如果明天聯繫不上我，你等我 24 小時。如果再沒有消息，你就發出信息說我又被捕了。」這位朋友是我「六四」時期的戰友，我們對處理這類事情有一些經驗。

第二天，太陽照常升起，我們在一個約定的地點見面。他說，公安局的大樓燈火明亮，各個部門的工作人員都十分緊張，彷彿有什麼大事即將發生。與他談話的警察態度大變，平日和風細雨，今天卻黑著臉幾近咆哮。

但當確定我們真的只是參加了一個普通的戶外活動後，警方這才稍微放鬆了一些。他們警告他：今天的事就此結束，不能對外透露一絲一毫。

四

茉莉花活動結束以後，崔少華用自己的 QQ 郵箱，給活動組織者的 gmail 郵箱發送了〈二月花開春更早，塞北雪融茉莉花〉一文，介紹了瀋陽地區的茉莉花活動的情況。

2 月 21 日，崔少華在家裡被捕。凌晨二點半左右，十幾名警察破門而入，把還在睡夢中的他從床上銬起來，把他的家抄了個底朝天。警察翻找文檔，檢查電腦和手機。

原來技偵部門發現了一個叫沈常富的人，使用了崔少華家的 IP 位址，向境外發送了瀋陽市茉莉花行動的報導和圖片，由此鎖定崔少華為嫌疑人，並立即抓捕。

審訊的時候警察問崔少華為什麼起名沈常富？他回答道：「沈常富，是我希望瀋陽人民經常富裕。」經過一夜突審，於 2 月 22 日晚上，將

光榮歲月

崔少華押往瀋陽市公安局沈河區方家欄看守所⋯⋯

五

2月28日傍晚，崔少華因證據不足被釋放。

我和他的家人一起去方家欄看守所接他，一周的折磨使本來就消瘦的他看上去更加孱弱，他臉色蒼白，神色疲憊。我帶著他去了一家洗浴中心，去洗掉身上的晦氣，扔掉從看守所穿出來所有衣服、內衣褲、襪子⋯⋯，換了一身新衣。然後去了一個叫「一鍋出」的大餅店，為他接風。

崔少華說這幾天就想喝白酒，我們點了一瓶老龍口全漿，盒裡還有贈送的，半兩裝小瓷瓶陳釀，崔少華一飲而盡，掏出那張釋放證，說：「這算什麼呀？散步散來一頂『煽顛』帽子，這政權也太脆弱了吧！」

我說：「少華，你知足吧！多少人為了這張『畢業證』在獄中煎熬。你七天就拿到了，而我用了整整七年⋯⋯」

崔少華看著我，苦笑道：「這一次我算是領教政治罪的厲害了。」說著，又拿起酒杯，對我們說：為我們這些「畢業生」，乾杯！

我們笑著碰杯，一股暖流湧上心頭。這一刻，所有遭受的苦難、所有精神上的壓抑，所有的痛苦，統統「往事如煙俱忘卻」了。

崔少華把這張煽動顛覆國家政權的釋放票，複印後帶在身上，一次開車違章，路上被一位年輕的交警攔住要開罰單，他出示了這張釋放票。新警察沒看明白，叫來了一位老警察，老警察看完後又看著崔少華，問：「什麼事呀？整這麼大動靜？」

「參加了一次網上發起的散步活動，寫了一篇文章，就被抓起來了，他們說涉嫌顛覆國家政權⋯⋯」

老警察可能覺得，這個年頭敢顛覆國家政權，一定是個狠角色，多一事不如少一事，別惹他了。

他把駕照還給崔少華：「真是傳奇呀，下次注意！你走吧。」

新警察嘴裡嘟囔著，怎麼沒開罰單就把放行了？

崔少華坐回車內，一邊開車一邊露出一絲得意的微笑。這張釋放證明對他來說，不僅是一段傳奇故事，也成了他的「特殊」身份證明。

「沈常富」拿到「畢業證」以後，我的心情很複雜，既為他經受住了考驗，在強大的審訊壓力下，沒有牽扯出一位參加活動的人員而感到高興，又感到有些自責和心痛，在通訊保密方面還是需要更加注意。這些在活動中摸爬滾打，逆境中錘鍊成長的好兄弟們，從心理上、肉體上、精神上還有來自於社會、家庭，他們要承受多少痛苦和壓力？這是一條不歸路，只要踏上了，就永遠不能回頭了。

崔少華居住在瀋陽軍區第三離職幹部修養所院內，在東大營街12號，這裡曾是歷史上的東北王、奉系軍閥張作霖的奉天兵營的所在地。由於崔少華長期參與維權和上訪活動，當地政府為了減輕中央由此給地方政府指派的維穩壓力，同時也是作為對他上訪行為的一種緩解措施，在東大營街11號遼寧行政學院對面，批准給了他一塊十平米的地方。這塊地處於軍區通訊團南牆根旁邊，北側是遼寧省農業科學院試驗田北牆外的交叉路口，便於他做小生意以改善生活條件，增加一些經濟收入。

隨著時間的推移，崔少華在這塊地方兩側各自擴建了夜間售賣窗口。由於鄰近軍營，常有站崗的士兵在深夜敲門，點一些熱氣騰騰的家常燉菜，或是點兩個菜小酌幾杯，以求在寒夜中取得些許溫暖。通過這樣的交流，士兵和軍官們逐漸瞭解到老崔頭是一位退役的軍官，並對他在軍中的影響印象深刻。

光榮歲月

在崔少華決定建設一個獨立的廚房和西側牆外的旱廁時，軍隊甚至派出了一個班的士兵來幫助他，提供勞力和材料。最終，建築面積擴展到了三十餘平方米。在建設期間，我曾多次前去幫忙，參與平整地基、安裝門窗、上房蓋等工作。工程完成後，我還幫助老崔書寫了「崔記食堂」的招牌，並在灰色的捲簾鐵門上書寫了「老兵開店，力盡還願，不圖賺錢，更為錘煉」的宣傳語，這塊醒目的廣告招牌吸引了過往的車輛和行人的注意。崔記食堂也逐漸成為了瀋陽訪民們的聚集地，這裡充滿了生活氣息和人情的溫暖。

　　2015年夏季，隨著政府對周邊違章建築的清理行動，許多小商鋪和速食亭被拆除，崔少華的小屋因此成為行政學院附近一個獨特的經營點。由於該地段偏僻，前無村莊，後無店鋪，遠離居民區，即便燒烤產生的煙霧也不會造成干擾。學院的學員們對食堂的菜餚並不滿意，而在附近想要尋找其他的餐飲，選擇又十分困難，因此崔少華的小房子因此具有了得天獨厚的地理優勢。

　　崔少華家的附近是瀋陽炮兵學院、遼寧行政學院和遼寧省委黨校，這裡不僅是軍事學院學員的聚集地，還常常有來自省內的公務員參加職稱晉升和專業技能證書的考試，因此也是個人流密集、需求旺盛的定點考點。在這樣的位置，出售煙草、酒水等商品自然是銷量頗佳。

　　鑒於這樣的商機，崔少華與我商量他想賣盒飯的想法，但是他本人並不擅長烹飪。於是，我決定傳授給他幾道受歡迎的盒飯菜品的做法。通過學習，崔少華不僅掌握了製作美味盒飯的技能，也使得他的小房子更具吸引力，能夠為不願吃食堂菜品的學員和忙碌的考生們提供便捷、可口的快餐服務。

　　1、炸蘑菇：平蘑，洗淨，手撕成條，加鹽揉出水分，少加一點白糖提鮮，加雞蛋、麵粉、澱粉、少量油。過油定型後撈出，油溫升起後，再次放入蘑菇，炸至金黃，上面撒些孜然、芝麻、少量辣椒麵。口感有些像雞肉的味道，外焦裡嫩，鮮香酥爽。

2、溜肉段：當時瀋陽的豬肉很貴，我告訴老崔可以買雞腿肉代替，雞腿肉多筋有嚼勁，肉切成塊，加鹽、胡椒粉、少量糖、一點生抽，加水澱粉、少量麵粉，加蛋清調勻後加入一點油，過油後炸得稍硬一點，蔥花、薑片配上青椒、胡蘿蔔片，炒香，放入白糖、米醋，水澱粉，調好汁後，放入雞塊，翻勻。出鍋前放一些蒜末，淋一點香油。

　　我這業餘水準的廚師，關鍵時刻當起了教練……

47・抗議北韓核子試驗

　　遼寧和吉林與北韓接壤，2012 年起，北韓在中朝邊境不斷進行核子試驗，嚴重威脅了中國東北地區的安全，我們遼寧民運人士於 2013 年 1 月 30 日發布《公開抗議朝鮮核試爆》的聲明，但朝鮮當局持續挑釁，不斷升級核爆，中國民間反核俱樂部再次發表聲明。聲明說，2 月 12 日，當全球華人正在慶祝新年時，朝鮮在距中國吉林省二十公里的北部邊境地區進行了第三次核試爆，此次核試威力為七千公噸黃色炸藥，導致丹東地區出現 4.7 級地震，朝鮮方面威脅將繼續進行更多核子試驗。

　　我們的聲明強烈敦促朝鮮立即停止核子試驗，並在聯合國原子能機構監督下銷毀所有核設施。同時，警告北韓及其領導人金正恩放棄核武、導彈及生化武器的策略，希望聯合國安理會對朝鮮出臺更嚴格的制裁措施。

　　2013 年 2 月 16 日，中國新年長假結束後的第一個工作日，在瀋陽北站附近的一家餐廳的包房[28]內，我和姜立軍、崔少華、鄭偉、王丹（已故的遼寧民運人士）、辛穎、丹東網友小哥等一起商量去朝鮮駐瀋陽總領事館前，代表遼寧網友抗議朝鮮核爆的活動安排。活動需要一個標語牌。但是，飯店裡沒有毛筆和大的紙張，我和服務員說：「能找到大一點的紙板嗎？沒有墨水鋼筆水也可以。」

　　飯店的服務員找來以後，我用煙蒂的過濾嘴部分，沾上鋼筆水在紙

板上寫上了「抗議核爆，呼籲制裁！」

　　為了避免民間的抗議活動被當局政治化，大家討論後決定，我和姜立軍可以參加，但是不能出鏡。下午三點，我們倆一同與這些來自瀋陽、撫順、丹東等地的網友來到瀋陽市和平區南四經街109號朝鮮駐瀋陽總領事館門前，嚴正抗議朝鮮當局在中國邊境地區野蠻進行核試爆。

　　該抗議活動進行了約二十分鐘，市公安局110指揮中心接到報警派五名警察到達現場。警方瞭解了抗議內容，並未阻止或驅散人群。一位警察甚至小聲說：「在我們家門口搞這種東西，我要是沒有穿這身警服，我也和你們一起抗議！」

2013年2月16日在瀋陽朝鮮領館前抗議核爆照片集，最後一張照片左起：丹東小哥、王丹、辛穎、崔少華、鄭偉

光榮歲月

在瀋陽的民運人士中，有一位名叫王丹的英雄（同「六四」天安門學生領袖王丹同名同姓）。他出生於一個高級知識分子家庭，自幼沐浴書香。大學畢業後，前往日本留學。在異國他鄉，他學到了專業知識，更重要的是，他接觸了自由、平等、民主的理念。

王丹回國後，成為民主運動堅定、睿智的擁護者和支持者，2011至 2013 年間，積極參與多次國內民主運動和維權活動。在抗議朝鮮核爆的活動中，他毫不猶豫地站在了最前線。當朝鮮駐瀋陽總領館報警，警察趕到現場時，他主動迎了上去，慷慨陳詞。而後他被帶上了警車，但在警局裡，他依然毫不畏懼，據理力爭。

然而，命運是如此不公。不久之後，在一個夜色如墨的夜晚，王丹在自己的辦公室裡突發心梗[29]，不幸去世。聽到噩耗我們都不敢相信。當我們趕到他的家，目睹白髮的雙親痛失黑髮的兒子，那種切膚之痛、刻骨的悲傷，直擊我們的心靈……

他幾年前與妻子離婚，留下了一個剛上初中的兒子，他那清澈的眼神中充滿了不解和失落。

我在國內的時候，每當春節來臨，都會到王丹的家中，看望他那兩位悲傷的老人和那個失去父愛的孩子，送去我們一點點的安慰……

雖然歲月流轉，但好兄弟王丹一直銘記在我們的心中。

48・慈祥母親的智慧

2013 年初，我剝奪政治權利兩年剛剛結束，北京的許志永、丁家喜、張寶成、王永紅等人發起的新公民運動，在全國蔓延。為了更好地配合這場運動，我和北京的朋友們聯繫，收到了他們委託遼寧一位朋友帶過來的約五十件新公民運動文化衫和幾十枚藍底白字的公民徽章。我感覺放在家裡不安全，就商量崔少華，希望他能找個穩妥的地方；但兩天後，他說他那裡也不安全，把這些東西送回來了。

老娘看我有些發愁，問我：「老崔來找你什麼事？」

我只好如實跟老娘說明了這個情況．

「媽！我有些東西，不知道放在什麼地方安全？」我說。

老娘看了看我：「什麼東西？」

「一些活動用的 T 恤衫和徽章。」

老娘看了看，然後說：「沒事！兒子，交給我吧。」

我感到有些疑慮，但老娘說：「兒子！媽幫你處理。」

於是她推開門，仔細聽了聽外面，確認沒有聲音。接著，她把這包衣服和徽章放在了一個盆裡，上面蓋了一個雁布[30]，然後下到了二樓的緩步臺上。

北方人有個習慣，一到冬天，就會用一個比較大的缸醃製酸菜。到了夏天，酸菜缸裡通常是空的，但為了保持乾淨，上面一般都會蓋上一個蓋子。老娘把我的這些衣服和徽章，放在了空的酸菜缸裡，然後在上面放了幾個袋子，蓋上了蓋子。

2013 年 6 月 1 日，是我女兒和女婿登記結婚的紀念日，每年這個

我身穿新公民運動文化衫照片

時候，我們都會在一起聚聚。當晚十點左右，我吃完晚飯後回到家，剛一下車，迎面衝上來五、六個警察，「寧先華，我們是瀋陽市公安局的，跟我們走一趟！」

領頭的向我亮明身分後，給我上銬，帶到警車的後座，一邊一個警察把我夾在中間。

他們將我直接帶到了瀋陽市皇姑區公安分局的審訊室。帶隊的是皇姑區國保的副大隊長和治安大隊的劉大隊長。顯然，他們剛剛完成了一次隊伍調整。

他們將我扣在冰冷的鐵質審訊椅上，劉衝著我大聲說：「寧先華，你把手機交出來。」

我對他說：「為什麼？習近平總書記剛剛有個講話。執法水準是考核你們幹部的標準。你想要手機可以，拿手續來，你拿扣押手續來。」

我藉著酒勁大聲爭辯。

劉大聲吼道：「你知道這是什麼地方嗎？知道我是誰嗎？」

我說：「知道呀！」

「我讓你交出手機不可以嗎？」

我說：「不可以！」

「你知道我是誰嗎？」我反問他

「寧先華！」

「你知道這是什麼地方嗎？」

「公安局呀！」

他順口流利地回答著。

我嘲諷道：「我讓你把你的錢包給我，你給嗎？」

他氣得一甩手，狠狠瞪了我一眼，扭身就走了，不一會兒。他拿回一張扣押單。我看了一眼，把手機扔給他。

審訊圍繞著新公民運動展開。他們在我的家裡找到了兩件新公民運動文化衫，警察問我：「這些衣服哪裡來的？還有人供述說你手裡還有很多件，都放在了什麼地方？」

我回答：「沒有，只有這兩件。」

他們繼續追問：「這兩件衣服是哪裡來的？誰送給你的？」

我說：「很簡單，你們想不想交差？我可以告訴你，這些衣服是王丹送給我的。」

「你別瞎扯蛋，好漢做事好漢當，別往死人身上推。」

「既然這樣，我還可以告訴你，這是我自己買的。」

他們不依不饒：「你淨瞎扯，這種衣服哪裡有賣的？」

「我是在北行夜市買的。」

他們不滿意：「你真的不想說嗎？」

我堅定地回應：「你們再問我，我只能告訴你們，我不知道。」

我們陷入了僵持，但我隱約感到，這一次，我好像進入了一個預設的圈套。幸虧母親把衣服藏得隱蔽，才沒有被查出，只讓警察找到了兩件，算是沒讓他們抓到證據。

6月2號，我被送到瀋陽市公安局皇姑區看守所，刑事拘留。直到6月25號才獲得取保候審，釋放回家。因為在取保候審期間，他們四次以專案組的名義傳喚了我。這段時間對於我來說，充滿了不安和不確定。

獲釋後，市局的國保和我講：「老寧，我們許文友局長說了，以後對你們這些人全上刑警，他說國保太麵（形容軟弱無能），是幹細活的，

光榮歲月

你們的好日子到頭了。」

確實，他說得很準確。2013 年 6 月 1 日是市局國保牽頭成立的專案組，以瀋河區國保的名義具體辦案，相對還會掌握尺度，到了 2014 年政治問題刑事化，變成了市公安局安排刑警直接牽頭辦案，像對待搶劫、盜竊、強姦、殺人的案件一樣，4·25 專案組為了給老大許局長出氣，由市局副局長王小剛任專案組組長，直接抽調市局各部門的精銳，刑事、技偵、法治、追逃、反扒、國保⋯⋯聯合辦案，國保退到了最後，負責收攤。

49・難過端午節

一次我去醫院看望一位生病住院的朋友，在走廊裡，遇到一位在政府工作的老領導，他語重心長地囑咐我：「小寧，我告訴你，窮不跟富鬥，富不跟官鬥，不要這麼犯傻。據我瞭解，『六四』之後，每年的四、五、六這三個月都被定為敏感月，你要格外小心！」

從 1989 年的「六四」事件後，我被貼上民運分子的標籤，每到五月底，我都能感受到一種緊張壓抑的氣氛。這時，我會與志同道合的朋友們一起組織各種紀念活動。為此，我每年都在五月的最後一天剃光頭髮，以示抗議和紀念。

身處這場未名的風暴中，我深刻感受到了那股隨著六月臨近而湧動的緊張氣氛。每當這個時候，總有人想盡辦法找到我，他們知道我們不會忘記，他們必須控制我，因為對他們而言，這是一年中最讓他們嚴陣以待的時刻。隨著歲月的流逝，這種緊張感不減反增，我不是被囚禁，就是在逃避囚禁的路上。

當端午節悄然降臨，當人們依循古老的傳統，享受粽子和滾燙的雞蛋時，我往往是在看守所的冰冷鐵欄裡，或是監獄陰暗的角落，抑或是在逃亡的路途中，艱難度過⋯⋯

光榮歲月

農曆的五月初五端午節,一般都在陽曆的六月初。

　　一個按照傳統應該與家人團聚、吃粽子的時候,也是我最為緊張的時候。直到 2017 年,這樣的生活持續了近三十年。想到我女兒那無法理解、帶著困惑的眼神,她曾無數次向家人詢問:「為什麼每到吃粽子的這個節日,爸爸總是不在家?他難道不喜歡吃粽子嗎?」

　　女兒天真的提問,成為我人生中最深刻的記憶。我相信,這一切的犧牲,都只是為了實現自由和正義而付出的代價。這種代價是有價值的,是值得的,因為我站在了歷史正義的一邊。

註釋

27. 中國大陸多稱背包客為驢友,是旅遊愛好者自稱或尊稱對方的名詞,因為驢子能馱能背,吃苦耐勞,所以,也常被愛好者作為自豪的資本之一。驢友一般喜結伴出行,有的準備帳篷、睡袋,露宿在山間曠野。另一種說法是,取自「旅友」的諧音,即旅行之友的意思。
28. 包房,即包廂的意思。
29. 心梗,即心肌梗塞。
30. 屜布,蒸饅頭包子等食物時,蒸籠裏放的一層布,也叫籠布,用於防止被蒸的食物粘黏在蒸板上。

第十一章 綻放在山巔之上的愛情之花

50・冰山淨土

2010年12月15日刑滿釋放，第二年的2月19日，我就參加了瀋陽市的一個戶外運動團體，並在戶外運動中結識了我的女友江小魚，開始了一場註定沒有結局的綺麗苦戀。

小魚兒畢業於吉林大學醫學院高護專業，在瀋陽一所醫學院工作。她出生在一個知識分子家庭，父親是一家企業的高級工程師，母親是一個企業的行政幹部，她是家裡的獨生女，體態嬌小，膚色白皙，聰明而優雅。我們在一次戶外活動中認識，在網路上熱戀，並最終走到了一起。

我參加戶外登山活動還有一個隱蔽的目的，那就是當國內政治形勢緊張，沒有生存空間的時候，我選擇不坐以待斃——我將設法逃離這個國家，如果正常方式走不了，就從東南亞一帶偷渡。

而偷渡對我的體能、野外生存經驗都是一個考驗。因此我計畫訓練自己，目標是徒步三十公里，且連續在野外穿越攀山越嶺十二個小時。

我參加的QQ戶外群，大家對我過去的情況普遍都不太瞭解，但我以真誠和能力收穫了友情，並很快成為戶外群裡的骨幹。

千山活動回來以後，我的好朋友薛庭芳（網名：愛心）帶著我去了兩家戶外用品店，購買了一系列裝備，包括衝鋒衣、帳篷、登山鞋、背包、登山杖，冬季用的冰爪、雪套、防寒頭巾、手套等。小薛的妻子曾說：「小寧剛剛回來，過去他幫助過你，現在你經濟條件好了，應該多多支持他。無論他需要什麼東西，或者在哪裡需要應酬，你去為他埋單。」小薛夫妻的友情讓我感到溫暖。

一個冰冷的冬日，上午十點鐘，我們的大巴車緩緩駛入了南芬區財神廟的劉家堡子村，這裡宛如一個世外桃源。車門剛打開，一股寒氣撲面而來，眾人紛紛下車，開始調整裝備，檢查通訊設備，確保群裡的手台頻率一致。領隊「北極熊」仔細講解了本次戶外活動的規則和要求，特別強調前方不要超越領隊，岔路時要聽中路的引導，最後的「驢友」不能落後於收隊。大家表示遵守規則，準備好迎接冰雪的挑戰。

冬日的陽光透過稀薄的雲層，灑在雪白的大地上，領隊的紅旗像一團火炬，在前方招展，「驢友」們五顏六色的登山服、背包，像白色畫布上爭奇鬥豔的花朵，在白黑兩色的畫板上，展現靚麗的色彩。空氣清新而冰爽，山野間的一切都被一層厚厚的積雪包裹。

由於幾天前再次降雪，山上幾乎沒有人跡。我們踏著潔白的積雪，感受著大自然的深邃和純淨。

按照計畫，上半程野線穿越的踏雪之行，有一段三十分鐘左右的悶坡，讓我不停地用掛在登山包背帶上的毛巾擦拭著額頭的汗珠，小魚兒和幾個「驢友」不時地拉我一把，才讓我勉強不至於掉隊。

雪原上偶爾會出現野生動物們留下的足跡。我們一行人踏著積雪覆蓋的小徑，越過叢林，朝山下邁進。前面傳出領隊「北極熊」手台中發出的略顯嘶啞的聲音，提醒我們前方即將經過一片冰面，提醒驢友們戴上冰爪，檢查好登山杖，保持安全距離，小心滑倒。

在山間踏雪行進，許多旅伴的呼吸變得急促，他們的氣息和腳步與踩在積雪上的嘎吱、嘎吱聲交織在一起，別有一番韻致。

登山群裡大家都以網名相稱，「腳哥」的四川普通話加上他有點大舌頭的發音，經常把大家逗得哈哈大笑！「玲子」、「平安」是群裡活躍的美女，她們跳躍著，如同兩隻活潑、歡快的小白兔，在這片寂靜的雪地上騰起陣陣笑聲。她們的活力似乎能驅散寒冷，給大家的行程增添了不少樂趣。旁邊的「在水一方」一臉壞笑，用狡黠的目光偷看著一

綻放在山巔之上的愛情之花

位衣著豔麗的「驢友」。在短暫的休息時刻，我用相機記錄下這個安靜又充滿活力的冬日場景。

我們行走在潔白的大地上，雪花在陽光的照射下熠熠生輝，好像無數精緻的小鑽石在閃耀。山谷中的樹木沉甸甸地被積雪覆蓋，枝頭掛著晶瑩剔透的冰晶，像是把這裡裝點成了一個純淨的仙境。

在雪後初晴的日子，行走雪原，被驚擾的鳥兒突然飛揚，幾隻山雀高唱著飛越寂靜的天空，昭示著這山中生命的存在。當我們逐漸接近山頂，挑戰才真正開始。前方沒有道路，我們必須依靠經驗、勇氣和直覺，穿越被厚雪和枯草叢生的植被覆蓋的區域。

在攀登的過程中，每個人都表現出了毅力和勇氣，尤其是前面領隊的「強驢」，在前面探路，手台中不時地傳出：

「這條是斷頭路，後面不要跟進，我們開始下撤。」

經過長時間的攀爬和跋涉，我們喘著粗氣拄著登山杖陸陸續續地站在了山頂。

一身疲憊頓時消盡，飽含負氧離子的空氣是如此清新，每一次呼吸都彷彿在淨化著我們的肺腑和心靈。山頂的風，帶著一股股的寒意，讓人感覺瞬間清醒，目光明亮。

登高望遠，心潮起伏，仿佛置身於塵世之外，忍不住要大吼幾聲，吐出鬱積在心的悶氣。我們歡呼、跳躍、歌唱，在山頂合影留念，心情無比激動、舒暢。

2011年2月26日，第二次千山野線徒步穿越

綻放在山巔之上的愛情之花

天有不測風雲。萬沒想到幾年之後，我的好兄弟薛庭芳罹患肝癌，於 2015 年 9 月 14 日早上 6 點 30 分去世。我失去了一個相處了二十多年的好兄弟。儘管我一生很少流淚，但那天噩耗一傳來，我不禁淚如泉湧，放聲痛哭。我和朋友們一起前往回龍崗殯儀館為他送行。這是我一生中最悲痛的時刻之一，他的音容和友情將永遠留在我的心裡。

51．千山情緣

2011 年 5 月 8 日，瀋陽徒步北陵團在 QQ 群裡發布出隊通告：千山——對椿石穿越，大巴五十四人開始接力報名：林子、白鷺、翻山越嶺、北極熊、三月風、腳踏實地、黑白世界、輝哥、小魚兒、大白梨、平安、老菜鳥、天邊的雲、愛心、劃風……

劃風，就是我。

早晨洗漱後，簡單早餐，我背著登山包步行到北陵軍人俱樂部門前的停車場，「驢友」們從四面八方紛紛聚齊，準備向千山進發。

與「驢友」合影

綻放在山巔之上的愛情之花

在展覽館停靠站，大巴駛向路邊，車門緩緩打開，在大巴司機的催促下，急急忙忙上來了三男兩女，其中一位身材嬌小、身穿玫瑰紅衝鋒衣的她，相貌秀美而清新，皮膚白皙如雪，散發著自然的光澤，雙頰不經意間泛著微紅，彷彿是蓓蕾即將綻放的樣子。她的嘴角輕啟，總是掛著一抹溫柔的微笑，為她增添了無限的親和力。她的短髮齊肩而下，如黑色的絲綢般柔順，輕撫風中，飄逸著溫柔的夢幻。清秀的小臉龐上戴著一副金絲邊的精美眼鏡，讓人們眼睛一亮。

　　「人生若只如初見。」這是我初見小魚兒腦海裡蹦出來的納蘭性德的詩句。其實還有後半句：「何事秋風悲畫扇。」合起來才是完整的命運。

　　「小魚兒姐姐你今天真漂亮呀！」隊友「天邊的雲」熱情地和她打著招呼。

　　大巴車在歡歌笑語中沿著沈大高速公路駛向鞍山，途中，「驢友」們紛紛展示才藝，有唱歌、詩朗誦，還有講笑話的，這時領隊「林子」接到電話，然後宣佈：「今天徒步活動得到了鞍山驢友的大力支持，他們組織團隊和我們聯合穿越，並且安排了專業樂隊、專業主持人和我們聯歡，我們要展現出省城隊的風采。」

　　大家歡呼雀躍，開始報名：「天邊的雲」芭蕾舞、「小魚兒」民族舞表演，「林子」走到了我的座位：「劃風哥，你也要準備個節目。」

　　我爽快答應：「好吧，我寫首詩，現場朗讀。」

　　10點40分，晴空萬里，一群熱情洋溢的「驢友」在千山腳下的椿石村集結完畢。「驢友」們三五成群，調整好裝備，沿著那山路蜿蜒而上，目標——夾扁石。

　　遠方湛藍藍的天空中，飄過一朵朵淡淡的白雲，一隻老鷹在空中盤旋。讓我想起：海闊憑魚躍，天高任鳥飛。

綻放在山巔之上的愛情之花

天然形成，巧奪天工的兩塊巨石——夾扁石，立在石壁之間，中間只容一個標準體重的人通過。成了「標準體重」的檢驗儀！鞍山的「驢友」們熱心地介紹著，那些「體重超標」的遊客們，都想上去試一試，有些人看著卡在兩塊巨石中間的超重實驗者後，不由得一陣歡笑，有的選擇放棄，從旁邊繞行。

　　千山的險怪在於其巨石林立，各種形狀突兀的巨型花崗岩，讓很多登山者踟躕不前。遠遠望去，上面的「西椿」已在眼前，通往山頂石縫間的羊腸小路上，長著根入石縫極深的小樹，成了攀登者的抓手。在千萬次的撫摸以後，小樹枝條變得光滑細膩，被盤得包漿自然，圓潤醇厚。

　　情侶石前，「愛心」熱心招呼著小魚兒，「小魚兒，過來呀！這裡很美，哥幫你照一張。」幾位「驢友」等在這裡拍照，期盼著這塊石頭能給自己的帶來好彩頭。再往前走，龜石、落雪懸崖、大牛爪、仙人台，被我們一一翻越。

　　下午一點，天空仍然清淨湛藍，只有幾朵淡淡的雲彩漂浮其中。山上的風變得有些急促，我們登山團隊找到一個背風的地方，圍坐在那裡，休息並享用帶來的食物，這是一場歡快、愉悅的山裡野餐。小魚兒拿出一盒春餅，裡面卷著豆芽、木耳、雞蛋和土豆絲，她拿出一卷遞給我，笑著說：「劃風哥，我早晨做的，你不嘗嘗嗎？」我欣然接受，說：「好啊，我可以幫你減輕負荷。」但她堅持不讓我白吃，要求我還她一罐可樂。大家在笑聲中分享著……

　　今天要按照預定時間結束穿越，去參加「驢友」們的聯歡。大家齊心協力，陸續攀登到「對椿石」的山峰上。

　　遠處層巒疊嶂，巍峨壯麗，像一件件巨大的雕塑，經過大自然巧奪天工後，展示在世人面前。

　　三點，登山活動結束，「驢友」們下山，直奔預定好的酒店。

綻放在山巔之上的愛情之花

千山腳下的一個大型的農家樂酒店。一樓大廳裡十張桌子，被我們瀋陽和鞍山「驢友」們包場。「驢友」們聊著山上的奇遇，笑聲、掌聲此起彼伏。今天的千山之行，雖然有汗水，有疲憊，但更多的，是那份難以忘懷的快樂和友誼。

前邊的一個簡易舞臺上擺放著架子鼓[31]、電子琴，旁邊站在電吉他手和薩克斯演奏者。

震撼人心、激情四射的開場樂曲後，一男一女兩位主持人手持麥克風閃亮登場：

女士們，先生們。熱愛自然，積極向上，強身健體，充滿樂觀精神的「驢友」朋友們！

春光明媚，槐花飄香，奏響一曲春天的樂曲。

春天是愛的季節，春天的每一片葉子，每一朵花都寫滿了友誼和深情。

在這一片歡歌笑語中。我們迎來了瀋陽鞍山兩地「驢友」們首次的聯合穿越。

下面請……

雙方的領隊上前致歡迎詞和答謝詞。在歡快的迎賓樂曲中，酒店的服務員們井然有序地上菜，香腸、皮凍、東北大拉皮、醬豬蹄、殺豬菜、四喜丸子、小雞燉蘑菇、白酒、啤酒……隨後演出開始，聯歡會漸入佳境。

鞍山的「驢友」男高音演唱《在那桃花盛開的地方》，很有蔣大為的味道，引來了熱情的掌聲；瀋陽「天邊的雲」一段功底深厚、唯美的芭蕾舞小天鵝，惟妙惟肖，技驚四座；鞍山「驢友」的薩克斯風獨奏《回家》，引來了陣陣喝彩。鞍山「驢友」演唱了京劇以後，小魚兒的民族

舞展示了線條和韻律的優美,看得「驢友」們如癡如醉,整個演出穿插進行。

主持人宣布:下面請瀋陽徒步的劃風,為大家朗讀一首即興創作的詩歌〈驢友〉。

我站起來朗誦:

〈驢友〉

我的使命是流浪

心繫著遙遠的方向

行囊中裝滿了探求的渴望

在山野間穿行、遊蕩、酣暢⋯⋯

我們用腳步丈量

大地母親那寬闊的胸膛

分享了友誼、開心、快樂和健康

用愛相助

手牽著手

我們登上杳無人煙的山梁

我們走過的地方

只留下影子、腳印、汗水和笑聲朗朗⋯⋯

我們永遠嚮往的是

遠方⋯⋯

強度二十公里的徒步穿越消耗了我太多的體力,使我出現了血糖偏低的症狀。且剛剛回歸社會,一下子面對這麼多人,缺少足夠的自信。

我多少有些緊張，讀完了自己創作的詩，在熱烈的掌聲中走下了舞臺，目光與台下的小魚兒碰撞在一起，在她飽含深情的目光中，我彷彿被愛的閃電擊中。

她脫去了衝鋒衣，一件淡黃色貼身的抓絨衫凸顯出她優美的線條，一條玫瑰紅色的抓絨褲；梳著齊肩的直髮，白細粉嫩的臉蛋上閃亮的金絲邊眼鏡，使她顯得嫵媚、斯文。

52・約會

千山穿越後，我們開始約會。

第一次約會地點，在鐵西區滑翔社區旁的一家海鮮餐廳。那天傍晚，當我走進餐廳，遠遠就看到了她。她比我先到，讓我暗生感動。

在柔和的燈光下，她安靜地坐在靠窗的小桌旁，專心翻看一本時尚雜誌。當我走近她，她的臉上綻放出了燦爛的笑容。我們點了這家海鮮餐廳的五道菜，色香味俱佳。

第一道是泰式香辣蝦，蝦肉鮮美，外酥內嫩，帶有獨特的泰式香辣味。

第二道是清炒豆苗，豆苗配上少許的蒜片和蠔油，清淡鮮美。

第三道，雪棉豆沙，細嫩軟糯的外皮包裹著綿甜的豆沙，輕輕過油後，炸膨成一個個乒乓球大小淡金色的氣泡狀的菜品，整齊的擺放在盤內，上面撒些白砂糖；看來簡直是精美的藝術品。

後面一道是清蒸魚，冒著熱氣鮮嫩的鱸魚，上面整齊擺放著紅椒、蔥、姜絲，加上蒸魚豉油，淋上熱油，配上一朵紅心蘿蔔雕刻的鮮豔盛開的牡丹花，美味華貴。

最後是瓜片魚丸湯，清香中帶有魚的鮮香，讓人回味無窮。我們自

帶了一瓶紅葡萄酒，盡情享用海鮮餐廳的美味。餐廳裡的背景音樂輕柔地瀰漫開來，彷彿一縷清風。理查·克萊德門的鋼琴曲《夢中的婚禮》在空氣中漂浮，如同音符的精靈，輕輕觸動人的心弦，那麼的應景。我們坐在餐桌旁，輕聲細語，慢慢地享受著這美妙的音樂，彷彿被帶入了一個寧靜而溫馨的世界。她的皮膚潔白，舉止文雅，面頰微紅，眼睛裡透著羞澀。我們邊吃邊聊，談論著家庭、工作和未來。

她向我傾訴她的擔憂，她對婚姻和獨立生活的恐懼，她不願意離開父母，不敢面對未知的生活。她說她現在把所有的精力都投入到工作和學習中，她熱愛她的學生們。她告訴我她現在是一名副教授，正在為晉升正高[32]做準備。

我也分享了我的經歷和遭遇，她說她早就注意到了我，起初是因為我在 QQ 上的登山照片，我充滿自信的燦爛笑容吸引了她。她覺得我與那些油膩大叔不同，給她留下的印象是陽光、儒雅，熱愛生活。她還提到我寫的書法和一些關於生活的感悟，認為我的三觀很正，她頗有共鳴，深受吸引。

「真不知道你是一個這麼有故事的人，完全看不出你曾經承受過這麼多的苦難。經歷了這麼多的風風雨雨，都沒有壓垮你，你真的非常令我敬佩！」

飯後，我們一起沿著河邊散步，享受著寧靜的夜晚和溫馨浪漫的氛圍。小魚兒單純的笑容和聰慧的眼神讓這個約會變得格外特別。

有時我去她的醫學院找她，一起去食堂，吃院裡的工作午餐，也見了她系裡的很多同事。後來她爸爸媽媽邀請我去位於鐵西區紫郡城小區的家裡。她家住在秋實園一套三室一廳的房子，乾淨整潔，爸爸媽媽都已經退休了，家裡養了一條叫「歡歡」的小花狗。我們一起聊得很愉快，我和小魚兒聯手下廚做了六菜一湯，有她爸爸喜歡吃的肉和魚，和她媽媽喜歡吃的青菜，我拿出了看家本領，兼顧了色香味型，他們吃得非常

綻放在山巔之上的愛情之花

開心,

「小寧,以你的經歷,不像是有機會從事過廚師行業,但是,這些擺盤和雕花裝飾你是什麼時候學會的?」

老人家們吃得讚不絕口,「這完全可以達到或者超越一般飯店的水準。」其實,我知道我是在努力表現,爭取給他們留下好的印象。飯後我和她爸爸站在陽臺上抽煙,閒聊中我告訴他:「我看到一篇報導,周永康[33]被抓了。」

他很吃驚:「不會吧!小寧,你可不要亂傳這樣的消息。」

2013年1月23日,星期三,距離春節還有不到二十天的時間,瀋陽大雪紛飛,整個城市都被銀裝素裹。這個下午,雪停了,她沒有課,於是我們約好一起踏雪逛街。她告訴我,她選中了一套法國品牌的鐵灰色衝鋒衣,堅信我穿上它會非常得體,她決定送給我,作為今年春節的禮物。

她穿著我送給她的淡咖啡色登山鞋,鞋上點綴著玫瑰紅的裝飾,她說這雙鞋非常喜歡,舒適而合腳。我們一起在中街商業城購買了衣服後,前往附近的吉野家速食店,點了兩份速食。街道上的積雪部分融化成泥濘,已是晚上八點多。瀋陽的冬天,天黑得比較早,我決定送她回家,當我們接近她家社區的時候,她接到了媽媽的電話。

媽媽告訴她,她和爸爸去了東陵區的舅舅家,由於道路濕滑,舅舅一家挽留,他們決定今天晚上不回來了,讓她明天早上記得遛狗,並提醒要調好鬧鐘,按時上班,晚上要記得給歡歡餵食。當我們進了她家,房間裡顯得格外冷清,她突然感到一絲落寞。她深情地望著我:「今晚的雪這麼大,我一個人有點怕,你能不走嗎……?」

結果當天瀋陽蘇家屯和燈塔地區發生5.1級地震,小魚兒抱著我深情地說:「今生原想在最危險的時候能和爸爸媽媽在一起,沒有想到在

綻放在山巔之上的愛情之花

危險的時候能和所愛的人在一起,也會感覺到踏實和心安,感覺非常幸福……」

53・鐐銬考驗的愛情

五個多月以後,2013年6月2日周日的早上,小魚兒給我打電話,問我在什麼地方?怎麼沒有過去找她?我告訴她昨晚我被一幫警察帶到了皇姑分局,現在黃河派出所做筆錄,估計要刑拘。

在黃河派出所門前,小魚兒眼巴巴地看著我戴著手銬,被三名警察押上警車,警車鳴著警笛拉著我絕塵遠去。那天她穿著一襲紅花白底的裙子,戴著白色寬簷草帽,神色淒慌,像一隻失單的小鳥。

她焦急地不停打電話,希望能夠找到我的下落。然而,由於我被定性為敵對組織的負責人,每次抓捕都嚴格保密,關押地點怎能輕易獲得?

最終,小魚兒求到一個有門路的學生家長,她說我是她的表哥,她舅舅家的孩子,人家才肯打電話查詢。學生家長說:「姜教授,你要找的人關押在皇姑區看守所。」還再三叮嚀千萬不要把消息來源透露出去,否則他將背上處分。

6月25日晚,我被取保候審。由於近一個月的囚禁折磨,使我的身體非常虛弱,體重下降了近十斤,腿部肌肉鬆弛。小魚兒牽著我的手在南運河岸帶狀公園散步,走到沈水灣附近的「渾河晚渡」時,我放慢了腳步,她問:「怎麼了?是不是哪裡不舒服?」

「我的腿和腳都痛。」

她扶著我坐在河岸旁的長椅上,她蹲在地上,脫下我的鞋,按摩我的小腿部和腳掌足底。她說,要保證你的血液流通,這樣才有助於恢復。

旁邊過往的遊客都投來奇異的目光,他們無法想象,一個白淨、斯

綻放在山巔之上的愛情之花

文的小美女,卻如此關愛比她大上十幾歲的落魄大叔,這是什麼樣的人間綺麗!

然而取保候審並不意味著我就此平安無事了,是否抓我進去,取決於掌權者一念之間;小魚兒明白這層意思,她勸誡我,不要再冒險出頭,不要再與他們對抗了。她希望我能夠珍惜現在的生活,不再捲入危險之中。

「知道你被抓走後,我和你的家人,還有你的朋友們非常擔心!你瞭解我們有多麼著急嗎?好好休息,好好調養身體,重新規劃生活吧。」

我回到家後,母親說:「這一次真的多虧了小江。她不停地找人,四處奔走,她打了上百次的電話求人找你。你要好好感謝她。」

當時老娘還不知道小魚兒是我的女友,以為只是普通朋友。我的老娘啊!天底下哪有無緣無故的愛和擔憂?

54・情人日記

我們相愛後,小魚兒在日記中寫道:

愛情的魔法很奇妙,而保鮮的秘密,則藏在日常生活的點點滴滴中。

當我們初識,我就像一個對社會尚未完全瞭解的清純少女,而他,有著經歷過風雲變幻後的坦然與平和。他身上散發的陽光氣質總讓我感覺,這世界就像是個大型遊樂場,沒有什麼是真正需要害怕的。而我,或許是我的堅韌與我所有的優點,吸引了他。

初戀的激情漸漸平復,但我們的生活並沒有因此而變得單調。我們對旅行的熱愛,對音樂的共鳴,對運動的追求,還有那不斷學習和社交的熱情,都使我們彼此生活中的色彩變得更加豐富。像是兩個彩虹交織,我們都覺得自己彷彿變成了另一個人,從彼此的眼神中,不再僅僅

綻放在山巔之上的愛情之花

是熱戀的甜蜜，而是加入了傾慕與佩服，為對方的進步而感到驕傲。

我們並沒有陷入那種日久生厭的困境，相反，我們更加珍惜彼此。每一天，我們都在為對方而變得更好，就像是兩塊拼圖，隨著時間的流逝，彼此的邊緣更加契合。在這個過程中，互相的鼓勵、支持與扶持，讓我們的關係像是醇香的老酒，越陳越香。

這，或許是真正的愛情應有的樣子：不僅僅是熱戀的心跳，更是平淡生活中的相濡以沫，是兩人共同努力，不斷進步，彼此欣賞，為愛前行的旅程。這種與伴侶並肩前行的感覺，真的是一種無法言喻的高級享受。

真心為你準備的情人節禮物

我對跑步有著濃厚的熱情。儘管我在鞋的選擇上並不太挑剔，但男友總是批評我，時常說：「你真的應該穿一雙更好的跑鞋，鞋子可不能隨便選。」儘管我一直聽他這麼說，但我從未真正把這件事放在心上。

情人節當天，他帶我在商場裡閒逛。當我們走到耐克[34]專櫃時，他突然停下，鼓勵我試試他為我挑選的那雙鞋。我有些猶豫，但還是按照他的建議試了試。那雙鞋真的很適合我，既時尚又舒適，彷彿是專為我量身打造的。我幾乎還沒來得及做出決定，他就已經拿起那雙鞋去結帳了。我真的很感動，因為通常我並不習慣讓男友為我支付任何費用。

這雙鞋，可能是我見過的耐克系列中最迷人的一款。它的配色非常吸引人，穿在腳上既舒適又顯腳型。從那天起，我每天都精心穿著這雙鞋，每當我看到它，都能感受到那份從男友那裡傳來的深深的關心與愛意，這讓我感到無比的幸福與甜蜜。

珍視生活儀式感

我的男友充滿了陽光的活力，總是樂觀、充滿能量。與他相伴，我

感覺自己仿佛置身於一股溫暖的力量中，什麼困難都不再令我畏懼。更重要的是，與他在一起，我被他的那份熱情所感染，總是鞭策自己要變得更好。

他有一種儀式感，令我深深地愛上。不論是大大小小的節日，他都有自己的慶祝方式：每個特定的節日都有對應的美食，有對應的活動，沒有一樣是例外的。更讓我心動的是，每次他出差，無論多忙、多累，他總是會為我帶回一份特別的小禮物。這些小小的細節，讓我覺得與他的日常如同每天都在過節。

與他在一起，每一個時刻都仿佛是在天堂，不論是外出旅行，還是在家的小日常。有喜事，我們總會找個方式慶祝，不論是在家燭光晚餐，還是外出歡聚。即使在心情低落時，我們都會為對方準備一個小小的驚喜，為彼此在生活中增添一份溫馨的回憶。

我深深愛上了這位先生的儀式感，與他在一起的每一天，都充滿了甜蜜和期待。他的這份獨特的生活態度，讓我們的愛情永遠充滿新鮮感。

55・東風無力

2013年2月11日，大年初二，我去小魚兒的家拜年，並帶去了一份傳統的四彩禮，包括煙、酒、水果和茶。我還送給她的父母一幅我書寫的書法作品「鶴壽」。他們非常高興，並將其掛在客廳的顯眼位置。每當有客人來訪，他們都會自豪地介紹這是小魚兒的男朋友寫的。

我書寫的「鶴壽」作為見面禮

隨著時間的推移，我與小魚兒的感情越來越深。但當2014年5月16日晚我再次被捕，她的爸爸和媽媽這才瞭解到我的真實情況。於是，他們開始反對我們的交往。

　　2014年5月16日，晚上八點左右，飯後我和小魚兒正在我家社區外散步，突然衝上來幾個便衣把我圍住，向我出示了警官證。

　　「公安局的！你跟我們走一趟。」

　　幾個人圍著我在我的身後，將我的雙手銬牢，小魚兒衝著警察大喊：「他有肩周炎，你們不能這樣對他！」三、四個警察急忙過去，把她控制在一旁。

　　看著我再一次被一幫兇神惡煞般的警察帶走。她回到家，告訴了爸爸媽媽：「小寧又被警察抓走了。」

　　她的爸爸說：「這次又因為什麼？一年被抓一次，這怎麼行呀？女兒，你要聽話，趕快離開他吧。」

　　2015年冬天的一個晚上，電話鈴聲突然響起。我看到是小魚兒的來電，接聽後，卻聽到了她和她爸爸之間的爭吵聲。

　　她爸爸的聲音：「他是個壞人，是個勞改犯！你為什麼要和他在一起？我和你媽的臉都被你丟盡了！」

　　小魚兒的聲音：「爸爸，你為什麼不相信我？他不是壞人，他是好人！」

　　電話中不斷傳來她爸爸和媽媽的斥責聲，小魚兒哭泣著，竭力為我辯護，與家人爭執不休。

　　過了幾天，小魚兒的父親給我母親打電話，要求母親阻止我和他女兒來往，並斷言我是壞人。我母親很生氣，回應說：「我自己養的孩子

我知道，我兒子是響噹噹的好人！」

事後，小魚兒哭著告訴我，那天晚上，她的父親用捲起來的雜誌打了她的頭。

「你受委屈了，其實你的父母是愛你的。」我安慰她，雖然我也感到心疼。

在這種情況中，我必須做出一個決定，可能是一個影響我餘生的決定，是我一生中最困難的選擇，但也可能是我走向新生活，走向真正自我認知的必經之路。

56・芭提雅[35] 探路之旅

2015年8月我的第二次取保候審結束，為了試探我當時是不是處在邊境控制狀態，為出逃探路，熟悉泰國環境，小魚兒給我們報了一個瀋陽出發去泰國的旅遊團。我打電話通知國保的負責人告知

：「我的取保候審結束了，我要帶著我的女朋友一起去泰國旅遊。」

「跟團走嗎？哪家旅遊公司？把行程告訴我，確定是泰國一地嗎？什麼時間回來……？」

警察不放心，一連串問了無數個問題，但他們最終還是放行了。

從曼谷來到芭提雅，這個充滿神秘和魅力的旅遊勝地。我們將在這裡度過難忘的時光。

小魚兒興奮地說，今年她的生日過得是最開心的，因為我為她準備了一份特殊的禮物———一次潛水體驗。

當小魚兒潛入清澈的海水中，水下的世界讓她陶醉，五光十色的珊瑚和熱帶魚構成了一幅美麗的畫卷。出水後小魚兒欣喜若花，笑容燦爛

地說:「水下景色非常美,如果我們倆一起潛到海底,那將更加美妙。」

她充滿了對我們的未來的期許和對這個特殊生日禮物的熱愛。

芭提雅水上市場是這座城市的一大亮點,曾經是電影《杜拉拉升職記》的外景拍攝地。市場上各種商品琳琅滿目,各式各樣物美價廉的紀念品陳列其中,我和小魚兒在這裡流連忘返。

晚上在賓館,小魚兒洗漱後坐在床邊,翻看著一天旅遊所拍攝的照片。

見她很放鬆,心情不錯,我趁機開口道:「小魚兒,我有一件事要告訴你。如果有一天我決定離開這裡,去別的國家,你會怎麼樣?」

她的回答出乎我的意料:「挺好呀!如果你能離開中國,我會為你高興。你在中國的生活太艱難了,我真不忍心再看你受罪。」

她的這番話讓我五味雜陳,一方面感受了她的疼愛,另一方面又有些失落。

「但是如果我離開了,你會怎麼交代呢?」

「我醒來後,你就不見了,我還能怎麼辦?你是不是在考慮逃走?」

我的心情變得複雜,「我只是問問,並沒有具體的計畫和安排。」

……

為了更好地與外界聯繫,我在賓館樓下買了一張泰國的電話卡,給遠在美國的朋友們打電話:「我在泰國,如果現在去美國可以嗎?」

朋友說:「現在就過來怕沒那麼容易,你沒有簽證,走聯合國難民申請這個路子要等好幾年時間。而且海外的人都很現實,你不要期望別

人會幫助你，經濟問題還是要自己解決！」

我身上一共才三千多塊人民幣，連買一張到美國的機票錢都不夠，我有些落寞，這次完全沒有計劃好，也沒有提前做好出逃的準備和安排。

我知道，無論發生什麼事，我都需要自己去面對和解決。這趟芭提亞之旅，完成了我流亡前的一次彩排。

在這個關鍵的時刻，我可能需要深深地去反檢、審視自己的內心，也需要考慮到所有相關人的感受。但無論結果如何，我都需要為自己的選擇負責，並且甘願承擔所有可能出現的後果。

這就是我，一個複雜但真實的人，一個充滿矛盾但也充滿活力的人。我的故事或許還沒有結束，但無論如何，我想彼此互相銘記一生，足矣。

57・打開邊控

一

2012年12月15日，我刑滿釋放已經兩周年。附加刑的剝奪政治權利期限也已結束。這一天，一位曾經和我並肩戰鬥過的朋友告訴我：「哥，你應該試試看把邊控打開。」他分享了一些方法，建議我首先申請去香港或泰國旅遊，這樣他們沒有理由不讓你出境。如果他們仍然限制你，你可以與他們談條件，甚至威脅要接受外國媒體採訪。他告訴我，他們最害怕的是我給他們製造麻煩。

那個時候，整體的大環境還算不錯，中國政府對國際社會還有一些顧慮，會考慮一些國際影響，也考慮維護一些國際形象。孫立軍剛剛掌控了國保，仍在摸索適應和佈局階段，對整體工作尺度還未完全掌握。

綻放在山巔之上的愛情之花

2013 年初,我首先在旅行社選好了前往香港的旅遊項目,2 月 23 日從瀋陽桃仙機場出發到香港澳門六日遊,28 日返回瀋陽桃仙機場,團費 2360 元。我做了預約登記後領取了表格。然後,前往瀋陽市北陵公園附近的瀋陽市公安局外管處,申請港澳通行證。當我排隊辦理的時候,提供了我的相關資料,負責的警官將我的資訊輸入電腦後,突然盯著螢幕看了一會兒,然後告訴我:「你辦不了!你被邊控,不允許你出境。」我追問原因,他卻回答不知道。我繼續詢問是哪個部門做出的決定,他告訴我是市局國保。

　　我人在外管處的辦事大廳,當場就給市公安局國保的負責人打電話,我問他們為什麼限制我出境?他說:

　　「你的身份特殊,當然我們要對你有些約束。」

　　我說:「我的剝權期已經結束,你們有什麼理由限制我?如果你們這樣,我明天就找媒體,和我的朋友們講我現在的情況!」我語氣強硬,態度堅決。

　　他問我:「你要去什麼地方?」

　　「香港!」我說我報了一個去香港的旅遊團。

　　「我被關了這麼久,我想出去走一走、看一看。」

　　他說:「你別著急!你的身分比較特殊,我們要和上面商量一下。我們今天下午臨下班前去你家去找你,五點左右你在家等我們。」

　　下午臨近五點,家中的門鈴響起,來了兩位身穿便服的國保,姓徐的副大隊長帶了一位年輕的警察,他們問我:

　　「去香港幹什麼?」

　　我說:「去香港旅遊。」

「是香港一地嗎？」

我說：「香港和澳門。」

他說：「那這次去多少天？哪家旅遊公司？參加的哪個團？自己去還是和朋友一起去？大概費用多少？」我一邊說，年輕的一邊記。

他說：「我們回去研究了一下，會儘快給你答覆。」

按理說我的剝奪政治權利期限已經結束，他們確實沒有理由限制我出行，但考慮到我的情況特殊，我必須要滿足幾個條件，他們才能放行。第一、因為我的特殊身份和情況，去香港以後不能接受任何媒體記者的採訪；第二、旅遊就好好玩，放鬆放鬆，不能發表任何政治言論；第三、不能借此機會去見海外的民運組織和個人。如果我答應這三條，就簽個字，他們回去和上級匯報後就可以讓我出去。

我說：「我這是完全單純的旅遊，和你們要求的這些事情不沾邊。」

第二天上午十一點左右，徐大隊長打來電話。「寧先華，你可以去香港了，祝你旅途愉快。我們領導說了，你回來後我們給你接風。」

我知道他們想用接風牽著我，便於掌握我的行蹤。當天下午我就去了市公安局外管處，辦理了港澳通行證。到了現場，我發現辦理港澳地區通行證和辦理護照是在一起的，便藉這個機會把護照也辦好了。

二

我擁有上一本護照，是在 2002 年。那時，遼寧的朋友與我商量，認為遼寧地區在海外沒有發出聲音，於是計畫讓我以遼寧或者東北地區海外發言人的身分準備出國。首站選的是泰國，先在泰國申請政治庇護，然後尋找機會前往民主國家，其中的首選是美國。

我先去找了一家旅行社預約了一個前往泰國的旅遊團。隨後，前往

瀋陽市公安局外管處辦理護照手續。在辦理的過程中，我將所需材料遞交給了負責辦理業務的警察。他將我的資料登錄電腦後，臉上露出了一絲疑惑。他告訴我：

「你的情況有點特殊，電腦顯示你已經有了護照。」

我堅決否認：「我沒有護照。」

然而，情況變得更加複雜，他叫來了他的領導，兩人在電腦前比比畫畫地研究著，領導模樣的人認真審視了電腦螢幕後，進入了辦公室開始撥打電話；等了大約半個小時，他們終於告訴我，我被限制出境。

我有些氣憤，為什麼限制我出鏡？於是我撥打了市公安局國保支隊負責人的電話。他們經過反覆核實後，確認了我的計畫是前往泰國單純的旅遊，於是讓我先回去等待消息。兩、三天後他們打來電話，告訴我護照已經批准。但前提是，我需要提供我的旅遊公司資訊、參加的旅行團資訊以及詳細的行程，以備案備查。

但當時，護照批准後，我的計畫最終未能實現。各種事情紛至沓來，使得那次的旅行夢想擱淺。不久之後，我重新考慮了離開中國的念頭。然而，2003 年 12 月 12 日，我在四川成都被捕，護照也在警方搜查我家時被沒收。這個旅程的終點並非泰國或美國，而是一段被命運干預的故事，一段長達七年的囚禁生活。

三

就這樣，雖然我一直被邊控，經過爭取，我兩次都成功地辦理了護照，並對出行泰國進行了第一次「彩排」。這些行動為我日後的計畫邁出了關鍵的一步，熟悉了泰國的大致環境，鍛煉了我在複雜情況下的應變能力。這些都對我後來逃出中國準備了條件。

隨後，我開始一步一步實施自己的計畫。我明白，這只是一個開始，

綻放在山巔之上的愛情之花

真正的挑戰還在前方,但至少,在壓迫與不自由的環境中,我找到了一線生機。

這是我在一個充滿壓迫和不公的系統中,用智慧和勇氣敢於嘗試,不斷爭取後書寫的生存之道。我用行動證明,即便是在最不利的條件下,在最窒息的環境中,依然有可能找到通往自由之路。而這一切,都從自己敢於邁出的第一步開始。

58・博弈:接近美領館

對民運人士來說,普遍認為離開中國,最好的落腳點是美國。而要進入美國,比較好的方式是先與外交官們取得聯繫;雖然直接去領事館申請簽證不見得能獲得批准。為了聯繫到美領館,我曾經做過一次嘗試。

2013年12月11日,我接到了姜立軍的電話:「哥,美國駐瀋陽總領事館明天下午五點舉行研討會,討論汽車工業對美國的全面影響。這是一個開放性的論壇,任何人都可以報名,我也想去參加。」我瞬間興奮起來,回應道:「好啊,你幫我報個名吧!我想去領事館看看。」他卻告訴我:「哥,不行!你只能自己報名,我給你發個網址鏈接,很簡單……」

於是,我打開了電腦,點擊鏈接進入美國駐瀋陽總領事館的網頁,填寫了報名表格,寫明我的基本資訊:「姓名:寧先華,性別:男,住址:瀋陽市皇姑區嫩江街40號231,電話號碼:15004008964。」我報名參加12月12日下午五點鐘的論壇。

12月12日中午,我和小魚兒在家中剛剛吃過午飯,在電腦前聊天,這時門鈴突然響起,一個轄區派出所的民警來找我:「寧先華,你跟我去一趟派出所,有個事情要找你。」

我穿上了一件羽絨服,隨著民警下樓,派出所就在我家大門對面不

遠約兩百米的地方,我走進了派出所,上了二樓,進入了一間大辦公室。

那裡已經坐著四個人,他們讓我坐在他們的對面。然後,一位稍年輕一點的警察馬上介紹道:「寧先華,我們是瀋陽市公安局國保大隊的,這位是我們的張處長。」張處長坐在中間,略顯深沉。

我迅速接話說:「汪勇不是你們的處長嗎?」

他回答:「汪勇現在臨時調動,不再擔任處長。」

我笑著說:「怎麼下去了?他工作那麼積極,早應該晉升為局長。怎麼這才幹了幾天就下去了?」

我的言辭中帶著諷刺,他們有些不耐煩。這時,張處長開口了:「寧先華,我們許文友局長昨天接到安全局轉來的通報,說你今天下午要去美國領事館,美領館是美國領土,你的身分不允許你去那裡!許局長批評我們是一群廢物!2003年我們國保盯了你很久,但是被安全局搶了個頭功,那個案子讓安全局給辦了。這一次,又是安全局先截獲情報。你要知道,寧先華,你的一舉一動都在我們的掌握之下,如果你再這樣下去,我們會採取措施。」

我回應道:「首先,我的剝奪政治權利期限已經結束,你們又給我弄了個取保候審。其次,取保候審並不意味著我不能參加這些開放性的研討會活動,沒有人告訴我不能去。」

張處長堅持說:「寧先華,許局長說,你今天必須做個表態,我們得對你徹底檢查後才能放你回去。」

我堅決反對:「不可能!從我政治權利剝奪期結束後,今年6月1號到25號,你們非法沒來由的對我刑事拘留二十五天;之後,你們已連續四次以各種理由傳喚我,這是對我基本人權的侵犯,我不接受你的說法!」

綻放在山巔之上的愛情之花

我們陷入了僵持，時間漸漸過去，這時市局的老國保王警官（去錦州監獄接我的那個）有些不耐煩地在房間裡來回走著說：「你們不瞭解老寧，他不會做檢查的……」

直到晚上六點多，他們接到一個電話，估計是關於美國領事館或其他緊急任務的電話。他們匆忙離開，臨走前告訴看管我的派出所警察：「把他看住，等我們的電話！」他們走後，直到晚上七點半，他們才打電話給我，我這才回到了家。

此事後經《維權網》信息員胡方於 2013 年 12 月 14 日報導，這次事件讓我感受到了美國領事館也是被官方所嚴密監控，他們對我沒有放鬆絲毫的警惕。

瀋陽警方經常無故拘留異議人士，僅 2013 年下半年我就先後被四次無故傳喚，限制行動自由。因此，想通過正常管道，甚至打擦邊球直接和美使領館人員聯絡非常困難，但若不直接談，我很難拿到美國簽證——難題擺在了我的面前。

59・逃脫險境——我的黑河之行

距離第十二屆全運會開幕式（2013 年 8 月 31 日）還有一個月的時間，瀋陽市公安局就已經在全市範圍內進行了數次代號為「雷霆行動」的治安、反恐防暴、消防演練和統一整治排查行動，目標集中在所有人群密集區，包括火車站、汽車站、大型露天市場、超市、賓館、酒店、洗浴中心、網吧、歌廳、健身館等場所，以一切讓位於全運安保的名義，對很多合法經營的業戶動輒罰款或查封，每次參與統一行動，都有全副武裝、荷槍實彈的特警參與。用瀋陽市公安局長許文友的話說就是：「要以聲勢浩大的『雷霆行動』對全社會形成威懾，讓所有的危險分子都不敢抬頭，確保全運會開幕式和閉幕式的安全。」

今年的情況與往年不同。國家領導人習近平和李克強都將親臨現場

參與開幕和閉幕。但更為緊迫的是，5月9日錦州世博園發生了一起重大事件，法輪功學員在世博園開幕式上的大膽舉動，震驚了世界，令全運會組織者倍感壓力。在此背景下，瀋陽市公安局長許文友放話：「為確保全運會的每一個環節絕對安全，曾被公安機關打擊處理過的、有前科的『兩勞』釋放人員、法輪功學員，以及其他對黨和政府發洩過不滿情緒的危險分子，都要當作破壞全運會的潛在敵人牢牢控制，寧肯錯抓一千，絕不放過一個！」

但這樣的高壓態勢，也讓很多平民百姓感受到了前所未有的緊張。許多合法的經營者，因為微小的瑕疵或被視為可能的隱患，遭受罰款或被查封。瀋陽市將棋盤山的法制教育中心作為關押上訪維權的訪民和其他上訪人員的地方，並對市民進行了嚴格的監控，購買某些物品要求實名登記。除此之外，對全市所謂「敏感人物、危險分子、重點人口」的電話、電腦進行全天候監控，要即時掌握這些人的動向及行蹤，以做到強化情報制導，確保資訊搜集到位、風險評估到位、方案預案到位、責任落實到位、死看死守到位。

紅色恐怖的緊張氣氛在瀋陽瀰漫。每個角落，每個人，都可能成為公安眼中「破壞全運會的潛在敵人」。為了這一次的全運會，瀋陽變得前所未有的緊張，「寧可錯抓一千，絕不放過一個」是瀋陽市公安局長許文友給負責全運會安保工作的全體公安幹警的重要指示和命令。

二

2013年7月，我剛剛被瀋陽市公安局刑事拘留二十五天後，取保候審回到家才一個月左右的時間。在此之前，5月9日錦州世界園藝博覽會開幕式上，出現了所謂嚴重的政治事故，瀋陽市公安局成立了「5·09」專案組，凌晨對到錦州旅遊住在旅館裡的辛穎等訪民實施抓捕後刑事拘留，沒有找到任何證據，然後轉入行政拘留。

我和小光找了一個安全地方，商量對策。

小光問：「哥，你剛回來一個月，還是在取保期間，現在形勢這麼緊張，你該怎麼辦？」

我說：「我是不想再進去。但看這架式，許文友現在已經瘋了，為了保證全運會的絕對安全，他不可能把我放在外面，在這麼重要的活動面前，他把我再收回去的可能性很高。我考慮了一下，還是要先出去避一避風頭。」

他問：「那就躲開吧，去什麼地方好啊？」

我說：「去就去地廣人稀，相貌飲食語言接近，比較好生存的地方，還要考慮消費水準，別出去一趟把我自己弄破產了，吉林或者黑龍江……」

「哥，你要跑就跑遠點，別離得太近，免得他們哪天一高興隨時把你提溜回來。」

「那就去黑龍江，去黑河！」我們商量已定。

我回到家裡，準備了兩件換洗的衣服和用品，帶上戶外運動用的五公里範圍內呼叫的手台。

三

坐車先到了綏化，沒有用身分證就買到了去伊春的長途客車，我倆在車站附近的一個速食店吃完飯，商定了聯繫方式，放棄電話，改用手台。

我們分析，許文友的主要目的是保證全運會的安全，如果確定我離開了，可能會去了一塊心病，但是下面的人為了表現積極，一要掌握我的行蹤，二要盡可能的把我控制住。現在的安保工作這麼緊急，其實他們現在主要的任務是布控！我得先讓他們放放心，以免這些人狗急跳牆了四處抓捕我。

在長途客運站準備檢票的時候，我在一個角落，把分解後放在包裡的手機、電話卡和電池組裝上。一開機，馬上跳出來很多資訊。其中有幾則來自國保的未接電話和留言自動轉入手機秘書軟體，我刻意撥了回去。

「寧先華，你在什麼地方？我們許局長說了，必須找到你！你現在還在取保候審期間，你必須隨叫隨到！」電話裡傳出警察著急的聲音。

「我在吃飯。」

「在什麼地方？我馬上過去找你。」

「我在哈爾濱，你過來嗎？」

「寧先華你耍我呢！你馬上回來……！」

我掛斷了電話，快步登上已經發動的客車，把手機的電池和手機卡取下來，包上錫紙放入不銹鋼的小飯盒裡。這是我們相互傳授防止國保跟蹤掌握行蹤的防定位、防竊聽方法。

四

黑河的街道寬敞，兩旁綠樹成蔭。在八月底，街上的行人穿著輕薄，但已經可以看到一些人開始圍上圍巾、穿上薄外套預防夜晚的寒意。街邊的小攤、商店裡，可以看到售賣著當地的特色食品和手工藝品，尤其是與俄羅斯相關的商品。路邊的咖啡店、小吃店也開始提供一些暖和的食品和飲料。

沿著黑河邊，有一條美麗的濱江步道，很多居民和遊客喜歡在這裡散步、騎行，享受河風帶來的涼爽。在河的對面，可以看到俄羅斯的建築，和河的這邊形成了鮮明的對比，兩國的文化和風格在這裡碰撞融合。

八月底的黑河是一個寧靜、清爽、美麗的城市，夏日的繁忙和熱情開始減退，而秋天的寧靜和色彩逐漸登場，為這個邊境城市帶來了另一種風味。

我們到了黑河以後，一副背包客「驢友」的打扮，開始找住的地方。

我以身分證在路上剛剛丟失為由，去了三、四家旅店，都不接待。如果拿身分證登記住處，基本失去了我們此次逃離瀋陽的目的。我們繞開中心區域向稍微偏遠的地方走，在一條小路旁找到三、四家連在一起的小旅店。我選擇了中間一家房子比較新的走了進去，老闆是一位五十歲左右的中年男子，黝黑的臉上寫滿了滄桑。

「你好，有兩個人的房間嗎？」

「有啊，住幾天？」

「至少先住一周，計畫是兩周，多少錢？」

「一個人二十五元，」

「我能先看一下房間嗎？」

「可以。」

「我們先住這兒，錢怎麼付？身分證……」

我開始四處翻找……

「不急！找到就給我看看，找不到也沒有關係！看你們就是大地方來的，來旅遊的吧！」

「我先交兩百元的房錢，我們隨時結帳，沒有了就告訴我。」

住處安頓以後，我們在附近找了一家小飯店吃了晚飯。

綻放在山巔之上的愛情之花

「哥，我瀋陽還有些事情要處理，我住兩天就先回去，你在這裡待著吧！給你留下八百塊錢，省著點花。等全運會結束，風頭過了，我就過來接你。」

我們約定了十天以後，我在上午的 8 點到 10 點與下午的 5 點到 8 點開機，等待來電。

住了兩天，小光就回到了瀋陽。我先開始圍著住的地方散步，找到附近的農貿市場、旅遊市場、各種石頭收藏交易的市場，還有附近能吃飯的小餐館。我每天去黑河岸邊徒步鍛煉。

五

在這個秋日的季節裡，藍天如洗，白雲朵朵，宛如精心勾勒的水彩畫。天空是那樣地深藍、澄淨、高遠。秋日天穹下，幾朵潔白的雲隨風悠悠飄蕩，如同一行行輕柔的詩句，述說著季節的變換。一群大雁排成人字形，向著南方溫暖的家園執著前行，它們的身影逐漸縮成一個個小點，劃過這廣闊無垠的藍天。

手持數碼相機[36]，我滿懷著憧憬按下快門，捕捉下這一幕幕精美的畫面。為安全起見，我的手機一直沉浸在分解的靜謐中，避免了電話和資訊的打擾。此刻的我，感受到了前所未有與自然緊密相連的自由和輕鬆。

黑河，這個寧靜而整潔的邊境小鎮，在秋季的氣息中透露出一股清新的韻味。這裡的溫度比瀋陽低了幾許，卻更加接近我的心。白雲在這片秋高氣爽的天空中自在飄搖，我沉醉於這份自由，那如風般的無拘無束。我從朋友那借來的數碼相機，記錄下了這份寧靜美好，每一張雲彩的照片都是我對這自由天空的深深嚮往和無盡憧憬。

在黑河，我每天都去河邊散步。一種躲開了被監視和被偷窺的自由自在，這種解脫只是一種心靈的安慰，我知道這裡隨時隨地都會成為他

們布控的地方，我在這裡的放鬆只是暫時的，只要我不打開手機，不與外界聯繫，躲開日常的警察臨檢，我就會讓這種難得的放鬆持久一些。當時，黑河的溫度明顯比瀋陽要低一些。秋風合著江風吹在身上非常舒服。鍛煉後，我一般都會去奇石市場或者農貿市場，去看看這裡資源豐富河邊的瑪瑙，買一些番茄、蘿蔔等，這兩種蔬菜和水果是我的最愛；因為我血糖偏高，醫生建議我多吃蔬菜，少吃水果。

所以我選擇了番茄，在市場裡我見到一種完全是青色的番茄，賣菜的是一位四十歲左右的大嫂，穿了一件草綠色的棉大衣，頭上圍著一條褪了色的綠色三角形頭巾，黝黑的臉頰上布滿了皺紋，笑容中充滿了質樸。我問她：「這也不熟，能生吃嗎？」不熟的番茄在我印象中只能做湯和炒著吃。她說：「這是熟透的，這個品種叫『賊不偷』。不信你嘗一嘗？」。她直接從裡面選了一顆，用衣角擦了擦，「它比紅色的還好吃，不買不要緊，你嘗一嘗。」我感覺到他們生活的不易，也體會到了她的真誠，「我相信你，我買兩斤回去嘗一嘗⋯⋯」

回到旅店以後，我洗了幾顆品嘗，感覺確實酸甜可口，比紅色、黃色的番茄更有味道。在這十多天裡，除了正常一日三餐以外，大部分時候我都用這種番茄和水蘿蔔、青蘿蔔，心裡美蘿蔔代替水果，以補充我綠葉蔬菜和水果攝入量的不足。

六

全運會閉幕後，我和小光回到了瀋陽，一切好像恢復了平靜，終於可以享受一段安寧的時光。

一天，我們飯後在一起閒聊，小魚兒對我在黑河時拍攝的風景照片產生了濃厚興趣。她仔細翻看著照片，表情漸漸凝重、激動。我拍攝的照片很多都只是藍天白雲，沒有人物，也沒有風景，卻透出一種無拘無束、自由自在的嚮往。小魚兒從照片中讀懂了我被禁錮渴望自由的心情，淚水湧上臉頰，一滴一滴從秀美的臉龐上滑落。我問她為何如此傷

感,她突然忍不住掩面痛哭。

　　她說:「先華,我今天終於明白了,其實你的內心深處是多麼的壓抑,你的心是多麼嚮往著自由!」這個敏感的女孩,竟能通過幾張照片窺探到我心靈深處的痛苦,正如李商隱的詩句:身無彩鳳雙飛翼,心有靈犀一點通!

　　那一刻,我們靜靜地坐在一起,晶瑩的淚水在她臉上閃爍,而我的內心卻湧起萬丈波瀾。這是一個能夠深刻理解並精微體察我的理想和情懷的好姑娘,從這個意義上說,她是我的唯一。我常常在夢幻中看見上帝把一束風華絕代的玫瑰呈現在我眼前,可殘酷的現實卻拒絕我擁有她。世上還有比這更殘酷的命運嗎?我千百次地問蒼天,問大地,問我自己的內心,可是我從來沒有得到答案!

註釋

31. 架子鼓即爵士鼓。
32. 在中國的職稱級別,有分為正高跟副高,以學校的教師而論,副教授即為副高,教授為正高。
33. 周永康,中國前公安部部長,在 2012 年退休,2015 年因受賄、濫用職權、洩露國家機密、嚴重違反黨紀為由,包含親屬等一千人等均遭逮捕,後判處無期徒刑,至今仍關押在秦城監獄。
34. 運動用品品牌 Nike,中國譯為「耐克」,台灣稱為「耐吉」。
35. 芭提亞,即泰國 Pattaya,又譯「芭達雅」。
36. 數碼相機,即數位相機。

第十二章　靠書法艱難謀生

60・書法家大魚

　　出獄後的第二年，我在一個QQ群裡認識了一個叫大魚的書法家。他的書法以張遷碑質樸老辣的隸書筆法，揮毫潑墨，字跡自然流暢，氣韻磅礡，引起了我的極大興趣。我們成為了好友，我向他分享了我的書法作品，我們開始了有趣的書法交流。

　　大魚很快察覺到我的作品中融合了蘭亭序和顏體的筆意，他問我：「你臨過多少遍蘭亭序？」我答：「應該有三、四百遍了。」

　　「顏體呢？」

　　「我從十幾歲開始寫顏體，最早從多寶塔入手。我比較追求唯美，不太敢寫醜字。書法一直是我的業餘愛好，時間投入得不夠，如果沒有被長期監禁，我的書法可能不會有太大的進步。」

　　我問他：「張遷碑你臨帖多久？」

　　他說：「我一直都在臨，沒有停止過。」

　　我被他的執著所感動，感歎道：「勤能補拙，熟能生巧，這兩句話在你的身上得到了充分的體現。」

　　後來我去了他的美術公司，大魚是一個身材魁梧，年輕帥氣的爽快人，喜歡喝酒，我們一見如故。

　　除了對書法的深厚造詣，大魚還對冬泳和戶外運動充滿了熱情。他曾分享過，在寒冷的冬日躍入冰冷的水中，感受到的不只是刺骨的寒冷，更多的是挑戰自我的成就感。現在，他們公司專門設計製作安裝有

特色的牌匾以及名片條幅等業務。

61・書法三俠

2013年1月15日，三好街的電腦商城邀請瀋陽的三位書法家寫春聯。

春節前大魚打來電話：「劃風，有一個商場，春節前組織了一個寫春聯的活動，為每一位書法家提供潤筆費，我經常參加這樣的活動，你想參加嗎？」

「當然了，幫我也報個名吧！」

電腦商城規劃每一位購物滿100元的消費者就送一幅我們寫的春聯，大魚已為我報名。每天上午十點到下午四點，連續寫五天。

春節前的瀋陽三好街人流不息，商家爭相競逐。

第一天大約九點半左右，我和大魚就來到了電腦城，步入寬敞的大廳，檯子上「迎春送福，馬年送春聯」的告示映入眼簾：只要購物滿一百元，就有機會在新春送福的氛圍中，特邀瀋陽知名書法家為你揮毫書寫春聯。商場這個特別的促銷活動時間從1月22日到26日。

商場為我們寫春聯的三位書法家，每人都準備了一張寬大的桌子，背後一面背景牆作為展示板，上面掛滿了我們書寫的春聯作品。商場還特意準備了紅色印有金色龍鳳圖案的七言春聯紙、一得閣墨汁。我和大魚鋪上了自己帶來的書畫氈子，正在忙著佈置的時候，走過來一位八零後的小夥子，皮膚黝黑，略顯微胖。

他熱情地打招呼：「你好！這裡是寫春聯的地方嗎？」我點頭回應：「是的，商場準備了三個位置，這個位置就是你的吧？」

他笑著說：「應該是的，自我介紹一下，我是書銘，很高興認識你

們。」

　　書銘曾是林業學院森林昆蟲學的研究生，畢業後卻放棄了專業，專攻書法，是瀋陽市書法家協會會員。他經常參加各種書展和書法普及教學工作，並在書法教學領域小有成就。

　　每天時間一到，我們的展位前都圍滿了等待挑選春聯的熱情人群。

　　大魚提示我們，春聯要寫得濃墨飽滿，才顯得喜慶莊重，這個提示對我很重要。

　　我不禁想到了過去。在錦州監獄的那段日子，墨汁不能保證供應。記得有一次姊姊過來接見，只帶了一小瓶墨汁，但我得用它練習很久；於是我用了一個「絕招」，在墨汁裡加了許多水，並且積攢下每一次的涮毛筆的水倒入瓶子中，讓它看起來就像是可口可樂飲料。一次夜深人靜時，伴隨著毛筆在紙上摩擦的簌簌聲，我臨習唐寅的《落花詩冊》進入了忘我的境界，順手拿起瓶子猛喝了一大口，那種澀澀的滋味至今難忘。

2013年1月22日我在瀋陽某商場參加送春聯活動

　　還記得有一次，同監舍的老孫看我寫字，說：「老寧，你這墨是怎麼回事？怎麼看起來這麼淡？就像是剛泡好的紅茶。」我笑了笑，說：「沒有條件，要創造條件，這才叫陋室中的藝術，你不懂的。」

　　那段時間，我給寫字的監舍起了個名號，叫做「淡墨軒」，那是我在服刑時特殊的環境下，表達對自由和對書法藝術追求的地方。雖然我已經刑滿釋放，走出了那道鐵門，但那段艱苦卓絕的日子，那種淡墨的味道，我永遠都不會忘記。於是，我刻了一方閒章——「惜墨軒」。以

後每次寫作品的時候，我都會用這個印章，提醒自己記得那段日子，那種與文字為伴、刻骨銘心的難忘時光。這方印章我一直沿用至今。

顧客們興高采烈地根據自己的喜好，挑選著大魚寫的隸書、我和書銘寫的行、楷書，喜慶的新春對聯。小魚兒還不時過來探個班，主動向顧客介紹書法，每當我的春聯被顧客選中，她都非常高興，這情景更讓我欣喜。

活動圓滿結束後，大魚提議我們去一家朝鮮族烤肉店慶祝。在春節前夜，這個烤肉店已經充滿了濃厚的喜慶氣氛。我們一行人來到那裡，彷彿進入了一個溫暖的美食的天堂。

烤肉店的環境格外溫馨，餐桌上鋪著紫紅色的桌布，大麥茶清香的味道燃起我們的食慾，韓式風格的燈籠掛滿了屋簷，牆上寫著吉祥的話語，整個店內瀰漫著炭火烤肉的香氣，令人垂涎欲滴。

服務員們穿著朝鮮族傳統服裝，笑容滿面地迎接我們，熱情地安排座位，點菜，一邊還不時奉上拌製精美爽口的朝鮮族小菜。「烤牛肉、烤肥牛肉一樣一盤，一個烤菌類的拼盤、十個羊肉串、鹽水花生毛豆，先來一個扎啤[37]⋯⋯」我們三人坐在一起，不僅分享著這五天愉快的經歷，還笑談著未來的合作計畫。

大魚開口說：「咱們三個兄弟，相見恨晚啊！我們乾脆就叫盛京三墨客吧？以後一起參加活動，相互照應怎麼樣？」

我高興地點頭：「好啊，我完全同意！」書銘也跟著點頭：「我也同意！」

我們三人一起參加了瀋陽的書法活動，一起參觀書畫展，一起籌備畫廊，還開始了書法教學。期間，我們不僅一同參加了瀋陽日報美術館的書畫展，還成為了該館的會員。而且，瀋陽書畫界的老牌機構「瀋陽盛京書畫院」還聘請我擔任院長，這讓我倍感榮幸。

靠書法艱難謀生

在這家烤肉店，我們用美食慶祝著新的友誼和合作，同時也期待著更多的精彩時刻。這頓豐盛的晚餐不僅填飽了我們的肚子，還點燃了未來的發展之路。

62・三墨客的情義

在 2013 年和 2014 年，我先後兩次經歷了被刑拘關押，這讓我們的三墨客變成了兩墨客，他們非常擔心。特別是在 2014 年 5 月，面對私有房產即被皇姑區政府強拆的情況，我決定製作四個藍底白字的抗議橫幅，掛在窗外表達我們的訴求：「瀋陽市濫權枉法暴力拆遷必須結束」、「拒絕強拆保衛財產捍衛尊嚴」、「憲法物權法不容野蠻踐踏」、「誓與房屋共存亡」。

為了製作這些橫幅，我找到了我的朋友大魚，請求他的幫助。他迅速幫我設計並製作好這些橫幅，但當我交錢的時候他不收，我想支付成本費時，他堅決地拒絕了我的付款。他說：「你遇到困難了，兄弟之間互相幫助是理所應當的。」

2014 年 5 月 16 日，我被帶到瀋陽市公安局刑警支隊的地下審訊室，副支隊長李文同拿著我家窗口掛著的標語照片，多次逼問我這些標語是在什麼地方製作的，是誰製作的，誰去取的，以及那家店的名字。如果是在外面花錢製作的，我可以很簡單地回答。然而，在這種情況下，我必須一直咬緊牙關。

「我忘了，好像是在太原街附近，具體地點和名字記不住了。」我堅決不肯洩露任何資訊，他們也覺得奇怪。

「這算什麼事呀？你也不肯說。」

他們不知道的是，我寧可忍受精神煎熬、皮肉受苦，也無法背叛那些曾經幫助過我的兄弟。

靠書法艱難謀生

2014年5月16日,我第五次被關押。在我被監禁期間,瀋陽市皇姑區政府卻強行拆除了我的私有住房,房屋被夷為平地,傢俱、衣物、生活用品損失殆盡,家庭財產蒙受了重大的損失。我只能依靠出售一點書法作品和親戚朋友、網友們的救濟來勉強維持生活。然而,這些微薄的收入遠不足以應付生活的重擔;我還需要按時服藥,治療頭部腫瘤和糖尿病,時不時需要住院調養,每次住院都是一次經濟和精神的雙重煎熬。

　　生活的重壓彷彿一座沉重的大山,壓在我的肩上。每一天我都在病痛和貧困的雙重打擊中掙扎,還要警惕著隨時面臨的監聽、跟蹤和失去自由。

　　就在這個時候,幾位老朋友,私人博物館的史館長、老程、輝哥和書銘一起過來看望我,老娘精心準備了幾道美味的家常菜,還拿出了自釀的葡萄酒。久未見面的朋友們聊到了很晚。書銘住在鐵西,第二天還有事情要辦,所以決定在我家過夜,我在房間裡搭了一個行軍床。書銘分享了他的職業經歷,他畢業後因為對書法的熱愛,不願在單位受束縛,選擇了自由職業,主要靠賣書法作品和教書法為生。

　　他對我說:「寧哥,你也可以教書法呀!你的書法基本功很紮實,而且你書法理論和口才也很好,為什麼不嘗試教學呢?」我猶豫地回答:「我從來沒有教過學生,不知從何開始呀!」書銘鼓勵道:「如果你想教書法,我在鐵西九路市場附近有一個初級班即將開課,我們會按照古法教學,從永字八法開始,你可以先去聽聽,感受一下,或許會找到方向……」

63・當書法老師

　　第二天一大早,老娘去了早市,買回了新鮮的韭菜和豬肉,然後為我們包了一鍋熱氣騰騰的水餃。當我們醒來,那股三鮮水餃的香味已經充滿了整個屋子。我們三人坐在餐桌旁,品嚐著老娘親手製作的美味水

餃，蘸著老程送來的遼寧特產——喀左老陳醋[38]，簡直美味至極，書銘不停地誇讚。

吃完早飯，我們搭上公車前往和平區馬路灣附近的一個書畫裝裱店，取回了我們準備送展的書法作品。在路上，書銘接到一通電話，是大東區東站附近一家培訓學校的王校長打來的。她們需要聘請一位軟硬筆書法老師。書銘捂住話筒，小聲對我說：「寧哥，這家學校招聘書法老師，不過東站離我家有點遠，我可能去不了，你有興趣嗎？」我立刻答應：「可以呀！東站那邊我比較熟悉，而且離我女兒家也近，我可以去試一試。」

書銘放開手，對著電話說：「王校長，我們團隊還有一位瀋陽盛京書畫院的寧院長，他非常熱愛傳承中國書法文化，是一位非常出色的書法老師，他住在皇姑區，坐公車去學校也挺方便的。」王校長聽後有些著急地說：「那你們今天能來一趟嗎？我把位置發給您，您和寧老師今天能一起過來嗎？」

我和書銘隨後搭上229路公車到了終點站瀋陽東站，按照王校長提供的位址來到了東站西面方向一個超市的二樓，那就是小博士培訓學校。王校長熱情地接待了我們。她介紹說：「前段時間我們聘請了一位書法老師，但後來家裡出了一些事情他就不再教了。」王校長年約三十多歲，紮著馬尾辮子，她的膚色潔白、明眸皓齒，給人一種精明幹練的印象。她的眼神中充滿了熱情和自信，讓人感受到她的果斷決策和領導能力。

王校長站在一旁，仔細聆聽著書銘的介紹，她的眼神中透露出對教育的熱愛和期待。她相信，在這個教育平臺上，學生們將不僅學到優美的書法技巧，還能感受到書法之美所蘊含的文化底蘊。

「我們想在九月一日學校開學後，開設書法班，所以還有一段時間足以準備。目前我們已經有十幾名學生報名了，課程將在每週六下午一

靠書法艱難謀生

點到兩點半進行。那我們就說定了怎麼樣，寧老師？」

「好啊！我們9月6號見。」我們爽快地做了決定。

在瀋陽市鐵西區保工街八馬路的樂購超市旁邊，二樓的翰墨美術學堂，是書銘八月下旬為七、八名小學生舉辦的軟筆書法暑期課程的學習班。在書法班裡，小學生們坐得整整齊齊，專心致志地聆聽書銘老師的講解。他（她）們的筆在米字格的毛邊紙上提按起伏，模仿著永字八法的筆劃，努力地書寫出每一筆的模樣。教室裡瀰漫著濃厚的墨香和書法教學的氛圍，一片寧靜而又充滿傳統藝術的氣氛。

他的課程從永字八法開始，這是古代書法家用來練習楷書的基本筆法技巧。

永字八法包括了八種基本筆勢：點、橫、豎、鉤、挑（或提）、成，形成了一種連貫流暢的書寫風格。就像李溥光在《雪庵八法》中所言：「磔法之妙，在險橫三過，而開揭其勢力。」如果能夠理解並掌握「永」字每一筆的精髓，那麼楷書水準將會迅速提高。這也是中國書法入門和楷書教學的基礎。

我也在心底默默期待著我的書法教學首秀，期待與學生們分享書法之美，一同踏上書法的奇妙之旅。

我認真地聆聽了書銘兩節課程，雖然我實際指導教學沒有問題，但我認識到自己在書法教育的理論方面需要進一步加強。因此，我決定重新系統地學習書法基礎理論知識。我每天都投入大量的時間來閱讀書籍。

我在房間裡，沉浸在新購的《中國書法教程》之中。這本書是專為書法初學者設計的，內容系統而完整，給我提供了一個良好的書法入門的基礎理論體驗。

靠書法艱難謀生

隨著時間的推移，我漸漸覺得需要更深入地瞭解書法基礎的教學理論。於是，在一個安靜的下午，我開始閱讀《書法基礎知識》，這本書為我打開了書法的基礎理論與實踐技巧的大門。

緊接著，我還為完全沒有書法基礎的學生們準備了《從零開始學書法》。這本書內容簡潔明瞭，我相信它會為初學者提供一個良好的起點。

特別是閱讀了《中國書法之美》等書籍，提高了我書法教學的理論水準。

我打電話諮詢了一些朋友，多年的好朋友，書店的老闆張振宇，送給我兩本非常實用、在教學中馬上可以應用的教材。

9月6日，夏日的尾聲，秋高氣爽。瀋陽迎來了一年中最美好的時節，和煦的陽光灑在學校的每一個角落。這是中小學生開學後的第一個週六，也是我人生中的一個特殊時刻——我首次的書法授課。

參加遼寧書畫交流活動

經過近一個月的精心策劃和預備，這一天終於到來。我在中午十二點半到達學校，希望在上課前有足夠的時間做好一切準備。

走進教室，裡面擺放了整齊的桌椅，空氣裡似乎能嗅到那獨特的墨水香味，它混合著木質傢俱的清香，勾起了我對中國書法的無限喜愛。

靠書法艱難謀生

與王校長簡單寒暄以後，我開始在前排的講臺上擺放各種教具，粉筆、膠貼、黑板擦……一切準備就緒。不一會兒，學生們開始陸續進入教室。他們的眼神充滿好奇與期待，腳步聲、椅子的移動聲，還有那一聲聲親切的「老師好」，使這空間瞬間煥發生機。

按照書法班的慣例，首節試聽課是免費的，這也為學生和家長提供了一個選擇和體驗的機會。當我環視教室，二十多個人的座位基本坐滿，其中有些是家長陪同而來，他們的目光都彙聚在我身上，等待我開始。

我深吸了一口氣，然後微笑著說：「同學們好！我是你們的書法老師，寧，安寧的寧，遼寧的寧。」言罷，我轉身，將自己的姓氏以流暢而飄逸的筆劃寫在黑板上。黑板上的「寧」字彷彿在訴說著我對書法的情感和對授課的期望。

在寬敞明亮的教室裡，孩子們安靜地坐著，他們的目光都彙聚在我身上，似乎在期待著用他們稚嫩的小手推開文字與藝術的大門。

「你們知道嗎？」我開始講述，聲音清晰而充滿熱情，「書法與我們日常的寫字，它們之間存在著巨大的差異。」我暫停了片刻，確保每個人都能跟上我的思路。然後，我繼續深入地解釋：「書法不僅僅是記錄文字的工具，它更是一個對文字深度的審美探索。在書法中，每個字都有自己的韻律，每個筆劃都是藝術的呈現。書法追求的是如何將文字的美感展現得淋漓盡致，怎樣在展示個性的同時，也能夠得到廣大書寫愛好者的認可。只有不斷地精益求精，才能使文字達到如此的高度。」

我走到黑板前，又繼續說：「說到書法的鼎盛，我們不得不提唐代。這是中國書法歷史上的黃金時期，那時的大唐，湧現出了眾多的書法大家，他們的作品流傳了千年，唐楷至今仍為世人臨習的範本。」我列舉了一些名作：「例如，柳公權的《神策軍碑》和《玄秘塔碑》，顏真卿的《多寶塔》──這部作品是他四十四歲時的傑出之作，因其精湛的唯

美技藝,被譽為楷書的典範,還有他的《勤禮碑》、《顏家廟碑》、《麻姑仙壇記》被譽為『顏筋柳骨』等。」

我頓了頓,接著說:「而歐陽詢以其筆法嚴謹、工整為特點,虞世南則驚奇跳崩、險勁十足。而黃自元則為我們留下了寶貴的書法教材——《間架結構92法》,為我們學習書法的結構提供了寶貴的理論指導。」

最後,我補充:「書法不僅僅是技巧,更多的是情感與審美的結合,希望大家在學習中,能夠體會到書法背後的深厚文化內涵。」

我猛然發現了問題,雞同鴨講!我講的天花亂墜,台下的孩子們似乎很難理解。有的孩子開始走神,有的孩子滿臉疑惑。我感覺到,我像唱歌的調子起高了一樣,這些小學生根本跟不上。我不禁有些緊張,開始出汗,大腦一片空白。我驚訝地發現,雖然我在風風雨雨中越過了生活中溝溝坎坎的挑戰,但在面對這群眼中閃爍著好奇光芒的小朋友們時,我竟然變得手足無措。

我掃了一眼教室的牆鐘,三十分鐘,我竟然把原本準備的九十分鐘的內容給講完了!這下怎麼辦?我的頭開始大汗淋漓,像剛剛從桑拿房出來一樣,顯得那麼無助。

正當我手足無措的時候,突然一個清脆的聲音響起:

「老師,你還沒檢查我們的作業呢!」

「老師,您什麼時候開始點評?」

「老師,你還沒有佈置作業呢?」

真是得救了!我感激地看著這些小天使,覺得他們真是我的救命稻草。最後,再次被孩子們「提醒」了好幾次後,我總算熬到了時間,我如釋重負開始慢慢地整理著教具,疲憊但又輕鬆地宣布:「好的,同學們,今天的課就到這裡,下課!」

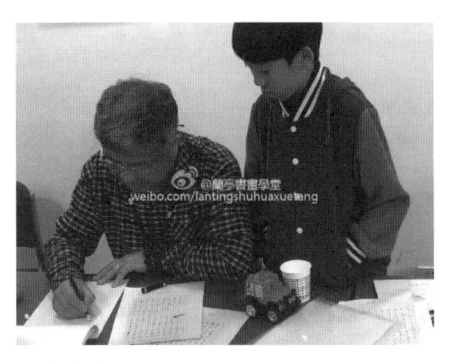

在書畫學堂進行教學

剛剛下課就接到了書銘的電話:「寧哥,今天的課怎麼樣?我還有兩個班可以交給你。」我笑著回答:「謝謝書銘!讓我先適應一段時間,一個月以後再看吧!」

掛斷電話後,我彷彿從一場緊張的戰役中獲得了片刻的寧靜,心情異常輕鬆,我戴上耳機邊聽著音樂,朝著家的方向在街上漫步;散步成了我日常生活休閒運動方式。在長時間的監禁和被嚴密監控的狀態下,能夠自由地行走在藍天白雲下,吹著自由的風。

我經常在下雨的時候把怕被雨淋濕的手機、手錶錢包等用塑膠袋包裹後,不用雨具在風雨中在周圍異樣的目光中獨自漫步。

只有我能體會到,這一刻對我時刻緊繃、壓抑心靈的治癒和與自然親密接觸的渴望。

八九學運以後,有位一直堅持在我身邊、我非常信任的朋友,我們倆經常一起交流:「我想成為職業革命家!全身心的投入中國的民主運動。」他提醒我:「這在中國現今的社會將非常困難……」

今天邁出的這一步,標誌著我把個人愛好,轉化成謀生手段的開始。儘管我為書法教學做了很充分的準備,但面對那些期待學習的小學員們,我還是感覺自己的經驗稍顯不足。在回家的路上,腦海中經常浮現出如何讓下節課變得更有趣、更有效果,如何讓學生對書法的學習產生興趣。

書法教學確實具有其獨特的挑戰性。它與繪畫的本質不同。書法是線條和結構的嚴格訓練,需要大量的臨習和時間沉澱,而繪畫則是五光

靠書法艱難謀生

十色的舞臺，用豐富的色彩和具象的構圖輕鬆吸引人們，尤其是年紀較小的學員。但這也正激發了我的鬥志，我想讓更多學生愛上書法，感受到線條間的韻律與魅力。

沒多久，我果然找到了「感覺」，每次的試聽課都吸引了眾多家長和學生。我甚至為此創下了一個令人驕傲的紀錄：凡是試聽過寧老師書法課的學生，幾乎是接近百分之百地報名。

蘇家屯區是瀋陽的郊區那新開了一個書法班，每次前往我都得坐上半小時以上的公車。我常坐在悶熱的車上盤算著自己的收入，一週一節課，一個月下來四節課，怎麼算都只有四百塊錢。儘管金額並不多，但考慮到教課可以為我帶來經驗和更多可能的合作機會，這個起步意義重大，我必須堅持下去。

我在教硬筆書法課

只有我跟更多的學校合作，收入才會增加，生活才會有變化。那所位於蘇家屯區的學校裡只有四、五個學生，校長是魯迅美術學院畢業的。現在兩個學校加起來，我一整個月的總收入也只有八百元；但對於剛踏入書法教學門檻的我來說，這是一個不小的鼓勵。

在教授課程的同時，我努力地積累經驗，常常與朋友們探討教學方法和拓展合作途徑。我的母親看到我如此努力，知道我已經意識到了家庭的責任，心中無比欣慰。

秋季以後，我背著裝滿教材的雙肩包，坐著擁擠的公車四處奔走，

靠書法艱難謀生

剛開始，跑了一天也沒有什麼收入，有時只賺二十元的車馬費，（有些學校為了答謝老師會付一些車費），我經常被擠得大汗淋漓，疲憊不堪。

　　2015 年 2 月，書銘電話告訴我，沈北新區的蒲河路中央大學城對面有一所舞蹈學校，想開設書法繪畫課程，正急需一位書法老師。他離家太遠，不方便去上課，我問我想去嗎？我倆溝通之後，我決定去應聘。當我踏入學校，張校長熱情地迎接了我。經過交談，她對能招聘到我這樣的書法老師感到十分滿意。幾次課堂下來，張校長更是對我的教學方式和效果大為讚賞。她提到，計畫在皇姑區的松山路萬科魅力城附近，與蘭亭書畫合作，開辦一間專門以書畫教學為主的學校。

　　經過了一段時間，我自己獨特的教學方法慢慢成形，我的書法課變得更加生動有趣，教學品質得到了明顯提升。

　　在瀋陽市于洪區松山路萬科魅力城西南角一間超市的樓上，瀋陽蘭亭書畫學校如期開學。這裡成了我授課的第四所書法培訓學校。試聽課那天，渾南蘭亭書畫學校的白校長走進教室，他聽了我的一節課後，便熱情地邀請我到渾南新區恒達路，為他的學生們講課。

　　渾南新區的一所小學附近，四、五家培訓機構林立。蘭亭書畫學校此前以繪畫教學著稱，書法教學卻始終沒有打開局面，與其他機構相比，競爭力不足。

　　然而 2015 年 5 月起，一切開始改變。學校聘請了瀋陽盛京書畫院的院長——著名書法家寧先華先生主講軟硬筆書法課程，消息如風一般傳遍了整個區域。學生和家長們互相傳播，展示著孩子學習後效果明顯改善。其他家長聽聞此事，都對我課程充滿了期待。不久，原先在附近其他培訓學校的學生們紛紛轉班過來。甚至連小學的書法老師及他們的孩子們也都來報名，我的課程迅速被預約排滿。那段時間，我幾乎是全負荷地上課，尤其在幾個假期，連續的 22 節課，學生們迅速提高了書寫水準，我的書法教學有了非常明顯的成效。

靠書法艱難謀生

從此我的名氣逐漸在渾南傳開，家長們經常到學校前臺詢問：「能不能幫我報上寧老師的課？」而前臺往往只能遺憾地告訴他們：「寧老師的課已經排滿了。」我則像趕場一樣，經常跨區域在沈北渾南來回穿梭。

由於教學成果顯著，很多家長還邀請我去他們家做家教。我的月收入也隨之發生了巨大的改變，很快就接近一萬。這麼高的收入，加上沈北、渾南跨市區南北兩地奔波所帶來的辛勞，讓我產生了購車的想法。想像有車的日子，我可以節省更多的時間多上幾節課，不用再受等車早晚的交通限制。

2015年7月，一位戶外運動的好朋友幽幽（網名）得知我要買車，便提議以七萬元的價格將她駕駛了三年的黑色豐田卡羅拉[39]轉讓給我。我考慮了一下，與她商量分期付款，由於我們之間深厚的友情，她答應了我的提議。於是，我和家人一同籌措了首付款。

從此，我駕著那輛黑色的小車，在城市中南北穿梭，為未來的流亡計畫，積累了資金保障。

註釋

37. 扎啤，是一種純天然、無色素、無防腐劑、不加糖、不加任何香精的生啤酒。通常扎啤是直接從生產線上注入全封閉的不鏽鋼桶中，喝之前只需通過扎啤機注入二氧化碳即可。這種酒避免了與空氣的直接接觸，因而味道更鮮、更純正。
38. 喀左陳醋，是喀左縣喀喇沁左翼蒙古族自治區生產的醋。其歷史悠久可以追溯到清朝康熙、雍正年間以前，製作工序繁雜，品質卓越。
39. 豐田卡羅拉，即 Toyota Corolla。

靠書法艱難謀生

第十三章 家被強拆

64・2014年六四前夕再遭抓捕

2014年5月16日晚飯後，我和小魚兒在我家附近的街道上散步。五、六個便裝警察突然攔住了我們，一個粗壯的高個子突然喊了我一句：「寧先華，公安局的！跟我們走！」

我讓他出示證件，他掏出警察證晃了晃，要給我上背銬。小魚兒上前阻攔，被另外兩個便衣警察攔住。小魚兒大喊：「他有肩周炎，你們不能這樣對待他！」

這些人根本不理睬，給我戴上黑頭套，塞進汽車後座，一名警察坐在我身邊，他的手臂夾住我的脖子，對我的頭部猛擊數拳。我被打得昏頭漲腦，眼前一片模糊。

我被帶到瀋陽市公安局刑警支隊的地下審訊室，銬在一個冰冷的鐵椅子上。許文友局長動用了刑警、技偵、政法、追逃、國保、多個部門的精銳組成的「4・25」專案組，連續五十多個小時對我、姜立軍、孫海洋三人進行刑訊逼供。

他們認定我和姜立軍是主犯，孫海洋是知情人，試圖通過分化瓦解、誘供逼供、虛張聲勢來摧垮我們的意志，妄圖從我們嘴裡撬出點東西。但我們始終彼此信任，不推諉、不攀扯，咬緊牙關，他們始終沒有達成目的，沒有找到能夠證明我們三人有罪的證據鏈。我們也不知道他們如此大規模的行動究竟要達成什麼目的，這次的抓捕始終是個謎。

對我進行刑訊逼供的時候，現場一直站著一個指揮者，他親眼目睹了刑訊對我的謾罵、毆打、體罰，且持續幾十個小時剝奪睡眠。在殘酷的刑訊中，我的血糖、血壓和心率都出現了嚴重問題，公安醫院的醫生

三次趕來救治，姜立軍和孫海洋事後都說，他們都看見醫生三次衝進審訊室，以為我挺不過去了。

為了摧垮我們的意志，他們故意開著審訊室的門，讓我們能聽到旁邊兩個房間裡傳出受刑人被上刑時的慘叫聲。

他們說：「寧先華，你和姜立軍妄圖顛覆國家政權……」

我反駁：「你們有什麼證據？

你怎麼確定我參與了？

你們怎麼知道我知情？」

我盯著李文同說：「我的手機上有這樣一段話：『你是什麼，是上帝天賜註定，你將成為什麼，才是你獻給上帝的禮物！』」

李文同氣急敗壞地對我大喊大叫：「寧先華，你什麼意思？」

我繼續教訓他們：「你來到這個世界，可能是個人，也可能是個小貓小狗，但是你想成為什麼樣的人，什麼樣的貓狗……」

我還沒說完，李文同大吼：「寧先華你他媽的敢罵我？」

我輕蔑地說：「這是你的理解問題……」

李文同走進審問的房間，虎著臉拿著幾張列印的材料，在我面前使勁摔打，「寧先華你知道這是什麼地方嗎？你他媽的就是鐵嘴鋼牙我也能把你撬開！」

他突然注意到我的目光死死地盯著那幾頁文檔標題和上面的批示《「4·25」專案組對寧先華預審的階段性報告》右上角用鋼筆寫著「呈李文X副支隊長」。

我沒有戴眼鏡看不太清楚，他猛地轉過身去，把上面寫著他名字的

家被強拆

部分撕了下來，堂堂一個穿白襯衫，警監級別的刑警支隊副支隊長，終於露怯了。

李文同為了給他的老大許文友局長出氣，每天氣急敗壞，窮凶極惡的樣子，讓我鄙視。審訊我的辦案人員分成四組，兩、三人一組，48小時不間斷審訊，不讓我睡覺。他們四小時一次換班，我看到他們交接班的時候人多，李文同也在。

我突然對他發問：「你是這個組負責的吧？」

「寧先華，你什麼意思？」他反問我。

「這個組你帶頭抓的我，帶頭審訊的我。」

「怎麼了？」

「你叫什麼名字？什麼職務？」

他略顯緊張和遲疑：「寧先華，這裡是『4・25』專案組辦案，我們有規定，不能說出我們的名字和職務。」

「堂堂公職人員，名字還保密嗎？」我追問他。

他在下屬們面前受到我的嘲弄，臉上掛不住了，便虛張聲勢地喝道：「寧先華，你記住，我以後一定讓你知道我是誰！」

2014年5月18日，我被他們以尋釁滋事的罪名刑事拘留，我們三人被送到瀋陽市公安局第一看守所，每天上午十點到下午四點專案組的辦案人員都會過來提審我，這樣高密度的審訊持續了三十多天。一開始他們一直不給我提供治療糖尿病的藥物，在我的多次要求下，直到二十多天以後，我才開始正常服藥。

一天，在看守所的會議室審訊，到了吃飯的時間，一位老警察藉故留下來看我。當專案組人員都走後，他從包裡掏出一盒軟包中華煙遞給

我：「寧先華，我抽不起這個煙，這是我上周參加婚禮的時候朋友送的，今天特意帶過來給你。」

「我瞭解你的過去，坦率說我很敬佩你。我想問你一個問題，如果你是許文有局長，遇到了這種情況你會怎麼處理？」

我說：「假如我是許文友，我發現網路上有攻擊我的文章，如果屬實，我會注意並及時改正。

如果沒有，我會安排身邊的工作人員找他談話，向他提出警告，讓他馬上糾正和刪改。如果他還這樣繼續下去，我會找律師通過法律途徑起訴他誹謗。

但我絕對不會利用手中的權利，動用國家機器，以給老大出氣的黑社會方式，對付一個向我提出意見的人。要記住！做事情不要太過分；出來混，遲早都要還的。」

他聽著，頻頻點頭。

瀋陽第一看守所的 25 號監舍，這是我第五次被關押在這個鐵桶一般壓抑的空間裡。牆壁上的塗料已經泛黃，鐵打的牢房，流水的犯人。這個監舍曾經是 2013 年 9 月 25 日夏俊峰執行死刑前關押的地方。我還能感受到他曾經存在的痕跡——在北面挨著放風場鐵窗旁的鋪板上面，那個定位環。

「老號」指著那個位置，聲音低沉地講述著夏俊峰的故事。據說，即使在死刑的陰影下，夏俊峰仍舊堅韌不屈。他在這裡，長期被鐐銬束縛，卻依然保持著強健的體魄。夏俊峰擅長打撲克牌，尤其在節假日時，他經常能贏得一些食品。我後來得知，即便是在這樣嚴酷的環境中，他的手法依然敏捷，智慧和機敏從他的每一個動作中流露出來。

在押人員向我講述，夏俊峰在放風時，沒有了定位環的約束，便在

這裡和其他在押人員摔角,即便身負鐐銬,他也展現出驚人的技巧和力量。監舍的其他人員談及這些過往時,眼中不禁流露出對夏俊峰的敬佩和惋惜。

在這個充滿絕望和暴力的地方,夏俊峰的故事像一束微弱的光,照亮了周圍的陰影。雖然他的身體已不在這個世界,但他在 25 號監舍中留下的難忘印記,成為我們這些後來者心中不滅的火焰。

2014 年 6 月 23 日下午臨近五點,我被關押的第三十六天。午後的陽光斜照在監舍的地上,監舍內的氣氛依然沉悶。突然,鑰匙串嘩啦啦的碰撞與鑰匙在鎖孔裡轉動的聲音打破了這片寂靜。鐵門在鐵鍊的聲響中被打開,值班看守的聲音冷冷地響起:「寧先華,收拾東西。」

放了?這個消息如同一顆石頭投入湖中,引起了波瀾。我站起身和大家揮手告別,走出鐵門時監舍內傳出了熱烈的掌聲。那聲音是對我的祝福,也是他們心中的期盼。

我伴隨著掌聲走向隔壁的監舍,隔著鐵欄杆,我看到了因修煉法輪功被關押的 X 軍濤;他急忙跳下鋪板走到窗口。

我剛進來時缺少很多東西,都是他給我提供幫助,他也經常找我聊天。我曾在放風的時候偷偷和他說:「你要是想我倆長期在一起,就不要與我走得太近,少和我說話,少和我接觸。」

他說:「沒事的,管教對我很好,不會有問題。」他原本是部隊轉業幹部,分配到區稅務局工作,他伯伯曾經是軍隊的高級將領。

瀋陽第一看守所從開門那天,我就從老所搬到這裡,我一共被關押過七個看守所,僅在這裡我就被關押過兩年半的時間。我對這裡,對監管場所的情況太熟悉了。

結果第三天,管教用鑰匙打開了監舍的鐵門,在門口喊:「X 軍濤,

收拾東西。」

「怎麼了？」他有些疑慮，不會是放了吧？

「調房！」吳管教面無表情地回答。

管教把24房的一位法輪功修煉者與軍濤互換了，他起身收拾東西，並和我緊緊擁抱。從他濕潤的眼眶中，我感到了那份深深的友情，看見他流下了無奈的淚水。在這個冰冷的看守所，見證了我們之間深厚的情誼，也見證了信仰的力量。

「軍濤，我放了，你要多保重。」我試圖用平靜的語氣告訴他。

軍濤眼中的喜悅和不捨交織在一起：「寧大哥，真為你高興！你一定要保重。」

在一樓大廳中崗，市區兩級國保的辦案人員等候在那裡。他們把我帶到了會議室，讓我簽署了取保候審通知書，以「有罪但沒有逮捕必要」的理由，再次取保候審一年。

令我震驚的是，回到家後我老娘告訴我，在我被關押期間的5月30日，皇姑區政府在沒有通知我和家人的情況下，將我位在皇姑區嫩江街的231和232兩套私有住宅給強行拆毀了。

至此我不得不懷疑，他們大張旗鼓地抓我關我，為的就是配合政府拆掉我家的房子！有人把公安比做穿制服的土匪，其實還冤枉了土匪，土匪哪裡想得出這麼妙的高招？

家被強拆

鄰居幫忙拍下我家被強拆,一片狼藉的照片

家被強拆

2014年3月，我在瀋陽市皇姑區嫩江街40號的兩套私有住宅（231、232號）接到皇姑區政府的動遷通知，他們在公開信中要求九十五戶居民「先搬走、先領號、先安置」的方式，誘導居民們儘快搬離。但我堅持要求政府依據國務院第590號行政法令，明確搬遷補償、返遷時間以及條件。

在多數居民迫於壓力搬走後，只剩下三戶人家堅守。到了五月，皇姑區政府採取斷網、斷電、斷水、揭房蓋、扒樓梯等暴力手段逼迫我們離開。五月初，我向瀋陽市皇姑區公安分局治安大隊提出遊行示威申請，抗議皇姑區政府暴力強拆。

我向中央巡視組控告強拆，同時去皇姑區公安分局治安大隊申請遊行示威

我在動遷房間窗外懸掛抗爭標語

我在動遷房間內堅持抗爭

家被強拆

在上次審訊時，刑偵支隊副支隊長李文同還問我：「別人都搬走，你為什麼不搬走？你想訛詐政府？你想跟政府要什麼條件？」

我說：「我是在提出正當要求。我要求你們按照法律、法規去履行，現在我還沒有具體提出我想要的條件，怎麼變成我訛詐政府了？」

我剛剛到家一會兒，市局國保的警察打來電話：「寧先華，你準備一下，我們二十分鐘後過來接你，你還差一個手續，需要回到看守所辦一下。」

什麼情況？不會是後悔了？還是又想搞什麼名堂？

我又被警察開車帶回到看守所的一間會議室，裡面早已經架起了一部攝像機，市局國保的張處長一臉嚴肅地說：「寧先華，我們確定你是有罪的，但是考慮你家的房子被拆了，你老娘年齡大了沒有人照顧，還是把你先放了。但是我們許局長說了，你這次必須要有個態度，必須認個錯。」

辦公室的氣氛頓時變得緊張壓抑。

我當時心情十分複雜，這麼多年來我從來都沒有向他們低頭認過錯，但我仍在取保候審的階段，如果他們藉此翻臉，再把我關起來怎麼辦？家裡有這麼多的事情要處理，我在外面總比在裡面強，好漢不吃眼前虧，這麼逼著我，不就是讓我認個錯嗎？這樣你們也好向許文友交差……我內心的怒火和無奈交織在一起。為了家人，為了我自己的安全，我選擇了妥協。但是，我清楚地知道這並不代表他們勝利，而是我為了更長遠的考慮，選擇了暫時的退讓。

「好吧！你們說怎麼說？」

我穿著灰色的老頭衫，一臉憔悴的問他們。

他們開始啟發我。

家被強拆

「對不起！許局長我錯了……」我對著鏡頭說。

孫海洋在被關押了 308 天後，沒有找到任何證據，最終無罪釋放，並獲得了國家賠償。

姜立軍結案時沒有被認定顛覆國家政權罪，而是以尋釁滋事罪起訴，最終被判了三年徒刑。

65・套取國保的「情報」

2014 年的案子，我們沒有讓警察找到一點把柄，這可以歸因於我們堅強的心理素質、豐富的對抗經驗以及堅守兄弟情誼的信念。

2014 年 7 月的一天上午，我接到瀋陽市公安局國保的一位領導的電話，關於強拆等問題，他想找我單獨聊聊。

他約我在遼寧賓館的咖啡館見面，他點了兩杯拿鐵，我們聊了關於我家房子被強拆的事，我下一步的打算。一是向中央巡視組提出控告；二是要向瀋陽市中級人民法院提起訴訟。

「老寧，餓了吧？我們倆去吃點兒什麼東西吧？」

我說：「好。」

我們去了一家韓國店，找了個僻靜的地方，點了一些烤肉小菜和啤酒，我們倆邊吃邊聊。他表情真誠地說：「老寧，其實我們的工作壓力很大，沒辦法，上指下派。其實，我們都很清楚紙是包不住火的。」他藉著酒勁兒和我說著心裡話。「我們現在的做法是不停地往火上包紙張。」

「你的生活太單調了，既不去唱歌、也不打麻將，也不去按摩。該玩就出去玩一玩？」

「行了吧……」我笑了笑接著他的話題,「我什麼事都沒有,你們還抓我呢!如果我去了那些地方,你們就更有理由對我動手了。」

他也感覺到了,這種套路在我這裡根本沒有用,尷尬地笑了笑……

其實,這麼多年以來,我與這些國保們經常接觸,彼此都非常熟悉。可以說一部分的警察素質還不錯,他們也確實是職責所在。2014年以前他們辦案時基本掌握分寸,尤其是在辦理我們政治案件的時候。

但2013年6月以後,瀋陽市公安局許文友局長向國保們傳達用刑事警察對付這些政治異議人士的做法,顯然是公安部下達的命令。是孫立軍執掌國保後的重大調整,將政治問題刑事化,如此也徹底地改變了過去國保們處理政治案件相對溫和的做法。

多回合的交手,我們已經諳熟公安各領域的各種套路,現在放出一群豺狼虎豹來對付我們這些堅守法制文明的追求者,這種顛覆性的改變,使一些問題逐漸升級,矛盾變得越來越不可調和。

這位領導說:「老寧啊!其實我們也都很累,也真不容易。」

我說:「這個我理解,一個人的威信在工作,你從事這項工作也是職責所在,況且你在單位還擔任一定的職務。但是有一點,代表政府的行政執法人員,為了立功受獎,在工作中不能超出法律和道德的底線,發揮性地毫無顧忌地對當事人採取非常手段。」我說:「就像這次刑警支隊的那位副支隊長。李文……」我沒說完,其實我根本沒有看清他叫李文什麼。

他說:「李文同。」

我說:「對!就是他,你告訴他,我絕不會放過他。」

66・深深的母愛

2014 年 8 月朋友們向我推薦了山東省一位打拆遷案子非常有經驗的法律工作者，我們通了電話，約定去山東濟南找他。我在網上預訂了 8 月 19 號經過北京到濟南的火車票。

8 月 18 日下午，市局國保的負責人給我打電話：「寧先華，你現在是取保候審階段，你不能離開瀋陽，我們要隨時都能找到你，你 19 號去濟南幹什麼？」

「找律師打強拆官司！」

「不行！你不能離開瀋陽，市區兩級檢察院隨時會傳喚你。把火車票退了吧……」

我只好退票，取消了山東之行。

房子被強拆後，最初，我們娘倆租住在皇姑區嘉陵江街的一個九十年代開放式的老舊社區，一樓一個兩室沒有廳的房子裡，廚房是後改在陽臺上的，原來的廚房變成了只能放下洗衣機和餐桌的三平米左右的小廳。老娘住在大約十五、六平方米的主臥，我住在不足十平米的小房間。

我上課的地點一個在渾南新區，一個在沈北新區，一南一北跨越了整個瀋陽，路上要兩三、個小時，交通成為了一大問題。經過與母親商量，我決定搬到皇姑區的西江街 26 號。為了和她聯繫方便，我給她買了一部老人手機。她非常開心，每次她拿出手機，都會告訴身邊的人：「這是我老兒子給我買的。」

冬天的雪讓路面變得泥濘濕滑，我和兄弟姐妹都不放心母親獨自外出，尤其是前往距離家五六百米的農貿市場。即使社區外有一家生鮮超市，我們仍然擔心母親在雪地上摔倒。每次我陪她外出，都會牽著住她的手。路上，經常會有鄰居或者路人好奇地詢問：「大娘，這是誰啊？」

每次，母親都會驕傲地答：「這是我老兒子。」

父親離世後，家裡的經濟支柱也隨之倒塌。母親用她那一千元左右微薄的退休金，省吃儉用的為我積攢了一些錢，她始終惦念著我。

母親用她的積蓄為我辦理了醫療和養老保險，還語重心長地囑咐我：「過去的事就讓它過去吧！你現在該考慮的是怎樣安定下來，找一個伴成個家。有人照顧你，我也就放心了。」

我們家裡有四個兄弟姊妹，而我，作為家中的小兒子，從小被父母寵愛。我小時候頭腦聰慧、記憶力超群。家中有客來訪，父親總是驕傲地把我叫到客人面前，聽爸爸讀兩遍報紙，我就能流利地背誦，這讓所有的客人都對我讚不絕口。

父親九歲跟隨祖父從山東闖關東，家中仍然保留著山東老家的傳統。家中有客，母親和哥哥姊姊們都不能上桌吃飯，只有我能陪著父親與客人坐在一起。

家被強拆以後，母親和二姊相繼去世，現在只剩下大姊

我不能吃太熱的食物，吃飯時只要喝到燙嘴的，我就不會再吃。所以媽媽每次都將剛煮好的粥或湯放在冷水盆中，使其降到我能接受的溫度。母親在與親友交談時常笑言：「我這老兒子，不會自己找食兒吃。」很多時候媽媽放在在鍋裡或冰箱裡給我留的好吃的，我不會去找，我回去以後，看到桌上有什麼就吃什麼。

母親、大姊、二姊，曾經幸福的三人，現在只剩下大姊

家被強拆

從出獄到我流亡的四年多裡，媽媽每年都自己釀造兩大瓶子的葡萄酒，一瓶普通葡萄加白糖，是她自己和哥哥姊姊們喝的，另一瓶是上好的葡萄加冰糖，是專門留給我喝的，而且她不允許別人碰。

2015年12月11日，我五十四歲生日。多年來的家庭習慣，只要我在家，這一天母親都會親手做我喜歡吃的手擀麵，她每次都會準備兩種吃法，一是山東特色的打滷麵。那是香菇、黃花菜、木耳、口蘑[40]，用熱水浸泡發開，洗淨後，取湯鍋加骨湯、蔥、薑、肉丁、香菇丁與黃花菜、木耳、口蘑一起放入鍋中，熬製約二十分鐘後，再加入鹽、雞精、老抽、調味後勾濃芡，加入打散的雞蛋，取出倒入湯盆，把鮮香濃郁的滷汁澆在煮好的麵條上。

另一種是口感豐富的山東炸醬麵。鍋內放油燒熱放圓蔥丁炒香放入肉丁，或者炒好的雞蛋碎、蔥花、茄子或者辣椒丁與東北特色的大醬混合炒香後加入少許的水，加生抽、老抽調味調色，加入少許雞粉，調出鹹鮮口味後放在碗中，麵條在碗中鋪底，淋上醬汁，再加上清鮮爽脆的黃瓜絲，鹹鮮清爽。母親做的這種手擀麵，作為家的味道，讓我一生回味無窮。

67．參加婚禮重逢老友

2015年4月末的某一天，我接到鞍山的朋友電話通知，我的好朋友、老大哥，中國民主黨遼寧黨部主席王澤臣的兒子王子健準備在5月2日舉行婚禮。由於擔心警方干預，我故意說我很忙，上書法課可能不

太好請假，我可以問問其他朋友們有沒有時間。但我內心已經決定，無論如何都要參加。同時，我把詳細的婚禮安排，酒店位址都記了下，早晨接新娘，然後去恩惠基督教堂舉行典禮，典禮後大約十一點去飯店。

5月2日晴空萬里，空氣中帶著春天的微涼。我和小魚兒、程樹森，攜帶著遼寧崔少華等朋友們的賀禮一同乘坐火車抵達鞍山。

下了火車，我們換乘公車，來到了日新社區的豐林利園飯店。到達飯店時，我看到一百多位來賓已經站在飯店門口的路旁，等待著新人的到來。大約上午十點，人群中突然傳來一陣騷動……「來了，來了！」人們紛紛朝著新人下車的方向張望。子健身穿一套帥氣的西裝，新娘身披著優雅的婚紗禮服，兩人在伴郎、伴娘的簇擁下，踏著迎賓樂曲，穿行在彩帶和花雨中，喜笑顏開地向我們走來。

王澤臣身穿黑色夾克衫，筆挺的藍色西褲，陪伴在兒子身邊迎接賓客，在道路邊迎接的隊伍中，他一眼看到了我，先是一愣：

「先華！」

我們急忙快步向前，緊緊地擁抱……

「先華，這麼多年，你的變化太大了，頭髮怎麼都白了？」

說著不禁潸然淚下，這是我們九八年組黨後相隔近二十年後的重逢。

旁邊的來賓們竊竊私語：

「這是誰呀？」

「新郎的父親怎麼了？」

「他見到了二十多年沒有見到的生死弟兄，他們都先後因政治問題在監獄服刑，錯過很長的時間，久別重逢，當然激動了。」

旁邊瞭解情況的朋友們在低聲解釋著。

1999年在中共當局對中國民主黨的全面鎮壓中,遼寧民主黨遭到了嚴重的打擊,我們中的許多人都被以顛覆國家政權罪判處了徒刑,王澤臣、劉世尊判處有期徒刑六年,王文江被判四年,孔佑平被判一年。緊接著遼陽的兩位工運領袖姚福信被判七年,肖雲良被判四年,維權律師郭承明被判處兩年,遼寧省內參加組黨的近二十位朋友全部被傳喚、拘留關押。鄒萍是遼寧組黨時唯一的女性,在看守所刑事拘留了一個月以後,在陰暗潮濕的環境中,身患嚴重的風濕病,幾次跌倒造成腰椎傷殘,留下了永久的傷痛。遼寧的朋友們整體上被「輪訓」了一遍。

鞍山的春日陽光,將豐林利園飯店的一切都照耀得金光閃閃,它寬敞的餐廳今天被裝扮得莊重而喜慶。紅色和金色的裝飾物掛滿了牆壁,精美的花籃和花環點綴在每個角落,大型的LED螢幕循環播放著王子健和新娘的照片與視頻,記錄著他們的甜蜜時刻,從青澀的相識到今日幸福的結合。

婚禮的司儀是一位來自基督教會的兄弟,他的聲音溫和而充滿喜悅,在這喜慶的場合中顯得尤為和諧。他不時地引導來賓們一同見證這對新人的美好瞬間,共同分享他們的幸福故事。

酒店的大廳中擺放了十六桌宴席,每一桌都裝飾得格外精緻,鮮花和綢帶交織在一起,洋溢著喜慶的氣息。來賓們在此相聚,朋友們互道祝福,興高采烈,不時有人拿起酒杯,高聲致敬,宴席間的氛圍無比熱鬧。

王澤臣作為新郎的父親,在賓客中顯得尤為激動。當他站起來代表新郎家庭致詞時,他的聲音哽咽,但滿是幸福和自豪。他描述了兒子的成長歷程,以及他們家庭的堅韌與愛。他看著兒子穿上新婚禮服,眼神中閃爍著難以言喻的喜悅。

更加感人的是,許多來自不同城市的老朋友,儘管歷經苦難和分

離,依舊在這重要的日子裡趕來參加婚禮。他們中的許多人曾經是生死與共的戰友,現在又成為共同慶祝這一幸福時刻的見證者。笑語盈盈間,不難感受到這個大家庭中的每一個人,都為參加王子健的婚禮而感到由衷的喜悅和祝福。

隨著婚禮的進行,新人在司儀的主持和賓客的簇擁下,舉行了一起喝交杯酒、切蛋糕和拋花束等傳統儀式,每一個環節都透著傳統與現代的完美結合,每一個瞬間都被喜慶和祝福圍繞。婚宴進入高潮時,掌聲、歌聲、音樂聲交織在一起,讓整個婚禮都沉浸在一片溫馨和歡笑之中,彷彿所有的困難和過往都已隨風而去,只留下這一刻的美好和對未來的憧憬。

68・土匪政府

2016年春節後,皇姑區的國保聯繫我,表示省市兩級政府對我家遭受的強制拆遷問題極為關注。區政府指派他們與我進行面談。

那位找我談話的皇姑區黃河徵收局的杜希會局長,是區人大主任的公子,態度倨傲,根本沒把我這個被強拆的對象放在眼裡。他趾高氣揚對我說:「寧先華,我聽說你曾經當兵。你服役了幾年?我聽說你是戰士復員,我是提幹[41]後轉業到政府工作的……你戴著金戒子,作為低保戶看起來還挺有錢的?你還向法院告了我們?」

針對他的挑釁,我回答道:「這戒子是我父親留給我的。你認為我應該賣掉戒子來維持生活嗎?我現在生活困難,享受政府低保是誰造成的?難道允許你們強拆?就不允許我們提起訴訟嗎?」

他問我:「你當初同意拆遷,為什麼現在又反悔了?」

我堅定地反駁:「我同意動遷是有條件的,前提是你們必須依照國家規定和相關法律規則拆遷,這並不意味著你們可以恣意妄為。」

我感覺到他根本不想解決問題,只想以勢壓人,根本沒有什麼再談

下去的必要，於是我離開了他的辦公室。

母親、二姐、崔少華去省政府上訪

不久，皇姑區國保又打電話通知我，皇姑分局協調黃河商務中心的領導，要和我一起協商處理我家強拆後的善後處理問題。出席人員包括黃河商務中心書記、主任，徵收局的張局長和副局長徐隴榮，以及皇姑國保的兩位警官。我邀請了處理我拆遷案件的任律師一同前往。商務區主任自我介紹他曾在東歐工作過幾年，談吐頗有水準。

這位主任用一段開場白表示對我的尊敬：「寧大哥，列寧曾說：『沒坐過牢的人，不算是完人。』你當過兵，又進過監獄，你是完人，我很敬佩你。」他承認我的房子被非法拆遷是一個必須解決的問題，並提到尤其是法院已有相關的判決。

在他的開場白之後，我的律師試圖提出幾點意見，被徵收局的張局長打斷。張局長態度蠻橫，命令律師少說話。

張局長說:「作為低保戶,寧先華本應對政府幫助他改善住房條件表示感激,而不是起訴我們……」

我接過話頭發言:「就像你們剛才講的,我當過兵,進過監獄不假。但是,你們忽略了我還有在瀋陽市政府建委工作的經歷。我瞭解國家關於拆遷的法律法規,歷朝歷代什麼時候有過這樣的政府,隨意強拆老百姓的房屋?連法院做出了判決,認定你們拆遷程式違法,你們還還拒不執行!一個個坐在這裡裝 B[42]。」

看到他們蠻橫無理,高高在上的態度,我的情緒激動爆了粗口。那位主任馬上出來安撫:「寧大哥,我理解你的心情,這個如果換做我,碰到這種情況也會生氣,但是你也要體諒政府的困難。」

我說:「我的要求很簡單,別人家什麼樣我什麼樣。一單元的住戶和我家幾乎一樣,你們是給了六十萬塊錢,一套九十平米的房子。我只要求按這個標準補償,過分嗎?」

我提出的這個標準,合情合理。但他們仍然以各種理由推諉、拒不解決問題。

我最後說:「你們別跟我玩黑社會那一套。說什麼你們政府這麼困難、那麼困難。那好,誰拆了我的房子,我就追究誰的刑事責任,你們已經違法了,別拿納稅人的錢,給你們的錯誤埋單,違法就要承擔責任。誰拆了我的房子,誰拿自己的錢賠我。」

在經歷了多次類似的補償討論會,我深刻認識到,這些官僚們已經變成了有執照的土匪,並無任何解決問題的意願。我曾懷揣希望,想通過堅持不懈的努力和抗爭,為家人贏得一些經濟補償;然而,殘酷的現實粉碎了我的幻想——跟土匪哪有什麼道理可講?

第十三章

2014 年 4 月在我家的樓下,我與徵收局副局長徐隴榮對峙

註釋

40. 口蘑為一種野生的白蘑菇。
41. 提幹,即提拔為幹部。
42. 裝 B,為網路流行語,形容人賣弄、做作、吹牛,假裝自己很行的樣子。

家被強拆

第十四章 艱難的抉擇

69·給姜立軍當證人

潘陽龍騰瀚芳苑是一個看似平靜的地方，這個由三座高層建築組成的全封閉社區坐落在西江街 26 號。而我，一個屢次發聲，反映社會不公，卻時常受到打壓的政治異議人士，就租住在這裡的一間一室一廳的公寓。

這是個環境整潔、配套完善、綠化優雅的新建社區，保安隊長是我朋友小薛的鄰居。最近，我發現他看我的眼神逐漸變得異樣。終於有一天，我們兩人喝了幾瓶啤酒，保安隊長忍不住向我透露了一些情況。

「警方近來頻繁出現在我們社區，」隊長低聲說道「他們說，這裡有一名重點犯罪嫌疑人住在裡面的 1 號樓。他們不僅調取了社區監控室的錄影，還讓我們密切觀察進出 1 號的人，讓我們盯著那輛車牌號遼 A32R** 色的豐田卡羅拉，記錄他幾點鐘出去、幾點鐘回來，同行的都有誰？男的女的？多大年紀、穿著什麼衣服？要做好詳細紀錄。」

隊長頓了頓，接著說：「我想，這個人是你吧？你究竟做了什麼？是不是還和八九年的學潮有關？」

隊長的話讓我意識到形勢比想像得還要嚴峻。儘管我已習慣了長期以來的各種監控和威脅，但這次，我感到自己和家人的安全分明都已岌岌可危。

西江街 26 號社區的大門口

2015年7月9日，下午時分。皇姑區公安局國保大隊領導帶一位年輕的警察，突然出現在我家。

「你知道我們為什麼來找你嗎？」他問。

「不知道。」

「姜立軍的案件，明天在大東區法院要審理了；你知道吧？」

我點了點頭：「這個我知道。」

他口氣強硬地說：「你明天不能去。我們剛開完會，現場已經布控，如果你去了，會被立即帶走。」他又講了一些不允許我出現在現場的各種理由。

他們走後，我坐在家中，仔細思考。我與姜立軍是同案，我們有著同樣的經歷和遭遇。 2014年5月17日晚，當我在瀋陽市公安局刑警支隊犯罪人員所稱之地下審訊室裡，聽到瀋陽市公安局「4‧25」專案組的辦案警察，為了給我造成強大的心理恐懼，故意敞開審訊室的門，讓已經被銬在鐵椅子上三十多個小時的我，聽到了姜立軍遭受刑訊逼供時的痛苦慘叫聲。

他的代理律師丁錫奎曾就案情向我瞭解取證。我理解丁律師的想法，從法律上說，我正是姜立軍遭受刑訊逼供的證人，我已經為姜立軍案寫了書面證詞。這個時候，我作為證人，是一定要出庭作證的。

大東區臨河街86號的瀋陽大東區法院，2015年7月10日上午十點，成為國內外輿論關注的焦點。三樓的十二法庭，開始審理姜立軍所謂的尋釁滋事案。原來的顛覆國家政權、聚眾擾亂社會秩序、非法經營、尋釁滋事四項罪名，因為查無證據，檢察院只好起訴了最後一項。而所謂的尋釁滋事罪，根本是個口袋罪，隨便什麼指控都可以冠以這個罪名。

2006年6月1日，我被送入瀋陽大北入監監獄，一個半月後轉押

至錦州南山監獄特管隊，那時姜立軍已在此服刑。姜立軍於 2006 年 11 月 5 日刑滿釋放，而我的刑期要在四年零四十天後結束。一直到我倆獲釋後，我們仍經常見面，維持著深厚的友情。

2013 年 6 月 1 日，我倆人同案，一起被瀋陽公安局以擾亂社會秩序的罪名抓捕，關押二十五天之後取保候審。

2014 年 5 月 16 日，我倆再次被瀋陽市公安局以顛覆國家政權的罪名抓捕，在瀋陽市公安局刑警支隊地下審訊室，被岳鵬、王克麟等人刑訊逼供，我的雙手腕嚴重受傷，至今右腕傷痕猶在。

我和姜立軍是二十多年的好朋友，我們三次同案，一次獄友，兩次被關在同一個看守所的不同監舍。

作為姜立軍的同案證人，我供出了我們在瀋陽刑警支隊地下審訊室裡受到「4‧25」專案組人員刑訊逼供的證據。這種惡行最怕見光，因此他們不允許我出庭作證。對此，我考慮了很久，決定仍須到達現場。哪怕我進不去法庭，也要在法庭外聲援姜立軍。

顧慮到家門口的攝像頭無時無刻不在監視，我一出門就會被發現；因此那天晚上，我悄悄離開家，在一個洗浴中心住了下來。

第二天早上，我身穿帽衫、戴上墨鏡，乘坐公車抵達大東區臨河路 82 號大東區法院附近。儘管我的心裡已經做好被抓的準備，但如何解釋我的行動，仍必須有一個合理的理由。在我下車之後不久，發現了一家裝修成農家院風格的飯店。進去後，我預定了一個可以容納近二十人的最大包間[43]，時間訂在下午一點半至兩點半。

在距離法院很近的北運河橋頭左轉不遠處就是大東區法院，我的目光掃過被警察放置交通錐封鎖的道路，沿途有許多人三三兩兩的在巡視，看似在閒聊，但我認出了其中一些人的面孔，他們是國保的警察。我小心翼翼地穿過北運河邊的綠化帶，悄然靠近法院。

在法院對面河邊的樹下，我碰到了姜立軍的弟弟姜立民和孫海洋。

「大哥，你怎麼來了？他們沒看著你呀？」立民、海洋和我打著招呼。

「丁錫奎律師呢？」

「他在裡面呢！」我們三人只交談了不到五分鐘，突然，皇姑區國保大隊的付警官與兩名穿便衣警察走了過來。

付警官不滿地說：「大哥，你怎麼過來了？老大不是跟你說了，不讓你過來嗎？」

他們成半包圍的隊形，將我快速帶到了一旁，局面變得越發危險。付警官在一旁焦急地打著電話，一會兒，一輛車停在我們身邊，他們把我「安排」上車的後座。我感到接下來可能會遇到麻煩。

隨後，他們「老大」開車快速趕到，對我表示不滿。我解釋說我在附近預訂了飯店，想請姜立軍的家屬、律師和朋友們吃飯。「老大」指示他們馬上把我帶離現場，去飯店等候。

三名警官進入飯店後，向前臺出示警官證，查到了我訂餐的資訊，打電話向他們「老大」匯報，警官們與我坐下來喝茶聊天。消磨時光，他們的任務是看住我，不讓我出現在法庭上，我心急如焚，卻無可奈何。

下午一點多，我給孫海洋和姜立民打電話，沒有聯繫上。我意識到庭審還在繼續，我留下也沒有意義，便就告訴他們我下午還有課，打算先行離開。見我要走，他們似乎也鬆了口氣。笑了笑，說：「行吧！大哥，法院那邊你還是別過去了。」

於是，我只好乘坐公車回家。

過來兩天，我邀請了在現場的維權人士和訪民，來到鐵西區 12 路

附近的一個飯店聚餐。辛穎、梅英和林明潔都參加了。他們敘述了當時在現場被警察強行帶走的經過。梅英被帶到派出所審訊，銬在鐵椅子上長達 24 小時，而林明潔在被帶走的過程中還發生了肢體衝突。我還得知，包括孫海洋在內的幾位朋友也都被警察硬生生地帶走了。

我對他們說：「立軍是我的好朋友，他開庭時你們能到場聲援，我真心感激。雖然他目前還無法出來，但我想請大家吃這頓飯，代他感謝你們。」

朋友們也都紛紛分享了當天的經歷。從他們的描述中，我感到警方對我還算比較客氣的。

我知道，為了保護自己和家人，我沒有其他選擇，只能儘快離開這個恐怖的國家。

70・啟動流亡計畫

2015 年年末的一天，瀋陽寒風凜冽，卻陽光明媚，我與母親在戶外散步，感受著冬日的陽光拂煦，與寒風刺骨。母子兩人有了如下具有深遠意義的對話：

母親緩緩地說：「兒子，以往我錯怪了你。看你這樣，心裡真的很不放心。我年歲大了，你的身體也病病殃殃。如果再有什麼三長兩短，誰還能幫助你、照顧你？」

她又有些自責地說：「過去，我總是埋怨你不聽話，還和那些過去的朋友們接觸，但現在看來，就算你什麼也不做，那些人也不會放過你。」

我說：「媽，我現在只有兩條路，要麼出去，要麼進去。」

她問我：「你能去哪裡？」

艱難的抉擇

我略加思索回答:「美國。」

她有些緊張地低聲說:「你回來以後,家門口和樓道都安裝了攝像頭,他們把你看到死死的,你能走出去嗎?」

我表情認真地注視著老娘,語氣堅定地說:「我想走,就一定能走得脫!」

「如果能走,你趕快走,別在這裡遭罪了。你不要為我擔心,你還有哥哥姊姊,他們會照顧我的。」

刑滿釋放以後我與八十多歲的老娘相依為命,她在我的身上傾注了全部的心血和疼愛,「母子連心」的含義是我深深體會到的。

1989年我二十八歲時,選擇了一條常人無法理解、充滿艱難險阻的道路,一走就是近三十年。作為家中最小的孩子,父母親最疼愛的小兒子,我對父母虧欠的太多了,我從老娘的言語和眼神中體會到老娘的不捨,但是在她最疼愛的老兒子面臨著極度危險的情況下,她還是毅然決然地催我快脫離險境。

「父母在,不遠遊。」孔子的這句話在我心裡迴蕩,但後面還有句話:「遊必有方」。不得已遠遊的話,要有目的地,有方向。我有方向,我的方向是自由的燈塔──偉大的美利堅!

我終於如釋重負,彷彿找到了決斷的力量。儘管難捨難離,與其被他們折磨死在她的身邊,讓白髮人送黑髮人,不如先流亡逃離中共的魔掌。我知道,母親年事已高,也明白自己的行動會給老娘帶來無盡的思念和痛苦,而且很有可能,此一去就是訣別。

2016年1月,我的母親跟我做了最後的交代:「老兒子,你走吧,你哥哥姐姐們會照顧我的,放心吧!」這簡單的幾個字,讓我心裡如刀絞般難過。如果不是對我的處境有深刻地洞察,如果不是擔心她的老兒

艱難的抉擇

子再被抓進去坐牢，一個年近九十歲的老母親怎能忍心讓剛剛回到身邊的老兒子再離開自己，而且這一去很可能此生不能再見！

1989年，波蘭團結工會站在了法律的陽光下，引發了一連串的連鎖反應。東德、匈牙利、保加利亞、捷克斯洛伐克、羅馬尼亞等曾在鐵幕裡面的國家紛紛發生了震撼人心的抗議浪潮，共產主義的堅冰在人民的呼聲中開始融化，這股變革的熱潮席捲了整個東歐。東歐的社會主義陣營土崩瓦解，直至柏林圍牆的坍塌和兩德的統一。蘇聯這個紅色的軸心也在風雨中搖擺、動盪，最終在內部裂痕的撕裂下解體，象徵著全球冷戰時代的終結。

時光輪轉到2010年的尾聲和2011年之初，阿拉伯世界的春天在示威和抗議的風暴中到來。一場起源於突尼斯[44]的火焰點燃了整個中東地區的希望與憤怒。一位年輕人在絕望中自焚，成為抗議失業、通貨膨脹和政府腐敗的火種。這場火焰燎原，突尼斯人民的怒火席捲了整個國家，衝垮了統治者本·阿里（Zine El Abidine Ben Ali）的王座。突尼西亞的巨變如同一道信號，激發了埃及、利比亞、敘利亞等國的民眾，他們走上街頭，掀起了政治變革的巨浪。這些事件都對國際形勢產生了深遠影響，塑造了當今世界政治格局的一部分。同時，這些事件也反映了民眾對自由、民主和社會變革的追求，以及他們對不公正和腐敗的不滿。

最後的世界格局，只剩下聯結在一起的中、朝、俄這三塊東北亞地區的獨裁專制國家，這塊人類「飛地[45]」、這塊毒瘤侵蝕著世界文明的肌體，它必將成為國際政治關注的焦點，美國已經將戰略中心轉移到亞太地區，國內陸續湧現出由徐純合案[46]引發的7·09維權律師案等；在這強大的內外壓力下，中國必須順應形勢，中國必須改變！

我當時認為，最遲五年左右我或許就可以回來，與老娘和親人們團聚；但萬萬沒有想到，我的幻想被現實徹底擊垮，這一次的逃亡竟變成我與母親和二姊的永別。

艱難的抉擇

和母親談過後的一個夜晚，春風送暖，吹過的空氣中帶著冬去春來生機勃勃的氣息。燈光的微弱映襯著房間的安靜，我輕輕地拿起電話，深深地吸了一口氣，撥通了一個電話……

「小光，你在幹嘛？」我問。

「什麼事，哥？是不是又開始想兄弟了？」他半開玩笑地回應。

「幾天沒看到你，想知道你最近怎麼樣？」我試圖讓語氣顯得輕鬆，但在這個夜晚，我們之間的對話並不像表面上的那麼簡單。我相信，他已經從我的話裡感受到了，我找他有事情。

第二天上午十點，早上上班的交通高峰時間已過，街上的車輛和行人漸漸稀少。我正在家中，電話響了，是小光。

「哥，我現在路過社區門口，準備去四院辦點事，你在家嗎？」

「好，我在，你稍等。」

我迅速出門，確認四周無人注意後，我伸出大拇指和小拇指抬向耳邊，用手勢提醒他，他明白了，遞給我他的手機。因為擔心手機成為我們被監聽和定位的工具，我返回家中放下手機，又立即出門。我們兩人像以前一樣沿著昆山路的人行道，邊走邊聊。我隱約用餘光注視四周，確定無人跟蹤一切安全後，我輕聲對他說：「小光，幫我儘快聯繫美國駐瀋陽的外交官。」

他點點頭：「知道了，哥。」

陽光，一個我在 2012 年秦永敏先生發起的同城飯，醉中認識的朋友。

那是一個初秋的中午，瀋陽故宮附近的一家餐廳裡座無虛席。小光代表秦永敏先生與我們瀋陽的同道們見面，那一次相識，我們結下了深

艱難的抉擇

厚的友誼。他高個子，白淨的臉上配著一副眼鏡，年紀輕輕，卻背負著沉重的家庭磨難。因為家中的變故，他對那些開賭博店的老闆懷有深深的痛恨。年少的他，為了曝光那些背後的黑幕，一直與這些人死磕、周旋。他的腿曾被老闆安排的人打斷，小小年紀就被勞動教養，但在維權的路上，他收穫的不僅是鬥爭經驗，還有與我們之間的深厚情誼。在這危險的日子裡，有些話，我們彼此早有約定，不必說出口⋯⋯

2016年2月12日，大年初五，春節熱烈喜慶的氛圍還在瀋陽的空氣中瀰漫。一天，電話的鈴聲打破了室內的寧靜，是小光的聲音，聽得出是喜悅中帶著點小心翼翼：

「哥呀！那瓶你一直想要的酒，我找到了。不過，老娘不是說讓你少喝酒嘛，她知道了可別怪我。」他半開玩笑地說。

我心情輕快地回應：「得了，知道了，不會告訴她是你買的。」

電話那頭，小光的笑聲是那麼真摯，而我的心裡，是為了成功地邁出了計畫的第一步而高興。

第二天初六，小光如約帶來一瓶巧克力甜酒。屋裡飄著老娘親手包的三鮮餡餃子的香味，還有兩盤小菜擺在桌上。小光和我一邊享受這家常的午餐，一邊談論著近期發生的事情。吃到一半，他看了看窗外，輕輕地說：「哥，我們出去抽根菸吧！」

小光披上衣服，我穿上羽絨服。走到室外，小光低聲地對我說：「哥，後天中午十一點半在⋯⋯」

他十分警覺地告訴我一個地點。看似普通的春節午餐，背後隱藏的卻是一件大事的謀劃與期待。

71・與外交官初次會面

位於瀋陽市和平區的南三經街西與十四緯路交匯的52號，是美國

駐瀋陽總領館的所在地。

對於中國人來說，美國駐瀋陽總領館周圍是一片神秘的地方。總領館是由米黃色的外牆和高牆圍起的院子，美國國旗迎風招展，圍牆的上面加裝了刺網，四周的每一個角都設立一個武警的崗哨，監視著靠近這裡的行人，凸顯出這塊美國領地的重要和神秘。

美國駐瀋陽總領館的對面，是一棟棟 90 年代建成的灰色基調住宅樓組成的社區，看似普通的門市，卻暗藏著玄機。門市上掛滿各種招牌，從出國仲介、小賣店、複印打字、翻譯、諮詢，甚至到貨幣兌換，琳琅滿目；看似普通的生意，其中卻隱匿著不為人知的秘密。

美國駐瀋陽總領館的外交人員行走在這條街上，如果有人搭訕，馬上就會被盯上或被阻止。更離奇的是，有些人會被穿便裝的陌生人突然帶走，消失得無影無蹤。這條街道彷彿是一個充滿期望和神秘的迷宮，隱藏著未知的風險和謎團。

領事館往南，經過幾個街區就是瀋陽電子產品的核心集散地——三好街，與北京的中關村類似，這裡有著東大、百腦匯等知名電腦城。

這一帶文藝氛圍濃厚，瀋陽魯迅美術學院和瀋陽音樂學院便坐落其間。我和領館人員見面的地點，定在魯迅美術學院斜對面一個名為「遇見」的奶茶店。透過醒目的大玻璃櫥窗，店內的橙紅塑膠椅和四、五張白色小桌清新明亮。牆上，兩幅康丁斯基風格的抽象畫，用鮮明的色塊帶來一抹藝術的氣息。

2 月 15 日，情人節的第二天，奶茶店內喜慶熱烈，每張桌子的花瓶裡都插了一支鮮豔的玫瑰，顧客不多，一位大約三十歲金髮碧眼的白人男子坐在角落靠窗的桌子旁。他穿著整潔的襯衫、西褲和皮鞋，姿勢端正，眼神堅定。他捧著黑莓手機，兩個大拇指在 V 型按鍵上快速敲擊，彷彿在傳遞著重要的資訊。

艱難的抉擇

小光已在吧台為我們買了兩杯奶茶。他用眼神示意我前面的那位先生，並輕聲對我說：「哥，我先走了。」

我端著奶茶，走了過去。店內時不時有學生模樣的顧客出入，我與他的交流略顯緊張，我禮貌地問：

「您好！先生，我可以坐這裡嗎？」他抬頭看向我，似乎已確認了我的身分，然後用帶有一絲僵硬的中文說：

「請坐吧！寧先生，我是麥克，很高興見到你。」他伸出手和我握手，聲音低沉，但我能感受到他話語中的警覺。

樹蔭，透過櫥窗，零星地落在清潔的木質地板上。店內，青春洋溢的學生們走進走出，閒聊聲、笑聲交織，時不時有人舉起手機，記錄下這個美好的時刻。

店裡的收銀員是個圓臉的漂亮姑娘，眼睛明亮，顧盼生姿。我猜她是藝術學院勤工儉學的學生，她用銀鈴般的聲音招呼著顧客，彷彿能喚醒一片春意。每當門口傳來叮噹之聲，新的顧客湧入，她的存在就像是一道亮麗的風景，吸引著顧客們的目光，她在奶茶店內散發著靚麗青春的光彩，讓整個店鋪充滿了生機與活力。

在這溫馨的環境中，坐著一位外國帥哥，金髮碧眼，氣質非凡，就如一個從歐洲時尚畫冊裡走出來的俊男。他與我對坐，儘管周圍鬧聲喧囂，我們只能感受到對方的存在。

我們交談得很簡短，因為這裡太喧鬧，不是談話的理想之地。我輕聲建議，附近有個朋友的書店，那裡的環境更為安靜，適合聊天。我提議半小時後朝三好街的方向走。然後，我端起未喝完的奶茶，先行離去。

瀋陽的街頭熙熙攘攘，我故意放慢了步伐，混在人群中，時而停下，隨手在路邊的攤位上翻看著一些小物件。我用餘光掃視身後，直到大約

艱難的抉擇

二十分鐘後，我看到了麥克，他正緩步走來。

在離圖書批發市場不遠的路口，轉向左側，就是一家我經常光顧的一家小書店。我等著麥克，他走到了我的身旁。

我小聲提示他向左轉繼續直行就到了，突然感覺麥克的表情異樣，似乎在向我暗示著什麼。這時有人拍了一下我的肩膀。瞬間我被嚇了一跳。

「老寧你好！」

現場氣氛驟然緊張。我回頭一看，竟是我們學校教軟筆書法的范老師，他對當時情況並不瞭解，看到我和一個外國人在一起顯得有些好奇，友好地和我們打招呼。

然而，范老師並不知道我們在做什麼。這虛驚一場的小插曲，純屬偶然。

街頭邂逅之後，我心裡有些緊張，警覺地用餘光環顧周圍後，朝著小書店的方向走。心中忐忑，不知道接下來還會發生什麼事。

書店隱匿在瀋陽圖書批發市場附近的小巷裡。這家小店由我一位曾在瀋陽新華書店工作的老朋友張振宇經營，主打書法和繪畫類書籍。小巷的寧靜與店內以書法繪畫為主的藝術類書籍互相映襯。我和麥克走進店內，昏暗的燈光下，書架和四周牆角堆滿了書籍。振宇正在低頭整理著，看見我後他露出熟悉的笑容，我微笑著伸出大拇指向後指了指，向他示意麥克是我的朋友。

安靜的書店微暗的門廳裡，振宇在專心地按照清單仔細地清點、檢查書籍，之後再包裝放入一個大紙箱裡。他瞥見我和麥克走了進來，感覺到我們不想被打擾，於是他繼續在門口整理他的書籍，為我們留出了一個相對私密的空間。

艱難的抉擇

我和麥克站在角落的小桌前，翻看挑選著書籍，店內的燈光昏黃，讓環境顯得有些壓抑，新書油墨的芬芳，木質傢俱的油漆味道，以及麥克身上淡淡的香水味混雜在一起，構成了這個下午特有層次鮮明的氣息。

我不禁深吸了一口氣，然後低聲地告訴麥克我所面臨的情況。他的眼睛緊緊地盯著我，每一個細節，每一個詞彙，似乎都用心記在心裡。

時間過得很快，我們確定了下次的見面時間和地點。魯迅美術學院的對面……下個月的第一個週一中午十二點半。我們說好，除非特殊情況，否則不要用電話聯絡。

在那片刻，儘管是在這樣一個熟悉的地方，但緊張和不安彷彿變成了空氣中的一部分，讓人透不過氣來。

我看了一眼窗外，春風無痕，葉落無聲，一切都顯得那麼平靜，天空中沒有痕跡，但是，鳥兒已經飛過。

在這樣一個看似平靜的時刻，我做出了自己人生中最艱難的決定。而在地球的另一頭，外交官們也在努力幫助我，一場關於自由與壓迫的較量，即將拉開序幕。

不久之後，在遙遠的美國華盛頓特區的一間辦公室裡，一份關於中國異議人士寧先華的檔案，被仔細地收入了一個抽屜。抽屜雖然關上了，但故事還遠未結束。

72・瞞天過海，見到美國領事

在 2016 年這個節點上，中美關係如同一潭深水，表面風平浪靜，實則暗流湧動。雙方商定九月初在杭州的 G20 峰會上，習近平主席與即將卸任的奧巴馬總統[47]舉行重要的會談，對未來美國新政府對華政策確定一個方向。

即使在中美關係的蜜月期，確定行動方案也不是一件簡單的事情，特別是我這樣背景的人。與美國外交人員的接觸更需要高度保密，必須謹慎避開警方的監聽、跟蹤和監控。為此，我們一開始確立了「靜默」策略。要做大事，確定好行動方案後，必須先保持靜默，避免節外生枝，才能不會過早暴露行跡，才能提高事情的成功概率，事後證明這是非常明智的策略。

為了瞞天過海，掩人耳目，我謹慎地設計著下一次與外交人員見面的方案。

倒春寒侵襲著整個城市，街道上冷風吹起一陣陣塵土，漫天昏黃，枯枝招搖，一片荒涼。陰角處還殘留著少量髒兮兮的殘雪，不肯服輸的冬天，在春風的驅趕下，頑強地抵抗著，但我的內心卻充滿了火熱的焦慮。約定的見面時間即將到來，我知道我的行蹤和手機號都可能隨時被跟蹤定位。這個見面對我來說至關重要，因此我必須要儘量躲過警方的干預或對我們這次見面的破壞。

我想了一下，拿起電話：

「嗨！小輝。」

「什麼事呀，哥？」小輝的聲音從電話那頭傳來。

「你明天出車嗎？」

「我明天歇班。」

「好，明天和我出去一趟，幫我拉點東西回來，我給你個地址，你大約幾點鐘能到？」

「去什麼地方？」他好奇地問。

「我們去撫順南雜木買個茶台，一會兒給你地址，你到那兒等我。」

艱難的抉擇

小輝是我一位非常親近的「驢友」兄弟，我們經常一起參加群裡組織的戶外運動，一起徒步、登山，野外露營，經常一起喝酒聊天。他同意明天開他的車，準時到位。不用多說，我們的默契和信任是長期在一起相處後確立的。

　　我掛了電話，又開始打給一個好朋友，他是一位倒賣二手車的行家。

　　「嗨！大林，明天有事嗎？」

　　「什麼情況，哥？」大林問道。

　　「我明天想去南雜木去看看茶台，這段時間休息不好，你要是沒事，和我出去蹓躂一趟，我們倆換班兒開。」

　　大林爽快地答應了。我們約好了出發時間，然後掛斷電話。

　　第二天早晨，我開車過去接大林，他已經等在那裡了。我感到一種緊迫感，知道這次行動非常重要，必須謹慎小心。

　　清晨春寒料峭，但我的心裡卻像有一團火。這次大張旗鼓地出行，目的是分散監控我的探員們的注意力；但是，我必須在中午十二點前趕回到美領館附近的約會地點，確保一切安全順利。

　　大林開著車，我坐在駕駛位後面，快速駛往遼寧省撫順市新賓滿族自治縣南雜木鎮。南雜木鎮位於自治縣西北部，距離瀋陽約一百公里。這個小鎮被茂密的樹林環繞，小鎮的公路旁有幾家前店後廠，經營著各種木製工藝品、木雕和茶台。這些茶台是由樹木形狀隨型雕琢而成，各式木材紋理的茶台，擺滿了商戶的展廳，讓人目不暇接。

　　在幾家店展廳走了一圈後，我終於在約定的地點看到了小輝的車停在路邊。我向他揮手示意。我把我的電話放進車後備箱後對同行的大林說：「我的朋友過來找我，有一個非常緊急的事情需要處理，必須先離

艱難的抉擇

開,你開我的車,不要急著回去。如果我手機有電話,你不要接,也不要動我的手機。如果我沒能聯繫上你,你就在下午五點鐘回到瀋陽,將車停在我家社區對面的朝鮮烤肉店門口,我們晚上一起吃飯。你在南雜木或者撫順附近找個地方吃午飯,自己開車慢慢地閒轉。」大林明白這一切是突發情況,沒有多問,點頭答應了。

我坐著小輝的車必須在中午十二點半之前趕回瀋陽,我們的約會地點在美國駐瀋陽總領館附近,魯迅美術學院對面。這是一個極其重要的見面,不知道會出現什麼樣的情況。在這個初春的季節,我只能祈禱一切順利,不要再出岔子。

小輝車技嫻熟,一路狂奔,我在後座不敢怠慢,十分警惕地注意著周圍的情況變化。

中午十二點半,在預定的地點,我終於看到了麥克,他身旁還有一位健壯的中年男子,年約四、五十歲,白色的皮膚和亞麻色的頭髮。他們走來的時候,不時地微笑交談著,彷彿是在閒庭漫步。當他們來到我面前,麥克介紹了一下:「這位是寧先生,這位是我的老闆大衛。」

我們三人一邊走,一邊聊著。儘管表面上輕鬆愉快,但我們都保持了高度的警惕,不時地檢查後面是否有可疑之處。當我們走進了魯迅美術學院對面的一條小街時,旁邊有兩家餐館。大衛指著一家名為「魯園時尚簡餐」的餐廳問我:「寧先生,這家怎麼樣?」

「我先進去看看有沒有包房,看看說話方便不。」

我走進餐廳:「老闆你好,你家有包房嗎?」

他微笑著回應道:「有啊!你們幾位?」

我們進入包房,有一張能坐下六個人的圓桌。環境明亮整潔,有兩扇厚厚紫紅色金絲絨窗簾可以遮擋住窗外強烈的陽光。於是我們決定在

艱難的抉擇

這裡用餐。

我們三人坐下後，一名服務員熱情地拿來了菜單，倒上了茶水，準備開始點菜。我問他們有沒有忌諱，大衛表示他不吃辣，於是我們點了一些不辣的菜餚，還加點了蛋炒飯。在享受美食的同時，我開始簡單介紹了我的情況。大衛似乎已經做了充分的準備。當我們談到 2003 年 12 月我的案件時，他肯定地說：「我們知道，那兩個被執行死刑的刑事案件與你沒有關聯。」

看來他們已經詳細瞭解了我的情況。

我繼續講述著我的遭遇，包括剝奪政治權利的時期、2013 年和 2014 年兩次被刑拘並取保候審、家庭財產被強制拆遷等情況。大衛認真傾聽，然後表示：「如果需要的話，我們可以幫你。我需要回去研究一下，現在的麻煩是你怎麼才能離開中國。」

在這個小餐館裡，我們討論著後續的安排，我明白，這次見面可能是我擺脫困境的重要機會。

我們坐在餐廳的包房裡，公共場所總是讓我感到不太安全。我決定簡單地談一下我的想法。我問大衛：「如果情況緊急，我能不能進入美國駐瀋陽總領館，尋求庇護？」大衛的回答很坦率：「這很難，主要是因為許可權問題。你進入總領館是沒問題的，但出去就比較麻煩。領事館不等同於大使館，曾經有過先例，可能一住就是幾年……」

我們也簡單地討論了朝鮮核爆等其他問題，話題轉向了中國的書法文化和美國的文化。大衛說他很喜歡中國的漢字，覺得它們很美，特別是甲骨文。這些最初的象形文字是漢字形成的雛形，基本上都是簡單的圖形，容易被西方人理解。我微笑著說：「好啊！我本身就是書法老師，現在從事書法教學，我可以給你寫一幅甲骨文的書法作品。但是，這對我確實是個挑戰。」

艱難的抉擇

我們隨後確認了下一次見面的時間和地點。會面大約持續了四十分鐘左右，我要埋單，大衛認真地告訴我，這接近兩百元的午餐費用，如果我請客，超出了他們規定的標準，會違反紀律，我只好放棄。

離開了飯店。我在魯園古玩市場裡走走看看，感覺一切正常。差不多五點鐘的時候，趕回到了我家社區大門外朝鮮烤肉店。不久後，大林送來了我的車。我們兩個坐在那裡，享受著烤牛肉和啤酒，談笑間大林說：「哥呀！我不知道是出去玩，早知道我帶著我女朋友出去轉轉多好。」

多年的經驗告訴我，不讓朋友知情，是對朋友們最好的保護。

73・聲東擊西，「必勝客」裡定方案

很快的，時間到了 2016 年 4 月 3 日星期日，隔天中午按照約定即將與外交官見面，非常重要，我期待著來自美國的明確消息。

我與崔少華商量好：「週一中午我要去與外交官們見面，你過來掩護我，我晚上會和你通電話。」

傍晚，我給崔少華打電話：

「少華，最近生意怎麼樣？忙不忙？」

「這兩天沒幹，學校封閉，沒有學生出來，東西賣不動，我也藉機會歇兩天，把房蓋修一修。」

「我明天上午想去北方圖書批發市場，買幾本字帖。你去嗎？」

他說：「好啊，輝哥也想去買字帖。」

「那好，你約他我們一起去。明天下午一點北方圖書市場門口集合。」

其實我們早已提前約定，實際碰面的時間與電話裡說的都要提前兩小時。

4月4的上午11點，我們三人如約在南湖五交化大樓門口集合，北方圖書批發市場位於這座大廈的三樓和四樓。我們坐電梯直接到達了三樓，在圖書市場內逛了一會兒，最終挑選了幾本顏真卿的多寶塔字帖。

南湖五交化大樓，曾經是生意興隆的地方，然而，隨著這些年工廠逐漸倒閉，這裡的生意變得愈發冷清。三、四樓的整層的空間被租給了圖書批發市場，大樓旁的出入口的醒目位置掛著薄一波題詞的「中國瀋陽圖書批發市場」的金色牌匾。牌匾鐵網的襯板上有三、五隻鴿子，時而煽動翅膀，跳躍著飛翔，咕咕地叫著。早上是這裡比較繁忙的時候，來自遼寧、吉林、黑龍江的書商們以及各學校和培訓機構的人員都會在這裡進貨。

上午十一點多，批發的人群逐漸稀少，市場開始陸續有散戶前來挑選輔導教材、軟硬筆書法字帖等。與其他批發市場不同，圖書批發市場的攤位大多是一間一間獨立的空間，因此我們在外面走動時，很容易發現是否有人跟蹤。我們一邊翻看著書籍，一邊保持警惕，確保周圍安全。我和崔少華時而用眼神交流著，我們挑書的時候，也經常是半側身或者背靠背的站位，保持我們的視線中無死角。

離我們與外交官見面的時間還有大約二十多分鐘，我向老崔示意，將手機裝進包裡，他也緊跟著將手機裝入包中。然後我放慢腳步，與老崔拉開了大約五、六米的距離。我悄悄對小輝說：「一會兒，你背著我的包。」我指了指老崔，「在圖書批發市場裡隨便逛逛，不要出來。一個半小時後，在正門口等我們。如果包裡的電話震動了，不要接聽。如果我需要聯繫你，我會打你的電話。」

小輝點了點頭，雖然他不知道我們要幹什麼，但他對我充分信任。

艱難的抉擇

我和崔少華大約保持了十米左右的距離，從圖書批發市場的停車場側門悄悄溜出。我們在大街上保持著大約二十米左右的距離，走到了十三緯路的路口。這一刻，我十分警覺，我知道這一場關鍵的會面對我非常重要。

　　位於瀋陽市和平區南三經街與十一緯路交匯處西北角的必勝客。它的紅屋頂標識在這一條街上非常醒目。

　　明媚的陽光透過窗戶，照在必勝客清新亮麗的紅白格調上，走進餐廳，曼哈頓都市裝修風格撲面而來，牆上掛著幾排黑白照片，講述著美國過去的故事。

　　幾幀中國城市古建築的圖片掛在牆的另一側，必勝客餐廳就像一個獨立的時光機，將顧客帶回美國和中國的 50 年代以前。

　　走進餐廳，輕鬆的背景音樂緩解了我的壓力。店內的顧客不多，大家在盡情享受著愉快的午餐，談笑聲和音樂聲相互融合。使人感到愜意，我裝著若無其事，直接上了二樓，餐廳裡披薩上乳酪的獨特味道和蜜糖烤雞翅的濃郁香氣，勾起了我的食慾，我不禁嚥了嚥口水。

　　「您好，請問幾位？」一位身穿紅色制服的漂亮女服務員笑盈盈地問道。

　　「三位，他們在停車。」我簡短地回答，儘量保持平靜，但不禁開始，像是漫不經心的打量著周圍的環境。

　　「我需要一個安靜點的位置。」服務員把我帶向了裡面，我選擇了一個視野開闊且又安靜桌子，不久，老崔走進餐廳，他直接選擇一個對著二樓樓梯口的位置。我們兩桌相距大約六、七米，我面對著他側身的座位坐下。他的位置不僅可以看到一樓的大堂和二樓樓梯的入口，還能透過旁邊的窗戶看到從美領館到必勝客的十字路口。餐桌上方的吊燈下光線柔和，與外面的陽光形成了鮮明的對比。

艱難的抉擇

不久，兩位身穿著夾克衫，筆挺西褲、皮鞋的外國男子走了進來，與這家美式餐廳的裝修風格相得益彰，是大衛和麥克。餐廳裡的每一個風吹草動都逃不過老崔的雙眼，他馬上在桌子下面向我打了個手勢，我知道他們到了。

看見有兩個外國人走進了餐廳，年輕的女服務員滿面春風熱情地迎了上去，他倆的中文說得很好。

「你好，我在找一位朋友，他提前預定了位置。」

「這裡！」我站了起來向他們揮手。

大衛、麥克走過來，伸出雙手，我和他們來了一個第二次握手。

坐下以後，周圍比較安靜。我們一邊看著菜譜，一邊像漫不經心的小聲說：「華盛頓已經批准，一個基金會同意給這次行動提供經濟支持，你要做好準備，不能在中國登機直接飛往美國，航班會審查得很嚴格。你最好離開中國到周邊國家，我們會安排一個懂漢語的外交官在那裡接應你，你確定行程後告訴我們。」

得到盼望已久的消息，我即興奮又有些緊張。

我們圍坐在一起，試圖透過一些幽默的對話來緩解這種緊張的氣氛。大衛先生先開口，他小聲說：「你到美國後就知道了，披薩是美國最簡單的食品，在這裡卻成了高檔的美食。」他邊說加上他誇張的表情，引發了我們的笑聲。

我也開玩笑說：「中國的餡餅是把餡兒包放在裡面，而披薩可以理解為是美國的餡餅——它的餡兒直接撒在了外面。」

氣氛在我們的談話和笑聲中逐漸變得輕鬆，緊張感逐漸散去。

一個服務員走了過來，點菜時間到了。我們點了一個九吋的披薩，

艱難的抉擇

一份玉米濃湯、蘋果派、可樂和咖啡。食物很快端上了餐桌，我們開始邊吃邊聊。

在享受美食的同時，大衛先生突然關心問我：「寧先生的英文怎麼樣？」

我坦率地回答：「幾乎是零基礎。」

他安慰道：「沒有關係，你可以多看看電影，有時間再學習學習。」

他問：「什麼時間行動能確定下來嗎？」

他的語氣謹慎，似乎在提醒我這次行動的重要性。

我說：「要往後延，估計要下半年。」

他很驚訝：「為什麼要這麼久？」

我說：「我要等時機，最好是在暑假。」

我當時有兩種考慮，一是我家房子被皇姑區政府強拆的官司已經在瀋陽中法獲勝，公安和各級政府似乎都在積極地幫我推動解決；二是我現在馬上走，太惹人注目，學校和家長都會四處找我，如果我請假，我的行程可能就會暴露。

我們吃過飯，三人一同走到大廳門口，我藉故稍微滯留了一下，讓他們倆先走，外交官們隨即消失在人群之中。他們倆向左邊走，我轉向了右邊，右邊有超市。一會兒老崔也跟了過來，我倆一前一後走進超市，轉了一圈確定安全以後，老崔問我：「怎麼樣？」我說：「一切順利。」我們倆從超市前面右邊的小馬路，穿過人行橫道，轉了一個圈走到了瀋陽圖書批發市場門口。

在與美國外交官的短暫會談中，主要的議題是如何安全地離開中國。有三個方案供我選擇：從香港、韓國或泰國轉機到美國。然而，香

艱難的抉擇

港回歸後受中共控制，特務過多，並不安全，如果我的名字被公安海關聯網，將會帶來無法預料的極大風險。

韓國被視為一個相對安全且方便的選擇。我詢問了兩位經營旅行社的學生家長，她們都願意幫我辦理自助遊手續，但我暗中瞭解到，如果我中途脫團，她們的旅行社可能會被罰款十萬元人民幣，我不能連累我的學生家長們。考慮到這些因素，我最終選擇了曾經去過的泰國作為中轉站。

我知道，這只是一個開始，前路還長，但至少我已經邁出了第一步。深吸一口氣，我在心中默默地做了一個決定：無論遇到什麼困難，我都會堅持到底。

經過半年的精心準備，我給美國領館發出了預先約定的資訊。很快的，我接到了崔少華轉達的口頭資訊：「有個漢語比較生硬的人向我預定了三百塊的酒席，我說OK。」

這是一個預先設定的暗號，表示美國方面同意我的行動計畫。

當初我和美國外交官預先約定的暗號是非常巧妙的。我利用了一個很難會出錯的情境——老崔外賣的速食亭子，是不可能接到價值三百元的訂單的，另外預定者的漢語口音生硬，很明顯是指老外說中文，這點也很難跟其他客戶重疊；美國外交官當時就稱讚我這個暗號為「東方智慧」。收到這個資訊，我心中暗喜。深吸了一口氣，在心中告訴自己：「是時候啟程了。」

我知道現在的我不再是一個人孤軍奮戰。在我身後，是我無法改變的過去和那些我深愛卻無法保護的人；而在我前方，是一個令我憧憬，充滿全新挑戰的新環境。

無論結果如何，我已經做出了選擇，已經邁出了那個決定我未來命運的重要一步。

艱難的抉擇

74 · 一個神秘的電話

　　我和老崔深夜商討，計畫在八月底行動。8 月 23 號將是我在培訓學校的最後一節課，之後我將有幾天的時間能進行籌備。我們認為這個時候比較安全，不太會引起注意。

　　選擇在泰國出境後，外交官們提醒我泰國和香港同樣是不安全的。我知道 2015 年發生了董廣平和姜野飛被泰國警方拘捕並遣返回中國的嚴重事件[48]。但相較而言，前往泰國雖然有風險，但走泰國免簽入境畢竟還是方便，我對那裡的環境也比較熟悉。最終，我決定先通過自由行到泰國，然後從泰國得到外交官們的幫助後前往美國。

　　計畫確定後，我請崔少華幫忙預訂了泰國酷鳥航空公司的廉價航班，然後，我還要將這一行程安排通知美國外交官，由他們聯繫在泰國的同行幫助接應。

　　2016 年 4 月 29 日下午，我的手機收到一通陌生電話號碼來電，卻聽到了一個熟悉的聲音：「大哥，你換個電話。」我意識到，這一通電話一定涉及非常重要的事情。

　　我急忙下樓，來到小區門口我常常洗車的地方，找到熟人借了電話，給那個陌生的號碼撥回去。

　　那個聲音急促地告訴我：「我們知道你明天要去美領館，你的情況已經全被掌握，這邊已經開始布控，你千萬不能去！」沒等我說話，電話就掛斷了。

心情高度緊張之下穿了兩隻不同的鞋出門的我，當時全然不知

艱難的抉擇

我心裡一陣緊張,明天中午十一點半有一個非常重要的見面,需要通知我的行程和接應人的聯繫方式和具體安排。到目前為止,我從未主動撥打過外交官們的電話。如果這次不能按計劃前往指定地點見面,啟用緊急聯繫電話,可能會引起監控人的注意。

我趕緊撥打了一位朋友的電話,他急匆匆地趕到了,我們在樓下的花園小路上邊走邊談。

我說:「按照計畫我明天要去與一位重要人士見面,但警方已經獲悉了情報。如果我不去,可能會錯過機會,怎麼辦?你能不能替我去?」

他猶豫了一下,說:「這太危險了,不如放棄吧。」

我沉思片刻後說:「好吧,你先回去吧。」

然後我迅速撥通了老崔的電話。

我們在一個約定的地點見面,確保沒有尾隨者後,我們開始處理手機。我向他詳細講述了電話裡的情況。

他問我:「你想怎麼辦?」

「一定要去!你來掩護我。」

我們把手機放在車裡,將我的車停在他家附近的社區停車位上,然後駕駛著他的車離開。

第二天,我們感覺沒有人跟蹤,因為手機不在車上,他們很難確定我們的位置。

幸好,約會地點是在遼寧省農業銀行濱河支行門前,我們提前十分鐘到達。門口是一條車水馬龍、商鋪林立熙攘嘈雜,壅塞繁忙的雙向行車道,刻意選擇了美國領事館至農業銀行的必經之路。我們卡著點把車暫停在南三經街向南的右側人行道上,車子沒有熄火。我縮下身子,用

艱難的抉擇

一張報紙遮住了臉，同時注視著後視鏡。

我們的心情緊張，又充滿期待，不管出現什麼狀況，我們都要勇於應對。

中午 11 點 25 分，我終於看見了麥克先生，他穿著一件藏藍色呢子大衣，沿著人行道從美國領事館的方向走了過來，當他走近我們的車時，我猛然打開了右側車門，喊他的名字：「麥克！」

他看見我，愣了一下，我迅速請他上車，兩人並坐在後排座椅上。聽到車門砰地關上之後，老崔駕車起步，從後視鏡清楚看見後邊不遠處停靠的一輛紫紅色歐系車旁的兩人慌忙打著電話，朝著我們車子的方向比手畫腳，還有一個人衝向行駛的車道，出示證件試圖攔停行駛中的車子。車流裡剛好出現起步熄火的空檔，老崔猛踩油門，車子像一隻怒吼的獅子瞬間衝出，車流紛紛避讓，老崔將車擠進了壅堵的車流中，向前行駛了二十多米，右轉併入了西濱河路。

這條路的一側是沿南運河的綠化帶，另一側則是居民住宅區，向前曲折蜿蜒，是一條雙向雙車道分流道路，車速較快，沒有什麼商業店鋪。我們進入西濱河路後，老崔迅速加速，像一台沒有預定目標的賽車手，要甩掉所有可能跟蹤我們的人。老崔靈活地觀察左右的倒車鏡和後視鏡，巧妙地利用一切空隙來超車，時而急加速，時而緊急剎車，時而左躲右閃，場面酷似一場緊張刺激的汽車拉力賽。麥克先生單手緊握車門把手，提醒：「崔，慢點。」

當經過魯迅公園後，確信沒有人能夠繼續盯住我們的車，我們減緩了車速。在繼續前行的過程中，老崔開始觀察可能的停車或轉彎點。當我們接近文藝路口時，紅綠燈即將變色。我下意識地說：「衝過去！」老崔毫不猶豫地踩下油門急加速，待我們過了路口紅燈已經亮起，在黃燈閃動中通過的最後一輛車，這時我們可以百分之百確定沒有跟蹤者了。

艱難的抉擇

接近一環線，南五馬路時，恰好有一條左拐的狹窄岔道。我說：「左拐！」我們鑽進了岔道，岔道內的道路崎嶇不平，鋪滿了瓦礫。有些拆遷後殘留的斷牆擋住了道路。再往前，我們脫離了主路的視線，老崔停下了車，我和麥克先生下車，然後步行朝前方的一個公園圍牆邊走去，老崔則留在原地觀察望風。

我和麥克在距離老崔約三十米處停住腳步，我們脫掉外衣，掛在了樹杈上，離開三、五米後，我馬上小聲說：「我已經預定好8月27號泰國酷鳥航空公司的航班，當晚到達曼谷，我入住的賓館是⋯⋯」

「週六周日使館休息，不辦理業務，週一早晨七點，在大使館門前，有一個叫亞當的外交官會在那裡等你，他會說中文。切記，泰國不安全，到達曼谷後不要和任何人聯繫。」

「為了安全，這段時間我保持靜默，不接觸，不聯繫，按照計畫如果順利通過邊檢，29號早七點我會準時出現在大使館門前。」

75・兄弟有難 義不容辭

2016年5月的一天，春暖花開，我得到了一個消息：一位遼寧民運的朋友在北京的美國駐中國大使館簽證申請被拒。他非常焦急，希望我能幫到他。那時，我按照約定保持靜默，擔心露面會引起不必要的麻煩，從而暴露我的行動計畫。

但我明白，戰友求助，我不能坐視不管。我搞了一個接風宴，找機會與崔少華密談，讓他代表我去與外交官見面，幫助他解決問題。

我倆在我的家裡，為了避免監聽和監控，重要的事情寫字條交流，用筆與紙簡潔明瞭地傳達資訊。有重要的話題需要溝通時，我們都會放下手機，到樓下的小公園裡邊走邊談。

為了進一步瞞過監視者的注意，6月初，我住進遼寧中醫院內分泌

科，裝作一個身體虛弱的病人，隱瞞自己真實的身體情況。在這漫長的日子裡，我必須示弱，籌劃著出逃前的每一個細節。

醫院的病房內，經常有人出入，同病房住院的患者也很難確定其身份，如果有朋友到訪，想談論重要的事情，我們就去醫院裡散步，一邊散步，一邊迅速地交流資訊。

6月14日中午，那位朋友終於等到了好消息。他的簽證被美國駐瀋陽總領館批准了。他激動地到醫院病房找我，向我報告了這個好消息。他熱切地詢問我何時離開，想與我同行，我告訴他不要等我，夜長夢多，你要儘快離開，能走多快走多快。我只提出了一個要求，那就是要求他在到達美國之後，要保持低調，等我也安全離開到達美國後，我們再一起行動。

在整個救援行動期間，我保持謹慎、靜默。秘密地組織、協調各項行動，不斷變換調整與外交官接觸的人員，分解了一些監控人員對我的注意力，以避免被抓到固定模式。我利用在醫院住院的這段時間冷靜地處理了一些敏感和棘手的問題。我的行為成功地迷惑了監視我的人，使他們對我的計畫無從知曉，從而放鬆了警惕。

76・匆匆告別

8月25日，處暑的節氣悄然而至，我獨自駕車前往龍泉森林墓園，與長眠於此的父親道別。

夏日的熾熱已被一絲涼意取代，墓園的景緻在夏末秋初展現出別樣的寧靜。古木依舊繁茂，鳥鳴雖稀，卻愈發清晰，我沿著小徑行走，兩旁是稍顯枯黃的草葉，偶爾有落葉在輕風中飄落，像是秋天的信使。

墓地裡，父親的墓碑在陽光下顯得莊重而又肅穆。我輕輕清理掉碑上的落葉，放上一束新鮮的花束。祭奠的花束在微風中搖曳，我盤坐在他的墳前，給他斟滿酒，點上香煙。我在心中與父親對話，告訴他我要

走了，已經徵得了媽媽的同意，媽媽暫時交給哥哥姊姊們照顧，請父親放心，我不會丟下她不管。我和他述說著家裡的情況和對他的懷念。

我心裡默默祈禱：如果還有來生，我希望能再次孝敬父親，以彌補這一世的遺憾。

秘密籌劃了八、九個月的流亡行動計畫進入了倒數計時，培訓學校和家教的課程全部結束，我以已經安排好了旅遊行程為由，宛然謝絕了校長和家長們的延長幾天課程的要求，開始為秘密出逃做最後的準備。

臨行前，我把開了近兩年的一輛二手車——黑色的豐田卡羅拉交給了一位朋友。其實在十幾天前我就和他完成了交易，我把賣車款五萬多人民幣讓朋友換成了美元。我每天像螞蟻搬家一樣，兩、三紙箱的往外搬東西，當我把車交給他的時候，租住了一年多的房子內我的物品已經基本搬空，出逃的行李已經委託朋友寄存在了離機場很近的地方。

一切都安排妥當以後，我去和提前約好的兩位信教的弟兄一起喝啤酒，他們做夢都不會想到，兩天以後的我就飛離了這座生活了將近五十年的城市。

臨行前的晚上，我在位於皇姑區華山路的天香樓酒店，邀請了幾位好朋友一起吃飯，在溫馨歡快的氣氛中。我對朋友們說：「我要外出一段時間，拜託你們照顧好我的老娘。」

辛穎說：「寧哥，你怎麼這麼傷感？你的老娘就是我們的老娘，放心去吧，終於放假了，好好放鬆一下！」

我無法向他們透露我內心深藏的秘密，我知道這是一塊巨石，壓迫著我的心。多年的困境和監獄生活早已在我身上刻下了堅韌和冷靜的印記。面對這些並不知曉真相的朋友，我只能將這殘酷的事實深深埋藏在心底。

艱難的抉擇

326 / 第十四章

　　隔天早晨,太陽還未升起,我將離開這座城市,離開這些人。沉重的腳步代表著我對這一切的告別,但無法帶走的,是心中對老娘和朋友們的思念和不捨。

　　在那個橘黃色的包房裡,我似乎看到了自己的命運,故鄉瀋陽對我來說,是無法割捨的鄉情,那晚的天香樓,將永遠成為我人生中難忘的記憶。

2016年7月老娘88歲大壽時的合影,後排左起:程樹森、崔少華、辛穎、我、張晶、梅英、趙洪宇

---

43. 包間,意即包廂。
44. 突尼斯(Tunis),為非洲國家突尼西亞首都。
45. 飛地是一種人文地理概念,意指在某個地理區劃境內有一塊隸屬於他地的區域。
46. 徐純合案,指2015年5月2日,45歲慶安縣農民徐純合在慶安火車站候車室內,因企圖上訪遭民警遭截訪,開槍擊斃,官方調查卻稱開槍合法,引發國際輿論撻伐。
47. 美國前任總統 Barack Hussein Obama II,台灣譯為「歐巴馬」。
48. 2015年10月底,獲得聯合國難民署批出難民身分的大陸民主人士姜野飛和董廣平,仍遭泰國政府以非法居留羈押後遣返中國。

艱難的抉擇

第十四章 逃到泰國

77・開始逃亡

我委託崔少華在國外航空公司網站上買好了去泰國的機票，就此開始了逃亡前的準備。

2016年8月26日當我要離開的那個前夜，我和小魚兒喝著紅酒聊了很久。為了防止監聽，我用筆在紙上寫著：

「你確定這次不和我一起走嗎？如果你同意，我可以在泰國等你。」

小魚兒：「我不能走，我捨不得我的父母，我不能丟下他們不管，我放不下我現在的工作和我的學生們。」

半夜裡，她的情緒突然失控，歇斯底裡的哭喊充斥著房間：「你要逃跑！」

她哭著，緊緊抱住我，話語中聲充滿了絕望。我急忙將手捂在她嘴上，生怕驚擾了那些隱藏在暗處的竊聽設備，以及住在隔壁的「鄰居」。低聲安撫她，試圖讓她冷靜下來。

「不會太久，也許我很快就能回來……」

清晨，鬧鐘的刺耳的聲音將我從夢中驚醒。我起身喝了一杯熱茶，準備離開。與她吻別後，我勸慰她好好照顧自己，或許我不會離開很久，要她留在房間裡，不要送我出門。

四點半，外面天色尚未亮，我神經緊繃。這不是一次普通的戶外運動旅行，而是一場生死攸關的冒險。

我穿上灰色的 T 恤和米色休閒褲，背著小背包，相機掛在脖子上，準備好道具後，我像一名臥底特工一樣，警覺地聽著周圍的聲音。

　　深吸一口氣，輕輕推開家門上了電梯，踏出樓門。在距離社區大門只有二、三十米點時候，突然感到身後有聲響，我猛地回頭。小魚兒穿著睡衣，頭髮散亂，只穿著一隻鞋，一隻腳赤裸著追了上來，她張開雙臂，緊緊擁抱著我，淚水無聲地流淌著。

　　我深知，這一去山高水長，相會無期，她是多麼地難過和不捨！幸好我提前處理好了行李，現在只帶著一個背包。如果監控中有人看到這一幕，可能會誤以為我們之間發生了爭吵，而我只是要離家出走。

　　她站在黑暗中，默默地注視著我，為我送行。我悄然走出了小區大門，上了一輛計程車。在車裡，我用餘光注意著開車的司機，警覺地觀察身後的車燈和尾隨的車輛。我明白，我的流亡生涯，已經從此刻展開！前路漫漫，沒有人知道，我將經歷什麼樣的挑戰和兇險。

2016 年 8 月 27 日凌晨，我離開家時候的「道具」

離別前家中的室內照

逃到泰國

78・突破邊檢

我與崔少華在約定的一個隱蔽的地點會合，取上了行李。少華軍人出身，如今卻留著鬍鬚和長髮，一派仙風道骨般的打扮。我們提前兩個多小時到達瀋陽桃仙機場候機大廳。

「老大，我們合個影吧？」他微笑著建議。

我猶豫了一下，然後點點頭。

照完相後，我對他說：「我們兩個人在一起太引人注目了，你先走吧！」

我們緊緊地握了握手，然後他轉身離去，但我知道，他一定不會走遠。

到達瀋陽桃仙國際機場候機廳後，真正的考驗來了。因為沒有返程機票，我被攔下了。在這緊要關頭，我用備用手機呼叫崔少華。他很快趕了過來，迅速幫我處理，當我拿到電子版返程機票的時候，我覺得彷彿像是一個即將沉沒的溺水者，被一隻大手給拖出水面。

2016年8月27日早晨，崔少華和我在瀋陽桃仙國際機場分別前的合影

逃到泰國

我快步走向邊檢，由於緊張而心跳加速，我深深吸了口氣，讓自己平靜下來，盡量顯得自然。在我的行李箱裡，還有關於我的起訴書、判決書、釋放證明等一大摞材料，如果被攔下，如果被搜查，後果不堪設想！

邊檢武警仔細地查看我的護照，然後與我對視，我屏住呼吸，表情輕鬆地迎住他的目光，等待著他的決定。終於，那枚紅紅的邊檢章，重重地蓋在了我的護照上。

「成功了！」我心中一陣狂喜，但表面上仍然保持鎮靜。我收回護照，面帶微笑向邊檢警察輕輕點了點頭，走向登機口，排隊上飛機的時候，我仍然難以回歸平靜。

79．饑腸轆轆的飛行

飛機的艙門緩緩關上，機身像一頭鋼鐵巨獸，在跑道上加速衝刺。轟鳴聲撕裂了寂靜的天空，我緊張的心情逐漸讓位於心中隱藏的喜悅與期盼。飛機已經升空，大概不會再落下來了。

我開始考慮下一步的行動，外交官們的提醒還在耳畔迴盪：「泰國不安全，到達後不要聯繫任何人，我們會保護你。」

我五度被囚，數次被捕，對危險有異乎尋常的敏感。飛機在萬米高空中飛行，衝出中國領空，直奔泰國首都曼谷的素萬那普國際機場，我終於鬆了一口氣。這一場禁錮與自由的賭注，一場決定命運的賭博，而我，快贏了。

在飛機上我沉默不語，不與周圍的人交流，不知道下一秒會發生什麼。頭頂上的時鐘指向了中午，航班卻未發放任何食物或飲品。多年的牢獄折磨，讓我對飲食有了特殊的依賴，血糖也頗為不穩，我的胃開始咆哮。空姐的回應是冰冷的：「這是廉價航空，我們不提供免費餐食。」

「我可以買一些嗎？」

「現在不可以！」

也許是溝通存在問題，利用翻譯軟體，我們都無法正確表達……

這時，我座位旁邊坐著一對五十歲左右衣著樸素的夫妻，應該是第一次坐飛機出來旅遊，他們開始在頭部上方的行李倉取下背包：「老公你還是吃一點吧？」

「我不餓，到地方以後，多吃些泰國餐多好呀。」

「不行！你的胃可別給我添亂。」妻子堅持著。

飽漢子不知道餓漢子饑！這也太凡爾賽[49]了！

你們不吃我想吃呀！我猶豫了一下，想開口卻又閉上嘴；最後，當餓到全身冒出虛汗時，我終於忍不住對他們說：「你好，我早晨出來太匆忙，沒有吃早飯也沒有準備食物……」

他倆的目光一同看向我，一臉疑惑，是不是遇到了騙子？

「我不知道飛機上沒有吃的，我有糖尿病，能否請你們幫忙分一點食物，或者賣給我？」

女士看看他老公，再看看我，還真不像壞人，也不像是說笑話。

「沒問題！誰出門都可能遇到困難的時候。」她老公對我表示理解和同情。女士慷慨地遞給我兩塊月餅和一些乾果，我幾乎是狼吞虎嚥地吃了下去。

空姐終於來發放午餐的訂單，我微笑著對那對夫妻說：「剛才你們幫了我，讓我幫你們訂份午餐吧。」他們笑著搖頭：「哎呀，出門在外誰都會遇到困難，我們願意幫你。」

我再三堅持，但他們仍是笑著拒絕：「我們已經吃得很飽了，我們還是老鄉，出門在外的都不容易，真的不用客氣。」

這一刻，讓我深感人間仍有溫暖，也讓我暫時忘卻了外交官反覆的警告。在這趟不安全的旅程中，我找到了一絲溫情慰籍。

80・泰國入關遭遇麻煩

波音777像一隻懶懶的大鳥，載著三百多名乘客緩緩地抵達了曼谷素萬那普國際機場。機場人流熙熙攘攘，感覺像是在參加一場不需要入場券的大型演唱會。

我終於鬆一口氣，準備進入這個以佛教聞名於世界的神秘國度。出港前，三條海關通道就像三個擁擠的超市收銀台，只不過這裡的人是在走向身心愉悅、心馳神往的美好旅程。

左側隊伍看似人稍少一些，我排到了隊尾。不久，我發現了每個人都需要填寫一張入境申報表格。

見有中國的旅行團的導遊，「你好！這張表怎麼填？能幫我一下嗎？」

導遊快速接過了我的單子，「姓名、出生日期、護照號，單位？」

「瀋陽盛京書畫院，職務：院長。」

「職業？畫家還是書法家？」

「書法家。」

「這一項不好填，那你就填藝術家好了。」

領隊在一旁給著建議。她們像做「考題」一樣，迅速幫我把這張表格填完。

終於到我了。對面的海關官員是一名四十幾歲的男子。他翻看我的材料，說了一段聽起來像是泰國流行歌詞中的音符。正當我一頭霧水時，旁邊中國旅行團的翻譯過來告訴我：「由於你的返程機票超出了允許自由行的期限，你現在不能入境！」

什麼情況！我像是被打了一悶棍，只能乖乖退到隊伍末尾，開始進入「自我救贖」模式。冷靜思考一下，絕不能這樣輕易放棄！我在心裡默默祈禱後，決定再試一次。

這個時候，海關的值班人員開始換班，而我所站的這個關口出現了一位大約三十歲左右的泰國女性，她身材微胖，面容清秀，五官端正，眉目之間透著一股善良俊俏的模樣，與之前的男關員形成了鮮明的對比。我默默地排在她辦公視窗前面的隊伍中，慢慢走近。

在我前面的中國旅遊團成員早已離開，不見蹤影，旁邊也似乎沒有了能夠懂泰語的華人。我認真地整理好我的旅行文件，綻放出憨厚的微笑。

她開始嘗試用泰語與我交流，然後切換到了英語。我可以感覺到她的專業和友善。可惜，我的反應永遠不變———臉懵逼[50]。

氣氛在這一刻顯得緊張起來，後面排隊的人們不斷催促，彷彿在背後推著我前進。女關員顯然失去了耐心，聲音開始變得越來越大，表情顯示她有點不耐煩了。

突然，她大手一揮，狠狠地在我的入境表上蓋下了章，衝著我不耐煩地擺手讓我儘快離開，從她的肢體語言中好像在說：

「什麼裝模作樣的藝術家！不就是不差錢嗎？走吧，我不管了，你等著接受罰款吧！」

她彷彿在告訴我：「不要拿著你藝術家的牌子在這裡擺爛！」

我的尷尬和無奈在這一刻達到了頂峰，在後面排隊人們的注目禮中，我面帶謙和的微笑，頻頻點頭致歉，快步離開了關口，我感受到，在這位女關員面前，我的「藝術家身分」顯然起到一些作用。

終於，像走出高考考場的考生一樣，我帶著未知的分數，走出了機場，招手叫了一輛計程車，駛向我提前預定的旅館。

81・曼谷的不眠之夜

在剛剛立秋處暑時節的曼谷午後，氣溫飆升到了 39 度，彷彿空氣都在沸騰。一股熱浪狠狠地拍在臉上，我勇敢地踏入了旅館開放式的大廳，活像步入了一個移動的桑拿房，空氣看似要燃燒起來。一股灼熱的氣浪，撲面而來，讓我有些窒息。就在這個暈頭轉向的恍惚時刻，一位門童小哥飛快地小跑過來。

他的眼睛裡閃爍著一種友善的光芒，似乎在說：「先生，歡迎來到我的領地！我保證，您將會在這裡體驗到一場前所未有的傳奇！」

或許是熱浪悶得我頭昏腦漲，但我準備好了，將接受這場異國他鄉炙熱煎熬中的體驗。

他提著我的旅行箱，小心翼翼地推開了一扇房門，然後用一種像解密高科技密碼鎖般的動作，悄無聲息地打開了房間裡的空調。看出我對泰語和英語都一竅不通，他用一種跨越語言障礙的手勢藝術，向上或向下比劃，試圖傳達他的意圖。我笑了笑，也用手勢回應了他，似乎達成了一個不言而喻的共識：讓大馬力的空調全力運轉！

我遞給他二十泰銖的小費，足夠他在附近的大排檔[51]上吃上一頓喜愛的午餐。他笑得像一個在夏天找到了冰棒的孩子。

空調像一台高效的冰山製造機，短短幾分鐘內，就讓我覺得涼爽無比。然而，到了深夜，那冰冷的感覺竟然讓我從熟睡中顫抖著醒來。我

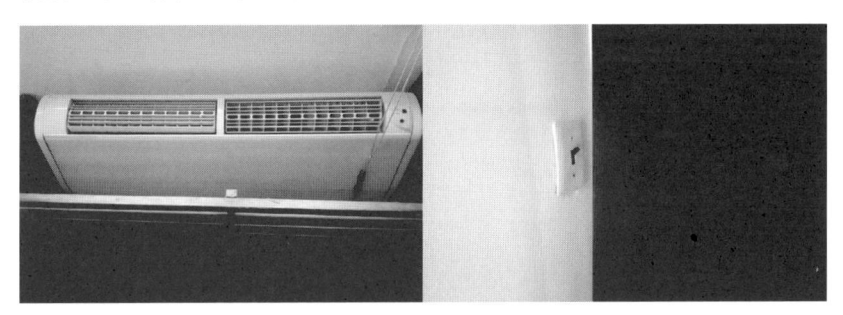

裹著毯子，像個在凜冽寒風中無家可歸的孩子。

惱人的大馬力空調機和藏在窗簾後的開關

我空調機旁四處摸索，找了三次空調開關都沒找到，最後，在櫥櫃裡找到了一條厚厚的棉被，它包裹著我，彷彿回到了母親溫暖的懷抱。凌晨，不論是去洗手間還是找空調開關，我都裹著這層厚厚的被子，直到天亮。最後，我終於在牆上的窗簾後面發現了那個像神秘寶藏一樣的空調開關。

我預想過，這次逃離虎口總是會遇到各種意想不到的情況，總有充滿變數難以預料的各種難題，讓我必須面對。來到曼谷的第一個夜晚，上天就給了我一段生動的溫度、人情與挑戰的難忘經歷。

到曼谷的那天，恰好是週末，美國駐泰國大使館休息。按照事前約定我必須週一再去大使館，這是個難熬的週末。

曼谷街景

逃到泰國

我看著旅館外面汽車、摩托車、三輪車、遊客交織的街道，人們的臉上洋溢著輕鬆和爛漫。霓虹燈的光怪陸離，一點也吸引不了內心苦悶的我。遙想著萬里之外的親人，他們因為我受到了種種的磨難，也想起了與自己一起共同戰鬥過的戰友。

往事一幕幕的在我頭海重現：

1989年5月我參加在瀋陽市政府廣場的八九學潮運動，出任瀋陽市民聲援團秘書長、總指揮、瀋陽愛國市民自治聯合會主席。5月26號率隊到北京天安門廣場。在英雄紀念碑下和天安門廣場西觀禮台北京工自聯總部，度過了難忘的八天八夜。

1989年7月6日在瀋陽被捕，10月13日收容審查結束後釋放。

1999年，因組織紀念「六四」十周年，召集遼寧民運人士參加在瀋陽市政府廣場，紀念六四死難烈士的十周年燭光晚會，6月1號在瀋陽到衛星城虎石台被捕，關押在瀋陽公安局第四看守所，與17位短期服刑的聾啞人關押在一起，6月16號釋放。有證據表明，在此之前，我已經被定性為公安部重點監控的遼寧民運分子。

2003年12月12號，又因參與組建中國民主黨，東北三省獨立工會，在四川成都被捕，受盡了酷刑折磨。一審以顛覆國家政權的罪名，被判處有期徒刑十二年，上訴後二審改判七年。兩名同案范正文、呂正濤被執行死刑。加上90年代初原瀋陽市民聲援團糾察隊長，瀋陽中捷友誼廠工人陳貴文，因組織別動隊，為自己計畫成立的暗殺貪官組織籌款，實施搶劫，被瀋陽中級人民法院宣判死刑，並立即執行。至此，我身邊曾一起相遇過的人，已先後有三名被執行了死刑。

2010年12月15號，在我刑滿釋放後，附加刑期剝奪政治權利兩年。直到到家之後才知道姊夫和父親早在2008年12月8日和2009年3月20日先後去世。

逃到泰國

2012 年 12 月 15 號，我的剝奪政治權利期結束。

2013 年 6 月 1 日。又因參與新公民運動，被以擾亂社會秩序的罪名刑事拘留，因證據不足於 6 月 25 日取保候審後釋放。

2014 年 3 月，我向到達瀋陽的中央巡視組提出控告，抗議瀋陽市皇姑區政府違法拆遷，沒有收到任何回復。

2014 年 4 月，我向瀋陽市公安局皇姑區治安大隊提出遊行示威申請，抗議區政府非法拆遷。

2014 年 5 月 16 日瀋陽市公安局成立了「4．25」專案組，以尋釁滋事的罪名將我抓捕，我被反銬、戴上黑頭套，押上警車，還被勒住脖子猛力擊打頭部，並被押解到令犯罪分子聞風喪膽，號稱「手術臺」的刑警支隊地下審訊室；扣在鐵椅之上，連續審訊近五十個小時。這段期間，被施以打罵體罰，不允許睡覺，並受到死亡威脅。

他們開著審訊室的門，讓我聽見隔壁同案被上刑時的慘叫聲。2014 年 6 月 23 日，在關押了三十六天之後，因證據不足，專案組做出「有罪但沒有逮捕的必要」之結論，取保候審。

回到家後才發現，在我被關押期間的 5 月 30 號，在沒有通知任何家屬的情況下，政府將我居住了四十多年的兩套私有住房強行拆毀，所有物品都被埋在瓦礫之中。

由於 2013 年 2014 年連續兩次處於取保候審階段，辦案單位以繼續收集各種證據材料為由，使我經常被市、區檢察院、辦案單位以各種理由傳訊。

2015 年初，我將瀋陽市皇姑區政府告上法庭。

2015 年 7 月 10 日，依據瀋陽市中級人民法院沈中行初字第 55 號行政判決書，一審判處瀋陽市皇姑區政府拆遷程序違法；但是，區政府

逃到泰國

一直推諉拒不執行，不做出任何賠償……

　　一連串的回憶讓人喘不過氣來，在慘烈的戰鬥過後，身邊的戰友有的已經倒下，而我卻幸運的活了下來，但我這樣逃離大陸，算不算是一個逃兵？對得起他們嗎？

　　在這個難熬的週末，我的思緒飄到了遠離自己的家鄉和親人，也回想起與我共同戰鬥、甚至失去生命或自由的戰友。這些回憶讓我對自己的行為產生了疑慮：作為一個逃離家鄉的人，我是否對得起那些為了理想和信念而犧牲的人？

　　不！我離開了這個人間地獄，是為了以後能親手搗毀這個魔窟，我要更加努力，更加大力的、更加有效的去開創一個新的世界。

　　通過深思熟慮，我最終找到了自己行動的意義和價值。我認為，離開並不意味著我是一個逃兵或者是個懦夫。相反地，我的離開是為了能在未來有機會徹底改變那個不公的體制，為了能更有效地捍衛人們的基本權利和自由。

　　在這個過程中，我不僅明確了自己未來的目標，也找到了持續戰鬥的信念和動力。這或許是我走到這一步最重要的心裡支撐。我將帶著中國民運和中國民主黨的榮耀和使命，在美國政府的營救下，逃出苦海。

　　在複雜和多變的生命旅程中，每個人都可能面臨種種選擇和困境。但正如我所經歷的，當我們願意正視自己內心的矛盾和困惑，並且勇於為選擇負責時，我們就有可能找到真正的自我，並為實現自己的理想和目標而持續努力。

　　我的故事還沒有結束，我的未來充滿了未知和可能。但無論前方的路有多麼艱難和複雜，我都已經找到了自己前進的方向和動力。這或許就是我生命中最有價值的部分。

逃到泰國

註釋

49. 凡爾賽文體,簡稱凡學,是中國2020年興起的一種文學手法,指通過明貶暗褒、先抑後揚、自嘲文字炫耀的個人,在不經意的抱怨底下藏著的是滿滿的優越感。
50. 懵逼是中國東北方言。表示愣住,傻眼了,被眼前現象或者發生的事情震驚,不知所措。
51. 大排檔又稱大牌檔或茶檔,源於香港在十九世紀中葉設立的小販發牌制度而出現的一種飲食攤販。

逃到泰國

第十六章 拿到美國的 PARCIS

82．到大使館踩點

　　曼谷的八月，瀰漫著熱帶雨林的濕熱，入夜後也不見一些涼爽，街頭巷尾，商鋪、酒吧如繁星般點綴，真真假假的美女衣著華麗，面帶微笑招攬著遊客，這是東方版的拉斯維加斯，夜色中洋溢著燈紅酒綠、紙醉金迷的奢靡與衝動。

曼谷夜景

　　按照預定的安排，我將在週一早晨七點到大使館門前去見一名接應我的外交官。為此，我決定提前一天去踩點，熟悉一下環境。這是在大陸殘酷的環境下養成的習慣。我在便利店買了一張泰國的電話卡，裝在一部備用手機上，預備與外交官建立通訊聯繫。

簡單的泰式早餐

　　曼谷的晨曦似水墨，暗灰和淡金色交織，溫潤與潮濕融會著律動。手機導航中顯示我坐計程車到大使館只需要十幾分鐘時間，我決定步行過去，順便熟悉一下周圍環

拿到美國的 PARCIS

境，也讓自己對這座滿目翠色掩映下陌生、神秘、多彩的城市增添觀感。

在這個一年四季不太分明的國家，美國駐泰國大使館宛如一座孤堡，掩飾在一片綠色樹木之中。大使館門口的街道上人來人往，熙熙攘攘。星條旗在微風中輕輕飄揚，炙熱的陽光穿過枝葉繁茂的榕樹，灑在大使館的白色外牆上，形成斑駁陸離的圖案，彷彿在昭示其莊重外表下的多重內涵。

街道上，小販推著攤車，售賣著各種的泰式小吃；摩托車司機穿梭在車流中，讓人聯想起叢林中矯健的獵豹。

熟悉了使館周圍的環境，我看了看手錶，記下了徒步到達這裡的時間後，步行回到旅館。

83・進入美國駐泰國大使館

8月29日，週一，大使館上班的日子。一大早，我來到了使館的門前。排隊等待簽證的隊伍已經有三、四十人，多數是亞洲面孔。

使館門口站著一名英俊的白人男士，一頭灰色捲髮，高高的鼻梁，湛藍的眼睛，身材挺拔，穿著粉白條紋襯衫和卡其色休閒西褲。看上去大概三十歲左右，我在遠處觀察了一會兒，心想：「這應該就是接應我的亞當先生。」

時間臨近七點，我走了過去，微笑著問：「您好，您是亞當先生嗎？」

他向我伸出手：「你好，寧先生，很高興見到你。」

真的是亞當先生！他遞過一張名片，在名片上的一個電話前註明這是他的手機號碼。寫到「手」字的時候，他用筆比劃著手和毛的筆劃方向，嘴裡嘀咕著：「手、毛？」他聳了聳肩，頑皮地笑了笑，然後尷尬地看看我。其實他已經寫對了。

拿到美國的 PARCIS

簽證處走出一位看上去像是南美血統，留著絡腮鬍、身材魁梧的四十歲左右男子，他是湯姆先生，負責大使館簽證業務的外交官。他緊握住我的手，眼神真誠而熱烈：「寧先生，美國歡迎你！」

我在湯姆先生的帶領下，穿過了等待的人群，進入了簽證大廳。他對耽誤我的時間表示歉意，然後確定了我將獲得 PARCIS，這是美國國務院特批的政治赦免，允許持有人特許登機進入美國。

「不會有第二種結果！」他語氣堅定地告訴我，讓我明天十點鐘過來取護照。

辦理完簽證以後，亞當先生請我去一家餐廳，點了一道他最喜愛的炸魚排。吃飯時他問了我一個問題，為什麼這麼晚才來泰國。我解釋了自己在國內被嚴格監控，只能利用學校放暑假的機會出走。

「泰國這邊不安全，」他警告我：「2015 年還有兩位中國異議人士姜野飛和董廣平在這被引渡回中國，你要格外小心。」

我點點頭，感慨萬分。在曼谷這座城市裡，我得到了關愛和幫助，也體會到了險惡和陰謀。不管怎麼說，這裡是我人生的轉折點。

飯後，亞當把我送回賓館門口，還不忘記寬慰我，說：「放心，我們會保護你。」我知道，這不是一句客套話，它是美國政府對尋求自由的中國異議人士的安全承諾，外交官的背後是強大的美國。

84・和國保玩一次躲貓貓

8 月 30 日凌晨四點（北京時間凌晨五點），整個城市還沒醒來。我躺在黯淡的酒店房間裡，難以入睡，激動、期盼和隱隱的不安讓我——神經興奮。

年輕的時候看過一個童話：一隻小老鼠被貓追趕，眼看要喪命貓口的時候鑽進了一個小洞裡，身體龐大的貓進不了洞穴，只能在洞口守

拿到美國的 PARCIS

著。老鼠膽子很小，忘性卻很大，它已經不記得剛才究竟是誰在追自己了，強烈的好奇心讓牠探出洞口一探究竟，結果被守在洞口的貓給抓個正著。我雖然不是老鼠，但在此時此刻，卻產生了跟小老鼠一樣的心理：好奇。我在想，那些日夜監控我的秘密警察們，如果知道我已經逃出了重圍，擺脫了他們的控制，會有什麼樣的反應？

我相信他們絕不會在我一出國 24 小時內做出任何反應。首先，他們必須先確認我到底出國是為了旅遊還是有其他目的；其次，他們也會顧忌自己暴露工作失職的風險；況且他們還需要時間評估、上報……完成這一系列程序，估計至少需要 48 小時。

我突然冒出一個大膽的想法，也許應該給他們送點「福利」。

在微信群裡發布我在泰國旅遊的消息也許是一個不錯的主意。兵不厭詐，我覺得自己現在依然處在一個相對安全的境地，有足夠的時間和空間與他們周旋。

我打開微信，連續發了兩條關於我在泰國旅遊的朋友圈。這樣做有兩個目的，其一是向關心我的人報個平安；其二，是測試一下那個監控系統有多緊張。

果不其然，剛發完朋友圈，國保的電話就來了，我不接聽電話，故意撩撥他們。接不通語音，對方便在微信留言：「大哥，你怎麼去泰國了？也不事先告知一聲，大約去幾天？要是沒什麼事情，我們去接您回來？」

我回應說：「我們學校放暑假了，我跟旅遊團去泰國玩一周時間後就回去。」我深知，此刻與國保們周旋，也可以為自己爭取更多相對安全的時間。

可以想像，在幾千公里之外，有一群人開始忙碌起來，或許此刻正急匆匆地召開會議。但我知道，等他們反應過來，徹底搞清楚我的動向

拿到美國的 PARCIS

之前,我已經踏上了前往美國的航班了。

我靜靜地躺在床上,心裡明白,這只是一個開始,一場更複雜的大戲才剛剛拉開了序幕。

85・拿到特殊簽證 X PARCIS

8月30日,天氣依然悶熱,上午十點我和亞當先生走進美國駐泰國大使館的簽證處,湯姆先生早已經等候在那裡,他將護照遞給我,美國簽證的頁面上,赫然印著 X PARCIS 幾個字母,我向他真誠地表示:「湯姆先生,非常感謝你!」

他回答:「真不用謝我,你是我們心目中的英雄。」

在他眼裡,這一切都不過是應盡的責任,他彷彿是在迎接一位久經沙場的士兵向後方轉移。

亞當先生帶我走到簽證處馬路的對面,進入大使館辦公區域的大樓。在八月底的曼谷,這裡的中央夜以繼日地工作,彷彿在拒絕外界的煩亂和炎熱,給人們一個清涼安靜的世界。兩名穿著淺米色軍裝、白色寬簷帽和武裝帶的士兵站在大廳入口,他們健碩的身形就像兩座山嶽,他們的存在昭告世人,這裡是莊嚴神聖的美國領地。

我們坐電梯上到三樓,史蒂文外交官正在那裡等我們。他和亞當先生在電腦前為我預訂機票。他們倆認真悉心地

我的美國 X PARCIS 簽證頁

討論了很多細節,包括起飛和到達的時間如何避開中國航班,以及機票價格等瑣碎問題。他們安排了一個基金會為我的這次行動提供資助,我

拿到美國的 PARCIS

讓我內心無比感動。

我對外交官們說：「我們素不相識，你們卻這麼幫助我，讓我怎麼感謝你們？」

史蒂文回答說：「不用感謝我們，我們要感謝你為你的國家所付出的一切！你是我們心目中的英雄。我們為能幫到你而感到驕傲。」這一刻，我明白了，他們做的一切，不只是工作，也是他們的信仰、價值觀和情懷的體現。

最終，我們選擇了大韓航空在仁川機場轉機的航班，他們告訴我要將送我上飛機，確保我的一切安全。

在這個炙熱的曼谷，與外交官相處的每一個細節，他們的每一個微笑，每一份幫助，都令我無比感動。這裡的每一個人，無論是表情嚴肅的士兵，還是這些精明強幹的外交官，都在用他們的行動詮釋著一個理念——每一個人都有價值，每一位爭取自由的人的努力都值得尊重和讚揚。

也許這就是美國精神的一部分——一種無需言表、卻能深深觸動人心的力量。它體現在日常生活的每一個細節，每一次微笑，每一句鼓勵的話語。

這次經歷讓我更加明白，感恩不僅僅是一種禮貌，更是一種深刻的人生態度。我對麥克、戴維、亞當先生，對湯姆先生和史蒂文外交官以及整個使館團隊的幫助心生感激，但更感謝的是他們所代表的這份高尚的民主、自由、人權至上的精神和深厚的國際友情。

這一刻，我終於明白，在這個充滿挑戰和機會的世界裡，有一種力量始終如一——那就是人們對於真理的不懈追求和實踐。這，或許就是我從這次經歷中體驗到的最真切的美國精神——一種無私、堅定、充滿希望和勇氣的力量。

拿到美國的 PARCIS

明天，我即將告別這個五光十色的城市，前往一個我一直夢想的國度。我住的賓館三樓的窗外，正對著燈紅酒綠熙熙攘攘的商業街，不遠處一個酒店櫥窗裡的圖案勾起了我的食慾，在這接近於沸騰的炎熱季節裡，如果能吃上一碗冷面麵，再配上一瓶清涼的啤酒，應該是對自己最好的獎勵。

　　於是我去了這家飯店，身穿泰國服飾的美女服務員熱情地為我安排舒適的座位，遞給我一個菜譜，我望著天書一樣的文字，一個字都看不懂，服務員嘗試著用簡單的英語向我解釋，可我還是聽不明白，她不得不吐出一串音符認真的「唱」，我在一旁就像觀眾般欣賞，時而發出傻傻的微笑。最後，我決定用最簡單的方式，直接指著牆上的圖片點菜。我指著牆上的圖片，伸出來一個手指，她快步走過去指著圖片：「OK？」我連忙點頭：「OK！」我用右手的大拇指和食指比著端杯的形狀，「Beer？」我點點頭，我又伸出一根食指向她示意一瓶，她似乎領會了。

　　一會兒，服務人員端上來一個扣著紅帽子的火鍋，六小盤裝著海鮮、肉類、蔬菜的小盤子，一大杯扎啤。我眼前一黑……在39度的曼谷，想點一碗冷麵，卻給我上來一個火鍋。我夾起一片肥牛，在熱氣騰騰滾開的湯鍋裡涮了涮，嘗了一口，超級辣！這讓我直吐舌頭，汗珠不由自主地從額頭上滲出。我馬上端起酒杯，喝了一大口冰涼的啤酒，從火辣到冰冷，這不就是曼谷給我的第二次驚喜嗎？這種感受像開盲盒一樣在兩個極端間跨越，真TMD刺激！

泰国自由行花絮之一，语言不通，点了一碗冷面，上了一个火锅😅39度吃超辣火锅，真TMD刺激！！！

拿到美國的 PARCIS

想吃冷麵,卻上了個火鍋!

　　自己點的餐,含著淚也要吃下去,好在,還有一大扎[52]冰爽的啤酒。

　　我硬著頭皮,流著眼淚和汗水,伸著舌頭,嘴裡不停地向外吹著氣,以緩解口腔和胃裡火燒火燎的灼熱,吃一口火辣,喝一口冰爽的啤酒,這種冰與火交替的超級體驗令我終生難忘。

　　曼谷,你真的是一個充滿驚喜的城市!讓我此生無法忘懷的地方!

註釋

52.「扎」的容量一般是是 3 公升,所以「一扎啤酒」通常指的是 3L 生啤,也就是普通啤酒一箱的容量。

拿到美國的 PARCIS

第十七章 上帝的應許之地

86．告別曼谷

在泰國首都曼谷的素旺那蓬國際機場，二樓國際候機廳一個安靜的角落，外交官眉頭緊鎖，眼神銳利如鷹，警惕地掃視著四周。這裡的候機大廳彷彿是一個小型聯合國——各種膚色、語言和裝束的人們匯聚在這裡，等待著各自的航程。

「現在安全，一會兒走這個通道到安檢處。」在繁忙的候機廳裡亞當壓低了嗓音，表情嚴肅得像一位教練在囑咐一位即將上場的隊員。

「我會看著你進去，手機待機，有緊急情況馬上聯繫我。」

他從背包中取出一本書。是中英文對照的老舍著作《二馬》[53]，封面略有磨損，顯示出它是本曾被主人多次閱讀的書籍。他將書遞給我說：「寧先生，這本書送給你，希望它能陪伴你度過漫長的旅行。祝你一切順利。」

這是多麼寶貴的禮物！我內心湧起感激的波濤。我抬起頭，目光與他相對，感受到一種真誠關懷的力量。我站起身，走到他的身邊，握手，擁抱。我能感受到他的掌心傳遞的溫度，那是一種深沉而又真摯的情誼。

我轉身，踏上了通往安檢的滾梯[54]。不知為何，有一種衝動驅使我想再看他一眼。當我回頭時，亞當依然站在原地，他眼中透露出一種關愛和惜別，那種外交官特有的深沉。我激動地舉起拳頭，向他揮了揮，想要表達我的感謝和決心。我知道，在他的眼中，我不僅僅是在專制國家被迫逃亡的流亡者，也是他所信賴和期待的人權戰士。

他的聲音在我耳邊迴響:「我會在你轉機後飛往紐約的三、四個小時左右的時間,確定你安全後,打電話給你留下電話號碼的那三個美國朋友。我會將航班的具體資訊告訴他們,讓他們去機場接你。我相信,至少會有一個人能夠接到電話,為你安排接機。」

飛機降落在仁川機場時,我肚子餓了,在機場的國際航班候機室內,一排排琳琅滿目,風格各異的餐廳猶如一個小型美食沙龍,我找到一家牆上掛著一張巨大的烏冬麵[55]圖片的鋪子,那湯汁看上去鮮美濃郁,麵條滑嫩,上面還撒著綠綠的蔬菜和幾片切得整整齊齊的片狀牛肉。我的食慾立即被點燃,迫不及待地點了一碗。然而,當那碗麵擺在我面前時,我幾乎懷疑自己是不是走錯了店。那湯汁清淡,十幾根細得像粉絲「和闐玉」般圓潤色彩的麵條上,只有幾片綠色蔬菜和三片薄如蟬翼的牛肉。看著這「幼芽版」的烏冬麵,我歎了口氣,知道今天這餐飯是吃不飽了,接下來的旅途怎麼辦?

我又點了一串丸子,每粒的價格足以讓我想像它的味道有多美妙。但是,當我咬下去時,我實在是叫不出名字,也吃不出是什麼味道⋯⋯它們似乎是來自某個未知星球的食材,每一粒的價格都可以在我的家鄉吃上一碗麵條。

吃完飯,我拿出手機,連接到機場的 WIFI,打開微信,向家人報了平安,又在朋友圈發了幾張泰國街景的照片。

這時,我想起了亞當先生送我的那本老舍的著作。我小心翻開扉頁,上面寫著亞當留下的幾行字,我心中湧起一股暖流,我用手機翻譯了內容:

To Mr. Ning,

With admiration, friendship, and great respect. America is lucky to have you.

Your friend,

上帝的應許之地

Adam

Bangkok

8-30-16

致寧先生：

懷著欽佩、友誼和崇高的敬意——美國很幸運有你。

你的朋友，

亞當

曼谷

2016 年 8 月 30 日

在小說《二馬》的扉頁上，亞當的留言

　　扉頁上亞當寫下的留言真摯感人，不僅僅是友好的讚美或禮貌的致辭，更是真誠的禮敬和信任。在我與他的交往中，這幾行簡短的文字宛如一道光，照亮了我未來的道路。這本書和扉頁上的話語，都成為了我在新世界中的一個航標。

上帝的應許之地

「懷著欽佩、友誼和崇高的敬意——美國很幸運有你。」這句話讓我想到，每個人在廣大的歷史文化之宏觀背景下，都是構成這個五彩斑斕世界的一分子，每個人都有不可替代的價值。亞當先生的這番話讓我深感責任的重大、理想之偉岸。

87・一隻出籠的鳥兒

飛機再次升空，漸漸離開了韓國領空。這時，我身上所有的緊張和興奮如潮水般退去，取而代之的是一股莫名的疲憊。我在座位上閉上雙眼，身體微微後傾，很快便進入了夢鄉。

在夢中，我感到自己的背後長出了一對翅膀，輕輕煽動身體便騰空而起，飛向東方日出的方向。在那一刻，不安、恐懼和壓力似乎瞬間消散，取而代之的是一種自由的愉悅。

夢醒時分，我知道前路依然崎嶇，眼下只不過是跨入自由之門的開始，這一刻，心裡突然充滿了憂傷和不捨，不由得想起從前寫過的一首小詩：

別怪這顆心，
向你飄然惆悵，
月光寂寥飄灑，
映照在哪幽長的街巷。
銀色月光之下樹梢搖曳，
似舞孃飄動的衣裳，
在如夢般的季節，
每次的相聚與別離，
心如波濤，
隨風悠悠，

思緒激盪。
那青春的夢，
變為時光的曲折，
那誓言早已遠去，
連月亮也失去了皎潔的光。
心痕深處淚滴滾落，
如流星劃過天際幽長，
在這人生旅途的月臺上，
情歌漸漸柔軟，
卻也帶著委婉淒涼。
但願未來的時節，
愛如盛夏繁星閃爍，
愛你的每一天，
充滿我思念的悠長。
每個花蕊中，
藏著你笑盈盈的綻放，
我願隨風穿越每個街巷，
在那幽靜的長街，
為你播撒愛的芬芳。

88・入境美國起風波

　　紐約甘迺迪國際機場一直都是繁忙之地，連綿不斷的客流彷彿是這座城市永不停息的心跳。入境點海關處聚集了數百名等待著通關國際旅客，大家排著隊，慢慢向前移動。我跟隨著人流前行。

　　一個海關人員走了過來，他穿著整齊的制服，腰間掛著通訊工具，

目光銳利地掃視著每一位經過的旅客。我心燃燒著一團火，但是，面對這麼多排隊等侯的人流，只能默默地等候。

過關的隊伍走得很慢，經過三個小時的等待，終於排到了我，美國海關人員嚴肅地仔細查看了我的護照，關上了柵欄和小視窗的玻璃，示意我跟著他走。我們來到了機場海關閘口旁的另一個辦公區。

這裡有三、五名海關和移民局的官員。只開放了一個辦理櫃檯，約有二十多人在等待著接受嚴格的審核。我再一次排在長長的隊伍中，隔離區內幾名海關人員正忙碌地處理各種文件。一些與我一起排隊等待的人臉上都透著不同程度的緊張和焦慮，每當有人走出那扇門，大家都會屏住呼吸，期望聽到自己的名字。

終於輪到了我，移民局的官員們開始仔細翻看我的文件，讓我感到一絲不安。他用英語詢問是否有人能為我們提供翻譯，一位大約三十多歲的華裔女性主動站了出來，承擔起臨時翻譯的工作。

「先生，您來美國是做什麼的？」海關人員抬起頭，目光如炬。

「旅遊。」

「旅遊？你確定？」他追問道。

我猶豫片刻後回答：「我在中國遭受政治迫害！我是來尋求政治庇護的。」我意識到剛才的回答有誤，趕緊糾正。

「庇護？」

我有些緊張，調整好自己的思路後，繼續說道：「美國駐瀋陽總領館與美國駐泰國的大使館的外交官讓我提醒你們，仔細看一看我的 A 號碼。」

我指著自己護照上一個特別標記 PARCIS，和一連串的號碼。

上帝的應許之地

海關人員拿起我的護照，仔細核對了電腦中顯示的內容，臉上表情趨於平靜，友善地對我說：「美國歡迎您。」

這一刻，我感到了一種如釋重負般的輕鬆。所有的不易和等待，終於在這一刻得到了回報。我取回行李，走出了那個讓人心慌的小房間，走出海關。

當我走出機場通道，深吸了一口新鮮的自由空氣，心中不禁感慨萬分。從瀋陽到紐約，雖然只是一個航程的距離，但對我而言，卻是一次重生。二十多年的苦難，無休止的監禁、跟蹤、迫害，終於在此刻走到了盡頭。

89・上帝的應允之地

我走出機場通道，在手機中翻找著提前準備好的翻譯詞條，選擇了一條「您好，我找不到我的朋友，能否麻煩您幫我打個電話？」接著環顧四周，尋找可能會幫助我的人，一位身材魁梧的非裔工作人員正在整理著一袋一袋的物品，我走了過去，向他出示手機求助……

終於，我聯繫上了等在出口的朋友們。

「先華，一路上辛苦了！」

「先華，怎麼這麼久！我們都等了五個多小時了。」

「先華，你現在有什麼感覺？」蔣傑問。

「自由！」我情不自禁地答道。

抬頭看向湛藍天空，在微風中飄揚的美國國旗。一切都像是新生。這是一個嶄新的世界，一個嶄新的開始。

我想起了電影《肖申克的救贖》[56]裡的一句話：「有些鳥是關不

住的,因為牠們的每一片羽翼上都閃爍著自由的光輝。」(Some birds don't mean to be caged. Their feathers are just too bright.)

確實,我覺得自己就是那隻終於飛出籠子的鳥,翱翔在自由的天空。

但我也明白,這一切不僅僅是我一個人的努力。在我背後,還有麥克、大衛、亞當⋯⋯有朋友們,有所有讓我能夠在這一刻感受到「自由」的人。我心中充滿了一種沉甸甸的感恩。

老舍小說扉頁上亞當的字跡,將是我人生中一段難以忘懷的鼓勵,一個嶄新的開始。

感謝以麥克、大衛、亞當為代表的美國外交官們,也感謝那些在我生命中留下印記的人。確實,有些人是無法被禁錮的,因為他們心中都有一片屬於自己的自由的天空。

在抵達美國的第一個夜晚,我異常興奮,彷彿喝了幾杯濃縮咖啡一樣,二十七年的種種磨難,五次監禁關押,數不勝數的侮辱、監控和跟蹤,都無法壓制住我對自由地追求!我告訴自己,這就像是一場現實版的《湯姆和傑瑞》[57]。貓再兇殘,老鼠也能逃出生天。我終於成功地從一道又一道重圍中逃脫出來。

我決定按照以往的經驗延遲發布我的行蹤,把他們的注意力引出泰國。9月1日美東時間凌晨5點07分(北京時間下午5點07分),我在微信朋友圈發布了我正在韓國旅遊的資訊,這則消息迅速地傳播開來。

「這是一場情報和資訊的角逐!」我們在鬥智鬥勇,魔高一尺,道高一丈!現在讓我們看看,我的「追蹤者們」會如何反應?

他們可能在臨下班前看到這個關於我行蹤的資訊,便馬上向上級領

導匯報,因此我開始陸續收到各種回饋資訊。他們多數是來試探;我在心裡暗自發笑,讓子彈再飛一會兒……

在美東時間上午 9 點 07 分(北京時差 12 小時),在中國境內即將進入夜晚休息的時候,我再一次在我的微信朋友圈宣布我已安全抵達美國的消息。我撥通了書銘的電話:

「書銘,我昨天已順利地到達了紐約。」

「哥,你怎麼跑出去的?」

「門沒關嚴,讓我溜了出來了。」

「太好了!你終於自由了!」

「我現在把瀋陽三個學校書法班的教學和四個孩子的家教工作交給你,我會告訴他們,由於身體健康原因,我需要到美國接受治療,因此暫時停止下學期的書法課程。」

「同時,我會向學校推薦你,委託你在我回瀋陽之前替我代課,如果一切順利,你每個月至少可以多增加幾千元的收入。」

「太好了!謝謝哥!」

我還沒有來得及停下腳步,細細品味人生,卻發現歲月在不經意間,為顛沛流離中的我,染上了一層白霜。

有人說,人生的道路很漫長,但關鍵的只有幾步。走錯了,墜入深淵;走對了,海闊天空。

在大半輩子的生命旅程中,我選擇了一條艱辛的道路,我的人生跌宕起伏,經歷了風風雨雨,從黑暗的地獄之國走向上帝應許的自由之邦。

朋友們以敬佩而又驚奇的目光看待我的這段經歷，鼓勵我以文字記錄下這段坎坷的歷程，分享給世人。

隨著歲月的流轉，我在對往事的回憶敘事中找到了慰藉。在這裡，我要為那些一直支持我、鼓勵我的人致以最深的感謝。你們的期許讓我堅信，為自由而戰的前行者，即使是最微弱的聲音，也會傳遍大千世界，觸動千百顆嚮往自由之心。

對於中國的異議者來說，我們的選擇、我們的態度，決定了我們的命運。當壓迫變得無處不在，只有那些為了信念、正義和真理而奮鬥的經歷，才能在歷史中留下印記。

記得我剛剛出獄不久，在一次戶外活動結束後的聚餐會上，一位才女為了表示對我獄中經歷的欽佩，推薦了一曲 Beyond 樂團的《光輝歲月》給我，那首歌，原是獻給南非民運領袖曼德拉[58]的，如今它用來歡迎一個中國的殉道者。

當年我沉浸在《光輝歲月》的旋律中，曾經渴望中國有天會在我們的「曼德拉」領導下，通過光榮革命實現民主自由。可如今我已明白，今日之中國，不會出現曼德拉，不會有甘地[59]，更不會有瓦文薩[60]。因那無處不在的科技監控，那深入骨髓的維穩思維，那鼓勵韭菜熱愛鐮刀的愚民教育，只會讓陳勝、吳廣[61]再次登上歷史舞臺。

中國民主黨全國聯合總部（海外）第四次代表大會

上帝的應許之地

中國民主黨全國聯合總部（海外）第五次代表大會

當獨裁、野蠻、粗暴的執政方式，使得社會矛盾層出不窮、愈演愈烈，大變局的腳步就會漸行漸近。我堅信，中國未來的巨變，將會在社會衝突、官民矛盾不可調和、各利益集團生死搏殺的大背景下，由社會群體事件觸發，在國際社會的壓力下，最終爆發。就像一百多年前的大清王朝一樣，共產黨的獨裁專制統治，也一定會在人民起義的聲浪中灰飛煙滅。中國實現自由民主的那一天，必將到來。

註釋

53. 《二馬》是中國作家老舍創作的長篇小說，首次發表於 1929 年 5 月至 12 月的《小說月報》，首次出版於 1931 年。故事描述了二馬爺倆兒和溫都母女之間啼笑皆非的愛情故事，揭示了舊時代中國人的醜陋習性和陳腐觀念，諷刺了英國社會的種族歧視和文化偏見，同時在開闊的文化視野中肯定和讚賞了英國國民的現代國民意識和國家觀念。
54. 中國大陸對電扶梯的俗稱。
55. 中國大陸說的烏冬麵，即 udon 之諧音，日語：饂飩／うどん，是日本以小麥為原料製造的麵體，台灣叫烏龍麵。
56. 《The Shawshank Redemption》是 1994 年的美國劇情片，台灣譯為《刺激 1995》。本劇描述涉嫌殺妻的冤獄銀行家被判終生監禁，被迫為監獄官員洗錢等不平遭遇，與獄友建立真誠友情的堅毅故事。
57. 迪士尼知名卡通《Tom and Jerry》，台灣譯為「湯姆貓與傑利鼠」。
58. 南非民運領袖曼德拉 Nelson Rolihlahla Mandela，為南非反種族隔離活動家、政治家，亦被廣泛視作南非的國父。
59. 印度尊為聖雄的甘地 Mohandas Karamchand Gandhi，帶領印度走出大英帝國的殖民，以非暴力抗爭著稱。
60. 瓦文薩即 Lech Walesa，台譯華勒沙，曾因團結工聯獲得諾貝爾和平獎，為波蘭首任民選總統。
61. 秦始皇時代的農民軍起義，又稱大澤鄉起義，是中國歷史上第一次大規模的平民起義。

後記

　　修改完最後一稿，已經是兔年的除夕。在這個辭舊迎新的時刻，我以結束本書這個儀式，告別過去的歲月，迎接新的生活。

　　完成這本書，我要感謝許多人，首先是我的家人，他們長期默默的支持我，承擔了巨大的精神和物質壓力，若沒有他們的支持和擔當，就沒有這本書的完成。

　　我還要感謝在背後默默支持的許多朋友，他們有海外的，也有國內的，是他們的鼓勵和幫助，讓我鼓起勇氣，擠出時間和精力，不斷回首那段椎心泣血的歲月。有人說，再次回憶痛苦的過往，無異是重新又一次經歷了痛苦與恐懼，這是一種非人的折磨。是的，在書寫本書的日子裡，我每天都要撕開血淋淋的傷口，不是我喜歡受虐，而是為了把此書鍛造成抵抗遺忘最有力的武器。如果沒有直面悲痛人生的勇氣，哪有繼續前行的動力？

　　最後，我要感謝八九民運學生領袖、海外民運的卓越領袖和整個英雄群體。三十五年前，我們在歷史的激流中相逢，他們是時代的弄潮兒[62]，我是民眾聲援者，當他們在廣場上慷慨陳詞發表演講的時候，我站在人海中為他們呼喊、加油。「六四」改變了彼此的命運，我們抗爭、坐牢、流亡。三十五年後，海外再遇，眾多故舊新朋幫助我出版這本回憶錄，沒有他們的鼎力相助，就沒有本書的問世。

　　本書計畫的原名是《潤・逃脫魔掌——我的2016》，記錄我2016年逃離中國大陸驚險傳奇的經歷。後來在朋友們的建議下，改名為《為自由而戰》，是敘事，也是期許。最後定名為現在的書名《出中國記》，既記錄了我從八九六四到2016年的奮鬥歷程，也表達了我們八九一代的民運人引領國人走向憲政民主的期許和意志。

我們處在一個多元的時代和多元的世界，對歷史事件的評判也各有標準，我的這本書只是一個比較私人化的記錄，肯定會有疏漏或者偏狹，讀者當有明鑒。

　　孔子云：「知我罪我，其惟《春秋》。」

　　我改了一下，作為本書的結束語：

　　「知我罪我，其惟《出中國記》。」

2023 年 12 月於紐約法拉盛初稿
2024 年 2 月 9 日（兔年除夕）修訂

註釋

62. 弄潮兒，駕船的人或在潮中戲水的人。

附錄：

寧先華書法作品：

向藏族歌星央親拉姆送上我的書法作品《心經》

送給西藏流亡政府司政洛桑森格博士的書法作品

368 / 附錄

出中國記

閒憐好義公行　先華

春華秋實　庚子初春 先華

天增歲月人增壽　春滿乾坤福滿門　癸卯仲夏 先華

花可參禪還可侶　竹宜著雨松宜雪　恆青先生雅正 癸卯年仲夏 先華書

剪紙作品

國家圖書館出版品預行編目 (CIP) 資料

出中國記：寧先華回憶錄
/ 寧先華 著　初版 . -- [臺北市]：
匠心文化創意行銷有限公司, 2024.08，　面 ; 14.8 X 21 公分
ISBN 978-626-98393-6-0 (平裝)

1.CST: (明) 祁彪佳 2.CST: 回憶錄

783.3886　　　　　　　　　　　　113012681

渠成文化　對話中國文庫　11
出中國記——寧先華回憶錄
作者　寧先華
圖書策畫　匠心文創
發　行　人　陳錦德
出版總監　柯延婷
專案主編　王丹
專案企劃　謝政均
美術設計　顏柯夫
內頁設計　顏柯夫
編輯校對　蔡青容
E-mail cxwc0801@gmail.com
網址 https://www.facebook.com/CXWC0801
出版日期 2024 年 11 月 1 日初版一刷
總代理旭昇圖書有限公司
地址新北市中和區中山路二段 352 號 2 樓電話 02-2245-1480(代表號)
印製安隆印刷
定價新臺幣 400 元

ISBN 978-626-98393-6-0
版權所有　•　翻印必究
Printed in Taiwan

【企製好書匠心獨具　•　暢銷創富水到渠成】